# アメリカ文学における
# 幸福の追求とその行方

貴志雅之 編

金星堂

# 目次

# 序　アメリカ、幸福の追求とその行方

貴志　雅之

## 『サピエンス全史』の問い

ユヴァル・ノア・ハラリの『サピエンス全史――文明の構造と人類の幸福』はホモ・サピエンスの歴史を三つの大きな革命によって辿り、これらの革命が人類と地上の生物にどのような影響を及ぼしてきたかを探る、かつてない斬新な視座からの人類史である。三つの大きな革命とは、認知革命、農業革命、科学革命を指す。一五万年前までに、現生人類に酷似するサピエンスがそれ以前の人類種から進化し、東アフリカに登場する。およそ七万年前、「認知革命」によって虚構について語る能力、想像力を手にした人類、サピエンスは、多数が共有できる神話、伝説、宗教の共通世界を紡ぎ出す。虚構が協力を可能にし、ずっと後に生まれる法、国家、国民、そして人権、平等、自由というさらなる「虚構」の萌芽となる。そして、約一万二〇〇〇年前に始まる「農業革命」で、サピエンスは小集団による狩猟採集の暮らしから、さらに大きな共同体での定住生活に移行し、貨幣と帝国、そして宗教を始動する。やがて約五〇〇年前に始まった第三の革命「科学革命」によって、サピエンスは自らの無知を知り、知識を追求するなかで飛躍的進歩を遂げる。帝国主義と資本主義の同盟関係の形成・発展のなかで、「科学と帝国と資本の間のフィードバック・ループは、過去五〇〇年に渡って歴史を動かす最大のエンジン」(306) となり、進歩を加速させ、物質的に豊かな社会が実現した。このように、七万年に及ぶ人類の革命の歴史物語を開陳してきたハラリが、ここで次のように問いかける。「だが、私たちは以前よりも幸せになっただろうか?」(421)。全二〇章からなる本書第一九章「文明は人間を幸福にしたのか」(原書 "And They Lived Happily After") で問われたこの問いは、これまでの歴史書、人類史にかかわる書物と一線を画す本書の特筆すべき特徴である。

ハラリは、「幸福度を測る」尺度として、幸福が快感や人生の意義という個々の主観的感情だとする自由主義と、仏教をはじめとする伝統的な哲学や宗教を比較する。そして、後者の「幸せへのカギは真の自分を知る、すなわち自分が何者なのか、あるいは何であるのかを理解」し、「特定の感情を執拗に追い求めても、不幸に囚われるだけであること」を悟るという考えに着目し、「最大の問題は、自分の真の姿を見抜けるかどうかである」と述べている。そのうえで、始まったばかりの幸福の歴史研究で、確たる結論を出すのは時期尚早として、「異なる探求方法をできるだけ多く見出し、適切な問いを投げかけることが重要だ」(443) として、以下のように本章を結んでいる。

歴史書のほとんどは、偉大な思想家の考えや、戦士たちの勇敢さ、聖人たちの慈愛に満ちた行ない、芸術家の創造性に注目する。彼らには、社会構造の形成と解体、帝国の勃興と滅亡、テクノロジーの発見と伝播についても、語るべきことが多々ある。だが彼らは、それらが各人の幸せや苦しみにどのような影響を与えたのかについては、何一つ言及していない。これは、人類の歴史理解にとって最大の欠落と言える。私たちは、この欠落を埋める努力を始めるべきだろう。(444)

本書『アメリカ文学における幸福の追求とその行方』は、ハラリの考えと共振する疑問、問題意識から始まった。

## アメリカ文学と「幸福の追求」

われわれは、以下の事実を自明のことと信じる。すなわち、すべての人間は生まれながらにして平等であり、その創造主によって、生命、自由、および幸福の追求を含む不可侵の権利を与えられているのである。

―アメリカ独立宣言

アメリカ独立宣言書のこの一節ほど、新生国家アメリカの独立の理念と国家的自己像、その市民宗教の中心的教義とアメリカ的生き方を謳い上げたものはないだろう。生命と自由とともに、不可侵の権利としてここに記された「幸福の追求」は、建国以来、現代にいたるまでアメリカという国家とそこに生きる人々を突き動かす精神的原動力となってきた。「幸福の追求」を独立宣言書に刻んだこの国の文学は、「アメリカン・ドリーム」と密接に関連し、その拠り所ともなる「幸福の追求」をどのように描き、読者あるいは観客の「幸福の追求とその行方」にどのような影響を与えてきたのか。ハラリが『サピエンス全史』で語ったように、日本のアメリカ文学研究者もまた「幸福」をめぐるこの問いに答える真摯な努力を始めるべきだろう。その努力のひとつの成果が本書である。

個人の幸福の追求が別の個人や社会、国家のものと相容れず、軋轢、衝突が生まれる。マイノリティとマジョリティの関係性に顕著なように、人種、民族、ジェンダー、宗教において、あるいは南部と北部、東部と西部という地域によって、特定の個人・集団の幸福が他者の不幸となり、ユートピアがディストピアとなることは珍しくない。アメリカ国家の覇権が他国およびアメリカ国内の他者の幸福を損なうものとなるのも常である。幸福の追求とそのあり方は、個人と個人、個人と社会、集団と集団など、他者との関係性において相対的なものである傾向が強く、それが時代を越えてアメリカ社会・文化の多様な出来事・事件・現象のなかに顕在化してきたように思われる。

アメリカ文学は幸福（と不幸）のあり方をどう捉え、どう顕してきたのか。「幸福の追求」を巡る様々な作品が示す物語の色彩とベクトルは、アメリカを見る文学のまなざしを考える重要な視座を与えてくれるだろう。本書が、過去から現在、未来に至るアメリカ文学の営為と志向性を改めて考える契機となれば幸いである。

「序論」では、まずアメリカ独立宣言書に記された「幸福の追求」の意味を考える。その後、本書の全体構成と各論考の梗概を紹介する。

## 独立宣言に謳われた「幸福の追求」の意味

一般に、独立宣言書の草案を執筆したトマス・ジェファソンはジョン・ロックの自然権三幅対「生命、自由、財産」の最後の言葉「財産」を「幸福の追求」に書き換え、独立宣言書に入れたとされている。では、ロックが使った「財産」を意味する原語とその意味はなんであったのか。『統治二論』後篇 (*Second Treatise of Government*)[1] のなかで、上記三幅対に相当する表現は二つある。加藤訳を用いれば、それらは (1) 七章八七節の「生命、自由、資産《estate》」(761: 三九二)[2] と (2) 一一章一三七節の「生命、自由、財産《fortunes》」(791: 四五八) である。注目すべきは、資産《estate》と財産《fortunes》のいずれも、生命、自由と同じく、人間が生まれ持つ不可侵の固有権《property》に含まれることである。『統治二論』後篇に記された三幅対は「生命、自由、資産《estate》」と「生命、自由、財産《fortunes》」であって、「生命、自由、固有権《property》」ではない。にもかかわらず、ジェファソンが「幸福の追求」に置き換えた用語が固有権《property》だとする一般論が強いのは、固有権《property》が資産《estate》と財産《fortunes》さらには所有物《possessions》[3]を包含する概念ゆえのことと推測される。[4]

では、固有権を書き換えた「幸福の追求」は何を意味し、固有権と「幸福の追求」はどのようにかかわるのか。この問題を考えるうえで、ダリン・M・マクマーン著『幸福の追求――古代ギリシアから現代にいたる歴史』は大きな指針となる。マクマーンによれば、ジェファソンは独立宣言書に使った素材の出典を数年後に聞かれ、一八二五年五月八日付のヘンリー・リーへの書簡[5]でこう答えている。独立宣言の目的は世界の人々に独立の正当性を明確に示し、その賛同を得る良識的議論を提示することであり、「アメリカン・マインドの表現」を意図したものだった。さらにジェファソンは独立宣言書の権威がすべて「当世、誰もが共鳴する感情」(the harmonizing sentiments of the day) の上に成り立つものであると明記していた。マクマーンは「アメリカン・マインドの表現」として、独立宣言は一八世紀の集団的良識を表象するとし、「当世、誰もが共鳴する感情」を親しみやすい言葉で一つにまとめあげた力が独立宣言の特徴であると指摘する (316)。ここに、「幸福の追求」は、独立宣言で「誰もが共鳴する感情」、「アメリカン・マインド」の表象的アウラを纏う言葉として浮上する。

『統治二論』後篇に「幸福の追求」の言及はない。ロックが自身の造語であるこの言葉を唯一使ったのは『人間知性論』(*An Essay Concerning Human Understanding*) であり、この著作についても熟知していたジェファソンが、『人間知性論』から「幸福の追求」をとって、独立宣言書に記述したと考えられる (McMahon 316; Pursuit-of-Happiness.org.)。『人間知性論』第二巻二一章五一節でロックは「幸福の追求の必然性が自由の礎」(“*The necessity of pursuing happiness [is] the foundation of liberty"*) とするテーゼを示し、「想像の幸福」と「真の幸福」を区別する重要性を説き、本物の「幸福の追求」が特定の欲望への執着からわれわれを解きほどいてくれるがゆえに、自由の礎であると語っている (244–45)。[6] 一方、マクマーンは本書に記されるロックの快楽主義的要素に着目し、人間は快い感情によって導かれると考えるロックにとって、快楽は幸福であると指摘する。[7] そして、快楽の多数ある源泉の一つとして固有権をあげ、ロックが固有権を「自由の稜堡」、「独立の堡塁」であると信じていたと論じている (317)。マクマーンによれば、一八世紀の多くのアメリカ人がジェファソンの考えを共有し、一つの表現のなかに固有権と幸福をつなぎ合わせることを進んで受け入れた。ジェファソンが独立宣言書の草稿に取り組んでいたのと同じ時期、ヴァージニア州憲法制定会議は一七七六年六月一二日にジョージ・メイソンのヴァージニア人権宣言を採択する。その草稿の一つの版をジェファソンは独立宣言執筆当時に所有していた。そこには、幸福を追求し獲得する自然権が安全、生命、自由だけでなく、固有権とも密接に関係したものとして明言されていた。これに先立つ一七六四年、ジェイムズ・オーティスは『イギリス植民地の権利の主張と証明』(*Rights of the British Colonies Asserted and Proved*) で同様の関係づけを行なっており、政府の目的は「安全、泰平、そして生命、自由、固有権の幸福な享受を提供すること」であると述べている。オーティスはこの幸福の表現を使い、それが「植民地の権利と不満の宣言」(Declaration of Colonial Rights and Grievances) で再び使われ、一七七四年一〇月一日の第一回大陸会議でも是認された。のちにジェームズ・マディソンが権利章典の形で一連の改正案を提案し、新たに批准された合衆国憲法に加えられたが、この改正案でマディソンも幸福と生命、自由、固有権を結びつけていた。幸福への言及はのちに憲法の権利章典の最終議論の中で削除される。しかし、幸福、生命、自由、固有権を結ぶ表現は、今なお数多くの州憲法に残されている (McMahon 317–319)。[8]

ジェファソンを含む多くのアメリカ人にとって、一八世紀の固有権は幸福の追求と結びつけられた価値であり、政府の保護に値する基本的権利として生命、自由、安全と同じく位置していた。では、「幸福の追求」が「固有権」を表すのなら、なぜジェファソンは彼の先人たちのように単純に「固有権」という言葉を使わなかったのか？　このように問いかけ、その答えをマクマーンは再びロックの『人間知性論』に見出す。

「幸福の追求」はロックにとって「快楽の追求」と重なる言葉だった。ただ、快楽の追求は、苦痛をさけ、永遠に満たされることのない欲望を満たそうとする営為を繰り返す終わりなき苦闘であり、そのなかで人は「不安」に苛まれ続ける。欲望に駆られ、無意味な追求に導かれる危うさをロックは案じ、行きすぎた欲望に歯止めをかけるものとして理性とキリスト教信仰の必要性を重要視した。当時のアメリカ人の多くがこうした見解を共有し、ロックと同じく幸福追求のための指針を神に求めた。こう指摘してマクマーンは、「信心深く正しい」ものだけが「幸福であり繁栄する」との考え方が個人と社会に広がり、「国民の幸福と繁栄を望み、目を向け、求めることは義務となった」と論じている (320–321)。宗教に合理性を求めたジェファソン自身が、キリスト教の道徳体系を「最も善良で崇高であり、古代のどの哲学者のものより完全である」と語り、「イエスの教義は分かりやすく、人間の幸福に全て資するもの」と述べている。イエスの教義は当時「誰もが共鳴する感情」の重要要素であり、一般に幸福の追求への権威ある指針と見なされた。その教義は個人の快楽と利害の追求を抑制することで、独立宣言書の「幸福の追求」が広く受容される状況を作り出したのである (323)。

ロックとキリスト教とともに、マクマーンは「幸福の追求」の言葉の底流にある思想として、当時のアメリカに多大な影響を与えたアリストテレス、キケロ、アルジャーノン・シドニーに代表される「古典的共和主義」の伝統を挙げる。そのうえで、自由と幸福についての彼らの理解がロックのリベラリズムと根本的に異なる点を特筆する。「ロックにとって自由は、政府、制度、そしてわれわれの自然権を阻害しようとする個人に対する防御、防壁」であり、それによって自由に然るべき方法で「幸福」を追求することができた。対照的に、古典的共和主義の伝統では、自由は「直接的社会参加」を意味し、「公益（公徳）への積極的献身から現れるものだった。」彼らは「現代社会の幸福の深刻な脅威が利己主義、贅沢、腐敗」であり、「私的快楽は公徳を腐敗、さらには個人及び社会全体の幸福を堕落させた」と考えた。このように、マクマーンは快楽に幸福を見出すロック的幸福観と公益を幸福と考える古典的共和主義の伝統の違いを説明し、これら「二つの伝統、二つの幸福の概念がジェファソンの心の中で共存し、重なり合っていた可能性が最も高い」と考えている (324–25)。そして、以下のように、「幸福の追求」の言葉の背後にある古典的共和主義、キリスト教とロック的快楽の関係性をまとめる。

> 確かなことは、キリスト教の場合と同じく、ジェファソンの個人的見解にかかわりなく、一八世紀アメリカと憲法制定会議にいた多くが「幸福の追求」をまさにこうした古典的共和主義的意味から解釈していたということである。キリスト教のように、古典的共和主義的解釈は当世、誰もが共鳴する感情であって、公徳を強く打ち出すことでロック的快楽を緩め、管理するのに役立ったのである。(325)

ロックの快楽主義、キリスト教的倫理、古典的共和主義に加え、「幸福の追求」の思想に影響を与えた最後の要素として、マクマーンはフランシス・ハッチソン、トマス・レイド、デヴィッド・ヒューム、アダム・ファーガソン、アダム・スミス[9]などスコットランド啓蒙主義者の名を挙げ、なかでもフランシス・ハッチソンの幸福の概念がジェファソンの考え方に影響を及ぼしたと指摘している。「美徳でさえ利己的であり、われわれは自らの運命を確保するためにのみ善であって、純粋な善行は死すべき運命にある人間にとって可能ではない」とするロックの見解に対し、ハッチソンはそれが可能であると信じた。彼はその根拠として「人間が『道徳感』("moral sense") という、他人と自分自身の善に快く反応する能力を所有している」ことを挙げる。そして、「私的快楽」を促す最も確かな方法が「公共の役に立つ」ことであり、「われわれは善良でいることで幸福を追求する」と考えた。マクマーンは、ハッチソンが個人の利益を社会全体の利益と結びつけている点に注目し、「徳を他者にもたらすことにより、われわれは自分自身に快をもたらす」という言葉でハッチソンの論を結んでいる (326)。

マクマーンは、ハッチソンが説いた「幸福の追求」にかかわる善意の概念が、この言葉についてのジェファソンの理解の中核にあったと指摘する。そして、こうした道徳感理論がジェファソンのように啓蒙されたアメリカ人の間で大きな影響力を持ち、幸福についての一八世紀の理解を形成・反映したとして、この道徳感理論を考慮に入れなければ独立宣言書の巧みな表現「幸福の追求」は考えることはできないと論じている (326–27)。

以上のように、独立宣言の「幸福の追求」を見てくると、この言葉の理念が、ロック的快楽主義、キリスト教の教義、古典的共和主義、そしてスコットランド啓蒙主義の四つの考え方を統合したうえに成立した理念のように思われる。マクマーンは次のようにまとめている。

「幸福の追求」は当初より異なった、潜在的に相容れない方向に向かって始められたが、私的快楽と公的幸福が同じ言葉のなかで共存していた。この点で本質的に啓蒙主義者であるジェファソンにとり、両者の共存は問題ではなかった。それが一八世紀に広く流布した前提であり、信条を反映したものであったからだ。そして個人の利益と多数の幸福、私的幸福と公的幸福は調和できるものだった。この信念は盲目的なものでは決して

> なく、人の心を動かす情熱と欲望を現実的に理解したものだった。しかし、これを保ち続けるには、過剰を抑える個々人の自制と熱意が求められた。宗教、古典的美徳、理性教育、道徳感という公共の精神において、ジェファソンと彼の同時代人は、この重要な使命を果たすさまざまな力を目にし、私的快楽の追求が公益という本道から逸れることがないことを保証したのである (330–31)。

しかし、ジェファソンが保とうとした私的幸福と公的幸福の調和した均衡状態は当初より危うい緊張状態にあったとハンナ・アーレントが認めたように、両者の対立は私的幸福の勝利に終わる。彼女はこう書いている。「ジェファソンの新しい方策は、ほとんど即座にその二重の意味が奪われ、市民が個人的利益を追求し、私利私欲のルールに従って行動する権利として理解された」(331)。[10] マクマーンはアーレントの言葉が、「過度の単純化であり、長く執拗に続いてきたアメリカ人の公共心を忘れた言葉である」としつつも、二つの緊張関係が進む軌道を正確に捉えたものであると認めている。一九、二〇世紀にアメリカの地を踏んだものにとり、アメリカは「ミルクと蜂蜜の流れる約束の大地」であり、今日なおそうである。こう指摘して、マクマーンは、このような国で幸福を追求することが、繁栄を追求し、快楽を追求し、富を追求することであったのはごく当然であるとしながらも、幻想を捨て去れば、やがてわかるように、「追求と到達、捕獲と追跡は、非常に異なるものになりえる」と予告している (331)。それは、公を凌駕する私的幸福の追求の予告とも、アメリカン・ドリームがアメリカン・ナイトメアに変容するように、追求した幸福が不幸になる予感ともとれる言葉である。いずれの場合も、マクマーンの予告・予知は、本書タイトル「幸福の追求とその行方」と共鳴する問題意識である。追求の行方が当初の目的とは違ったものにもなれば、目的と手段が乖離したものにもなる。あるいは、地平のかなたを目指す旅のように、永遠に到達不可能なものや場所を追い求めるなかで、行方は宙づりにされたまま、ただ追い求める旅が続く。それはアメリカを描く作品創作のなかで、アメリカの作家、劇作家、あるいは詩人が心に留める意識、アメリカの心象風景であるようにも思われる。「幸福の追求とその行方」をめぐる姿はどうアメリカ文学によって映し出されてきたのか。このテーマをめぐる思索が本書収録の論考それぞれに刻まれている。

## 本書の全体構成

本書は全四部、小説論と演劇論からなる全一八章より構成される。第一部「記憶・夢・愛」では、第一章の西谷論文が、オニールとメルヴィルにおける母胎回帰の夢をテーマに両者の世界観を比較する。オニール劇で「幸福」は近親相姦、母胎回帰のテーマと結びつき、メルヴィルの描く「至福の島」タイピーへの言及となって現われることもありながら、登場人物が追求する「幸福」が『奇妙な幕間狂言』や『喪服の似合うエレクトラ』では、孤独と不毛の内に閉ざされる退行の夢でしかない。一方、メルヴィルの『ピエール』においても母への愛着が主人公の悲劇の一因となる。このような類似をもとに、オニールとメルヴィルの世界観の比較により両者の関係を探る。第二章の西山論文は、「贈与としての幸福の夢」をテーマにスタインベックの『二十日鼠と人間』におけるイノセンスの意義を考察する。日々の労働の対価として獲得する賃金と交換に、ささやかな土地を手に入れて「家」と呼べる場所をもつ。季節労働者のジョージとレニーの夢は、同様の境遇にある男たちの夢と変わるところはない。だが違うのは、レニーという人間の存在によって、孤独な者たちの夢想が生き生きとした生命を帯びてくることである。

論者は、幸福の夢は悲劇に終わろうとも、所有の夢をそれ以上の夢に変えたレニーのイノセンスの力とその本質について考察する。第三章、中論文は、ユードラ・ウェルティの『デルタの結婚式』とヴァージニア・ウルフ『灯台へ』に「幸福の瞬間」を探る。結婚を主題とする二作品を合わせて読むことで、家庭における女性の幸福感をウルフのいう「存在の瞬間」の感得という観点から探り、フォークナーが描かなかった南部の幸福な家庭小説を描き続けたウェルティ文学の根底にウルフの文学観が深く影響を与えていることを論じる。第四章の新田論文は、トルーマン・カポーティの長編第二作『草の竪琴』において、幸福が記憶の中にしか存在せず、その温もりにも儚さや切なさが伴う点に着目し、カポーティが得意とする象徴の分析を通してその理由を探る。そのうえで、彼が幸福を未来に繋いでゆけず、記憶の中で懐かしむことしかできなかった点を、彼の生い立ちやゲイであったこと、また第二次世界大戦以後のアメリカの社会状況といった、個人的・社会的背景と絡めながら考察を深めている。第五章の竹本論文は、リチャード・ブローティガンの代表作『アメリカの鱒釣り』における戯れと幸福感を考察する。本作に自然破壊を嘆く悲観的なものを表す表層と、戯れを楽しむ楽観的なものを映す深層という二層の存在を認め、注目すべきものとして深層に着目する。そして、本作を構成するエピソードと、作中の川や昆虫など自然の一部のイメージに見られる断片性が、移り気な子どもの戯れの素材を連想させるとして、テクストに遊び心が満たされるときの幸福感を読み解く。第六章の古木論文は、『心の嘘』を中心にサム・シェパード劇における女性の連帯と幸福への脱出のテーマを考察する。『心の嘘』を女性登場人物の視点と母娘の関係に焦点があるという意味で、シェパードの劇作キャリアの方向転換を示す作品と捉え、母娘がアイルランドへの移住を決意する終幕に新たな自由と幸福を追求する女性の姿を読みとる。そして、男性支配から離脱することにより独立を勝ち取ろうとする女性登場人物の闘いを考察し、シェパード劇の新たな側面を探る。

第二部は「他者・狂気・暴力」をテーマとする。第七章の常山論文は、世紀転換期にハワイへ渡った日本人移民はいかに幸福を求め、手にした幸福はいかなる性質のものだったのかを、労働環境改善を求める同時代の日本人芝居二点と、一八八九年にハワイ島のプランテーションで起きた日本人殺害を扱う現代劇『アナザー・ヘヴン』を通して考える。被抑圧者として描かれる日本人移民が密かに発揮する移住者植民地主義を明らかにし、さらに、こうした幸福の両義性を契機にハワイ・ローカル劇の多層なローカル性を問い直す。第八章の黒田論文は、第二次世界大戦中に上演された二作のコメディー、『ハーヴィー』と『毒薬と老嬢』に見られる、戦時下に人々が笑いとともに求めた幸福とは何かを探る。二作に登場する精神異常者と目される人物以上に、彼ら異常者を排除しようとする普通の人々が滑稽に映る。これら二作で「普通」とは何かが追求されていたことは、戦時下の非日常的な状況において人々が平和や幸福実現に向けて抱いた素朴な問いを表す。両作にこめられたアメリカ人の真の幸福観を分析する。第九章、後藤論文は、ウラジーミル・ナボコフの『プニン』を取り上げ、亡命ロシア人大学教師の新天地アメリカにおける幸福の追求とその失敗を描いた同作を冷戦初期アメリカの夢と悪夢をめぐる寓話として読み直す。主人公のアカデミックな薄命を絶えず嘲笑う語り手の心性を作品の歴史的コンテクストを参照しながら考察しつつ、物語に織り込まれたホロコーストの歴史にまつわるナボコフの政治意識を手掛かりに、核の恐怖が日常と化した一九五〇年代後半におけるハッピーエンドの意義を問う。第十章の貴志論文は、エドワード・オールビーの『山羊――シルヴィアってだれ?』において獣姦者を異常者として排斥する社会慣習の問題系と副題「悲劇の定義に向けた覚書」を検討対象に、「幸福の追求と破壊」を二一世紀アメリカの個人と社会が孕む問題と捉え、人間が本来持つ他者を許容する心を蝕む疫病として支配的イデオロギーを炙りだす。そして、寛容性の涵養が他者の幸福の追求と社会的パラダイムのインターフェイス拡大につながる可能性を論じる。第十一章、原論文は、ジョン・パトリック・

シャンリィの『ダウト――疑いをめぐる寓話』に見られる幸福と寛容の表象を考察する。自伝的戯曲といえる本作は、「幸福の追求」の諸相を一九六〇年代のカトリック系教会学校を舞台に社会と個人双方の観点から描き出す。「その行方」を解読すると、シャンリィは「疑念」が新しい変化をもたらし、アメリカの社会的胎動になると明らかにする。本作の革新性は疑念をめぐる二項思考の片方に軸足を置かず、両者の側から検証する批判的まなざしとしての寛容表象にあると論じる。

第三部「言語・歴史・イズム」では、まず第十二章の白川論文が、ジェファソンの縁戚であるヴァージニアの名門ランドルフ家におけるスキャンダルを紹介し、史実と小説における幸福追求の概念の公的・私的適応性について考察する。義兄妹間の不義の噂と嬰児殺害容疑事件が、当時流行した誘惑小説、感傷小説とどのように関連しているのかを探り、その過程で、キリスト教倫理導入のためのボードゲーム「マンション・オブ・ハピネス」の多義性を指摘する。最終的に、合衆国憲法起草者の妻、モーリザニアの女主人となったナンシー・ランドルフの生涯にみる「幸福追求」の諸相を考える。第十三章の堀内論文は、エマソンにおける〈幸福〉の二つの意味を、ハンナ・アーレントをとおして明らかにする。初期のエマソンが提示した「幸福であること」は、個を社会から切り離し、孤独の状態において心身で感じとられる世界との交わり、エクスタシーの感覚をベースにし、彼の資本主義社会へのアンチテーゼだった。一方でエマソンの〈キャラクター〉の概念は、個人が自意識によっては把握できない〈ひととなり〉、後に他者によって物語化されてのみ見えてくる〈そのひとらしさ〉を示していた。これを個人が前例のないやり方で実現することがもう一つの幸福の形と見なし得ることを、アーレントの『活動的生』をもとに明らかにする。第十四章の山本論文は、「アメリカの夢に何が起こったのか?」という問いへの五〇年代のフォークナーの応答として、スノープス三部作を取り上げる。『村』と『町』との出版の間に発表された「付録――コンプソン一族」および『尼僧への鎮魂歌』とスノープス三部作との間テクスト性を手がかりに、スノープス三部作に描かれる、開拓時代の「夢」から新南部の「夢」へと向かうアメリカン・ドリームの行方を読み解く。第十五章の森論文は、物語執筆行為という見地からアメリカ建国の父のひとりであるアレクサンダー・ハミルトンを措定しつつ、その歴史的営為をヒップホップ・ミュージカルとして異化した『ハミルトン』をメタシアトリカルに読み解いてゆく。そして幸福のレトリックを軸として成り立つ物語と国家とのシミュラークル的共振関係を浮き彫りにし、同作及び作家リン＝マニュエル・ミランダが夢想させる新たなアメリカの有り様を抽出しようと試みる。

第四部「メディア・科学・テクノロジー」冒頭の第十六章、中村論文は、ジェイムズの『使者たち』のなかで消費社会やテクノロジーが生み出した広告、ウィンドウショッピング、都市改造や電気の光が「新しいパリ」の構築に寄与したことを前提に、それが「使者」として再訪したアメリカ人ストレザーをいかに翻弄したかを論じる。一方で、これらの「新しい」文化装置との接触は、前近代的な価値観を有したストレザーを動揺させると共に、彼が生の再考と幸福の再定義を促す契機となっていることを明らかにする。第十七章の岡本論文は、エリザベス・クレイン、ダグラス・コープランド、チャック・パラニュークらの小説を手掛かりに、幸福イメージ流通の経路としてのリアリティTVの台頭以後の現在において、しあわせであるということが一種の強迫観念と化している状況について考察する。さらに、テレビ、映画、音楽などの複数のメディアにも言及しつつ、今日あえて文学というメディアを通して幸福について考えることの「回りくどさ」とその意義を明らかにする。本書を締めくくる第十八章の渡邉論文は、リチャード・パワーズの『幸福の遺伝子』に見る横溢と復元力を考察する。徹底した個人主義を通じて「幸福の追求」を掲げてきた合衆国では、「より強く、より美しく、より若く、より賢く、より気分よく」という志向はことのほか強い。生命操作時代の人間増強は、機会均等と自助努力を掲げる美徳の共和国の終焉を意味するのか。パワーズのメタフィクション、『幸福の遺伝子』に焦点を絞り、ポストゲノム時代に「幸福の追求」の神話がいかに追求され、また脱構築されていくのか、惑星思考も視野に入れ考察を進めていく。

小説と演劇、二つのジャンルから本書に収められた一八篇の論考は、「幸福の追求」とその行方をめぐる様々な物語を多角的視座から考察したものである。それらの物語を紡ぐことが小説家、劇作家自身の「幸福の追求」の営為であることも少なからずあるだろう。彼らの作品を読み、受容し、研究するなかに自身の「幸福の追求」を見出すことも多いだろう。創作者と受容者いずれもが作品を介して、アメリカという国、社会で展開する「幸福の追求」のあり方とその行方を共有する。そして、それが幸福を求める自分自身にフィードバックされる。アメリカとアメリカ文学における「幸福の追求」とその行方をめぐる一八の思索が、過去から現在、未来に至るアメリカ文学の営為と志向性を追求する新たな旅立ちになることを願う。

注

本文中の引用頁は、引用文献の原書による。また作品、書籍の日本語訳は、引用文献に記載の既訳を参照した。既訳を記載していないものについては拙訳である。

1 *Second Treatise of Government* は『統治第二論』と訳しうるが、序論では加藤節訳の『完訳　統治二論』(岩波書店)に準拠し、邦題を『統治二論』後篇と表記する。

2 算用数字は原著のページを、漢数字は加藤訳のページを指す。

3 『統治二論』後篇二章六節では「健康」と「所有物《possessions》」を含む「生命、健康、自由、あるいは所有物」(life, health, liberty, or

possessions）の四つが個人に固有の不可侵の権利、固有権《property》として挙げられている（718: 二九八）。

4　『統治二論』の「解説」で訳者である加藤は「プロパティ」の意味について詳細な解説を行い、以下のように締めくくっている。

　このように、ロックにおいて、「生命・健康・自由・財産」からなる「プロパティ」は、それを欠く限り人間が神に対して負う「自己を維持すべき」義務を果たすことができないもの、その点で、それは、「神の作品」としての人間における神学的義務の遂行を根底で支える基体であり、それを侵害されてはならない権利としてもつことなしには人間が「神の作品」にはなりえない人間に「固有のもの」、その意味で人間の固有権〔以下、固有権とする〕に他ならなかった。『統治二論』における政治的統治の正統性論と不法な政治的統治に対する抵抗権論とは、その延長線上に導かれることになる（六一〇）。

5　マクマーンが参照したのは、"Thomas Jefferson to Henry Lee, May 8, 1825," in *The Basic Writings of Thomas Jefferson*, ed. Philip S. Foner (New York: Halcyon House, 1950), 802. (McMahon 514n12)。本書簡は http://teachingamericanhistory.org/library/document/letter-to-henry-lee/ で閲覧できる。

6　Pursuit-of-Happiness.org. でも同様の議論が示される。

7　『人間知性論』第二巻二一章四二節で、ロックは「幸福は最大のとき、手にすることのできる至高の快楽であり、〔最大限の〕の不幸は、極度の苦痛である」と語っている (239)。

8　マクマーンはこれらの州の具体例として以下の州を挙げている。ヴァージニア（一七七六）、ペンシルヴァニア（一七七六）、ヴァーモント（一七七七）、マサチューセッツ（一七八〇）、ニューハンプシャー（一七八四）。また固有権に言及せずに幸福の名を出している州憲法を有する州は以下の通りである。ジョージア（一七七七）、ノースキャロライナ（一七七六）、ニュージャージー（一七七六）、ニューヨーク（一七七七）(McMahon 319)。

9　マクマーンは、デヴィッド・ヒューム（『人間本性論』*A Treatise of Human Nature*）とアダム・スミス（『国富論』*The Wealth of Nations*）を取り上げ、「幸福の追求」についてのヒュームとスミスの議論を展開している (327–30)。

10　マクマーンが参照したのは Hannah Arendt, "The Pursuit of Happiness," *On Resolution* (New York: Penguin, 1990; 1963), 135. (McMahon 516n48)。

## 引用文献

Harari, Yuval Noah. *Sapiens: A Brief History of Humankind.* London: Vintage, 2011. ハラリ、ユヴァル・ノア『サピエンス全史——文明の構造と人類の幸福』柴田裕之訳、上・下、河出書房新社、二〇一六年。

Locke, John. *An Essay Concerning Human Understanding.* London: Penguin, 2004.

——. *Second Treatise of Government. An Essay Concerning Human Understanding with the Second Treatise of Government.* London: Wordsworth Editions Ltd., 2014. 712–850. 『完訳 統治二論』二〇一〇年、加藤節訳、岩波書店、二〇一七年。

McMahon, Darrin M. *The Pursuit f Happiness: A History from the Greeks to the Present.* New York: Penguin Books. 2007.

Pursuit-of-Happiness.org. "John Locke." Pursuit of Happiness, Inc. <http://www.pursuit-of-happiness.org/history-of-happiness/john-locke/>

加藤節「解説——『統治二論』はどのように読まれるべきか」ジョン・ロック『完訳 統治二論』二〇一〇年、加藤節訳、岩波書店、二〇一七年。五九五—六一九。

# I

# 記憶・夢・愛

# 第一章

# 「世界で一番美しい島」
## ――オニールとメルヴィルにおける母胎回帰の夢

西谷　拓哉

### 一　幸福の追求と悲劇の追求

「すべての人間は生まれながらにして平等であり、その創造主によって、生命、自由、および幸福の追求を含む不可侵の権利を与えられている」――アメリカ独立宣言はその冒頭でこのように高らかに謳っている。独立革命を含め、その後に続く啓蒙主義、一九世紀の超越主義、二〇世紀のプラグマティズムという思想的な流れの中で個人主義と人間の理性に対する信頼は一貫しており、不幸は個々人の知識や経験、創意工夫によって回避できるもの、遠ざけうるものと見なされてきた。現実の生活においては、政治的、宗教的な自由や経済的な繁栄、技術革新による物質文明の進展を果たしてきた、あるいは少なくともその努力を継続してきたというのがアメリカの歴史的経験の中身であった。

しかし、理想はともかく、人が現実に自分の生命を守り、自由と幸福を追求しようとするとき、他者との葛藤や軋轢が生じざるを得ず、自他ともに対して不幸な結果を招くことがあるというのもまた自明のことである。ならば、アメリカにおける「幸福の追求」とは、アメリカにおける「悲劇の追求」と言い換えることができるだろう。悲劇とは、運命や宿命といった神秘的なものであれ、社会状況、自然環境、人間関係といった現実的なものであれ、主人公の幸福追求の夢が一個人の範囲を超える何らかの抗いがたい力によって挫かれ、自己破滅に反転する過程であり結果であるからだ。「独立宣言」において「幸福の追求」がいわば国是として設定されたとき、それはアメリカの理想的民主主義を宣言すると同時に、その地で生きる人々を束縛し転倒させる足枷となったのである。アメリカの劇作家が描き出してきたのも、このような幸福追求と悲劇のアイロニカルな関係にほかならない。

その中でも、ユージーン・オニールはとりわけ「幸福の追求」とその挫折を意識的に描いてきた劇作家であろう。『楡の木陰の欲望』(一九二四)という表題が明示するように、オニールの代表作はいずれも人間の様々な欲望の激しい衝突をテーマとしている。その欲望は表面的には金銭欲や所有欲、愛欲といった様々な形をとるが、いずれも自己の存立の基盤に根ざした充足という意味で「幸福」の追求と見なすことができる。オニールはギリシア悲劇を強く意識しつつも、二〇世紀のモダニズムの影響を受けたアメリカ独自の悲劇のあり方について、『生』というものを個々の人生という形で解釈したい」とした上で、次のように述べている(一九二五年四月三日、アーサー・ホブソン・クイン宛書簡)。

私は常に、「生」の背後にある「力」――それは何と呼んでもいいが、運命、神、現在の我々を創り出した生物的過去といったものであり、「神秘」といって間違いはないもの――と、「人間」の唯一の永遠の悲劇とを強く意識している。悲劇とは、その「力」に「人間」を表現せしめようと、栄えある、しかし自己破滅的な苦闘を行うことにあり、「人間」はその表現において動物がそうであるような極小の偶発物となってはならないのである。私は、「人間」のこの苦闘こそが唯一書くに値する主題であり、現代の形を変えた価値観と象徴によっても悲劇的表現を展開することはありうるし、また可能だと深く確信している（後略）。(Bogard and Bryer 195)

そのギリシア悲劇と共通しつつも、形を変えた「象徴」の一つとして、オニール作品に繰り返し現われる「近親相姦」のテーマを挙げることができるだろう。『楡の木陰の欲望』ではエビンと義母アビーの肉体関係が描かれ、『喪服の似合うエレクトラ』（一九三一）ではオリンの母親に対する欲望は「至福の島」という形象に託して表現されている。本論では、オニール劇の登場人物たちの幸福追求が近親相姦、さらには母胎回帰の夢となって現われることの意味をいくつかの作品を通して検討する。また、『喪服の似合うエレクトラ』に関して、作中でハーマン・メルヴィルの『タイピー』（一八四六）が言及されていること、さらに明確な影響関係は証明できないものの、同じく近親相姦のテーマを扱った『ピエール』（一八五二）との類似が見られることから、オニールとメルヴィルの世界観を比較し、これまであまり論じられることのなかった両者の関係を探ってみたい。

## 二　家族の愛憎劇

上述したように、オニール作品は家族の激しい愛憎劇の形をとり、しかも登場人物が母と息子、父と娘、さらには姉と弟との近親相姦的な関係に置かれている場合が多く見られる。たとえば、『楡の木陰の欲望』、『偉大なる神ブラウン』（一九二五）、『奇妙な幕間狂言』（一九二七）、『喪服の似合うエレクトラ』、『夜への長い旅路』（一九五六）といったオニールの主要作品には多かれ少なかれ、母と一体になりたいという息子の強い願望が描かれている。むしろんそれはあくまで近似的あるいは心理的なインセストではあるが、近親の異性に対する隠微な欲望、暗い不毛の影といった神経質的な要素とそれとは逆の甘美で恍惚とした歓喜がないまぜとなって作品を形成しているのである。これらの作品は『夜への長い旅路』を除いてすべてセックスの問題を取り扱っているが、オニール劇の登場人物はなぜ執拗に母性を求め、近親相姦的な関係を持とうとするのだろうか。

母への憧憬と父に対する憎悪というエディプス的な主題は、まず『楡の木陰の欲望』に登場する。劇の最初に置かれた状況説明においてキャボット家の外観が極めて象徴的な言葉で描写される。

家の両側に巨大な楡の木があって、屋根の上におおいかぶさるように枝を垂れている。この家をかばっているようにも、押さえつけているようにも見える。その姿には、不気味な母性——押しつぶすようにして嫉妬深くわが物にしようとするところが感じられる。(中略)重苦しく家をおおっている様子は、ちょうど疲れきった女が、たるんだ乳房と両手と髪の毛を屋根の上に休ませているようである。(O'Neill, 1988a: 318)[1]

この二本の包容するようにも抑圧的なようにも見える楡の木は、エビンの心を占有する二人の女の存在そのものを表している。一人はエビンが一五歳の時に死んだ母であり、エビンは一〇年後の今も母に対する思慕に囚われている。エビンは父イーフレイムが母親を酷使し死に追いやったと考えて、イーフレイムを激しく憎んでいる。もう一人はイーフレイムの後妻となったアビーで、彼女はやがて強い性的魅力でエビンを惹きつけることになる。「疲れきった女 (exhausted women)」とは過酷な農作業や家事による疲労であり、またセックスのあとの虚脱と倦怠ともとれ、この一つの表現の中に二人の女が二重写しされている。

　父を憎悪し、義母であるアビーに抗いがたく魅了されるエビンはアビーに対する性的欲望を抑えきれなくなり、第二部第三幕で次のように言う。「アビー！――もうはっきり言えるぜ！　おまえが欲しくって死にそうだったんだ――ここへやって来たときからずっとだ！　おれはおまえを愛してるんだ」(O'Neill, 1988a: 355)。このように義母にあからさまに愛の告白をするエビンとアビーの関係は必ずしも母と息子の心理的な近親相姦とは言えない。アビーはエビンにとって「家の中にいる母」というより「外から来た女」であり、二人は肉欲によって実際に関係を持つからである。

　それでも彼らの関係が近親相姦の様相を帯びるのは、アビーが「外から来た女」であると同時に、エビンの「母」という役割を務めているからである（第二部第三幕）。

エビン　おふくろは死んじまった。（間）ときどき歌を歌ってくれた。（突然発作的にすすり泣く）
アビー　（両手で彼を抱き――激しい情熱を込めて）あたしも歌ってあげるわ！　あんたのためなら死んでもいい！（彼に対する禁じがたい情欲にもかかわらず、その態度と声には誠実な母親らしい愛情がうかがわれる――肉欲と母性愛とがひどくむき出しに混ざり合っている）あたしがおっかさんの代わりをしてあげるよ！　おっかさんそっくりになってあげるよ！　(O'Neill, 1988a: 354)

このあとアビーは情欲を抑えきれず、激しくエビンに向かっていく。この場面のト書きにアビーの態度には性欲と混ざり合って母性愛が感じられるとあるが、二人が関係を持つとき、エビンはアビーの背後に亡母の姿を認め、それと交わっているのである。「訳がわかった。おふくろがおやじに仕返ししてるんだ——墓の中で安らかに眠れるようにな！」(O'Neill, 1988a: 355) とエビンが言うように、彼がアビーと肉体関係を持つことは、イーフレイム—アビー—エビンという情欲に基づく三角関係とイーフレイム—亡母—エビンというエディプス的関係の双方において、母（義母）をめぐる父と息子の闘争であり、父に対する完全な復讐となっているのである。

## 三　ユートピア願望

父に対する憎悪と母への憧憬は、『奇妙な幕間狂言』にも受け継がれている。ニーナの父リーズ教授は娘とゴードンが結婚するのに反対した。ゴードンは大学の花形スポーツ選手であったが、出征間際であることと財産や社会的地位のないことがその理由であった。ゴードンは戦死し、ニーナは恋人との仲を裂いた父親に対する憎しみから、父なる神に対する壮大な憎悪を抱くようになる。だが、『楡の木陰の欲望』における父への憎しみがエディプス・コンプレックスを基調としているのに対して、この作品では父が象徴する現実世界における苦悩や不安から逃れ、母に守られた平安な眠りを求めるユートピア願望、言い換えれば、「子宮」への退行願望といった色合いが強まっている。

ユートピアとは元々、抗いがたい時代の潮流、自由意志、存在の根源的な不安から解放されたいがために、安逸な母胎のアナロジーである、周囲を壁で保護され外界から隔絶された都市、「伝統的な都市の厳格な構造に回帰したいという無意識の欲求」（澁澤　二〇）である。それゆえ、しばしばユートピアというものは城壁で囲まれた都市、あるいは孤島といった形態をとる。たとえば、トマス・モアは『ユートピア』（一五一六）の中で、ユートピア島の外形を「島の中央部の一番広い所で、その幅は二百マイルある。この幅は島の大部分を通じてそのままであるが、ただ、両端に近づくに従って次第に狭くなってゆく」と描写し、それが「新月」の形に近いと述べている。また、内部については「一面の広々とした内海となっていて、周囲がすべて陸地で囲まれ、風から守られているために、荒れもせず大波もたたず、静かな海の流れはいわば大きな淀んだ湖のような様相を呈している」としてその安全と平穏さを強調する（七〇）。このような形象からは子宮が容易に連想され、ユートピア願望とは子宮内で平穏に眠りたいとする退行の欲求であることが理解できる。ユートピストが求めるのは優しい母の愛情であり、その願望においては試練を与える父のイメージはできる限り遠ざけられ、「清浄な母」すなわち「母であってしかも同時に処女であるような、理想化された女のイメージ」（澁澤　二四）が強調されるのである。[2]

ニーナが母なる神について述べる言葉は、ユートピストが抱く、母に保護されたいという願望と極めてよく似ている（第一部第二幕）。

神が男性の形で創られた時から間違いが起こったのよ。（中略）神々の神——親玉《ボス》——は常に男だった。だから生命はこんなに歪んで、死というものがこんなに不自然になったんだわ。私たちは、母なる神の陣痛の痛みの中で生命というものが創られると考えるべきだったんだわ。そうしたら彼女の子どもである私たちが苦痛を受け継いでいる理由がわかるから。だって私たちの生命のリズムは、母なる神の、愛と出産の苦悶に掻きむしられた偉大な心臓から、脈打ってるものだってことを知るでしょうからね。そして死は、母なる神と再び結びつくことであり、母なる神の神性、彼女の血による血、彼女の平和による平和へ再び帰ることだとわかるんだ

わ！ (O'Neill, 1988d: 670)

ニーナは自分に悲痛な運命を与えた父なる神に反抗するかのごとく、様々な男性と関係を持つ。家を出て看護婦になり、ゴードンに対する贖罪として何人もの傷病兵に身体を与えるが空虚さは埋まらない。やがてゴードンの友人であったダレル医師に薦められ、凡庸なエヴァンズと結婚し妊娠する。しかし、姑からエヴァンズ家に精神錯乱の血統があることを聞かされ、その子を堕胎し、今度はダレルと関係を持ち、その子をエヴァンズの息子（名前はゴードン）として育てる。ニーナはこのように娘、恋人、妻、愛人、母といった女性のあらゆる側面を遍歴していくが、その間一貫して幸福を飽くことなく追求する。ニーナにとって幸福はゴードンとの関係においては純粋な愛情の達成を意味していたが、ゴードン亡き後は父なる神に対する復讐心と表裏一体をなし、第一部第三幕に見られるように「あたし幸福になりたい！……あたしの権利だわ……そして義務だわ！」(O'Neill, 1988d: 690) という貪欲な願望となる。一方、ニーナと関わる男性登場人物たちも、失われた「ゴードン」にとってかわれず全人的にニーナを満足させうる存在ではあり得ないのだが、それぞれの局面において父親として、あるいは夫、愛人、息子としてニーナと相対し、彼ら自身も幸福になりたいという願望を繰り返し吐露するのである。

ダレルはニーナが自分の子どもをエヴァンズの子として産むことに耐えられず、ヨーロッパに渡って自堕落な生活を送るが、ニーナへの未練を断ちがたく一年余りで帰国し、苦悶しつつもあらためて愛を告白する（第二部第六幕）。ニーナも「あの幾度かの午後のことをあたしが忘れたとでも思ってらっしゃるの？」(O'Neill, 1988d: 751) と情熱を込めて応じるのだが、しかし、その情熱は必ずしもダレルに一途に向かっているわけではない。

ニーナ　まだ貴方を愛しています。これからだってずっと愛しましょう。けれど、今じゃあたしの赤ちゃんも愛していますのよ。赤ちゃんの幸福ってことをあたしこの頃第一番に考えますの！
ダレル　しかし――赤ん坊は、また、僕のものだからね！
ニーナ　いいえ！　貴方はサムを救うためにサムに赤ちゃんをやっておしまいになりましたわ！
ダレル　サムなんてどうだっていい！　僕は君を幸福にするつもりだったんだ！
ニーナ　それであたしがサムを幸せにすることができるようにね！　そのこともまた含まれていたのですわ！
（中略）あたしサムを幸福にしたんです！　そしてそれを誇りにさえ思っています！　サムの幸福を愛していますわ！
（中略）
ダレル　（みじめに）しかし僕にはわからない！　何もかもサムが奪ってしまって、――そして僕には何もない！
ニーナ　あたしの愛があるじゃないの！　（不思議な、自信のある微笑を浮かべてダレルを見る）理屈に合わない愚痴をこぼしていらっしゃるように思われますわ！
ダレル　君は僕が――また君の恋人に――なれるっていうのかい！
ニーナ　（こともなげに、むしろ当然といった調子で）みんなを幸福にするためにあたしたちのできるそれが一番の近道じゃなくって？　大切なのはそこだけよ。(O'Neill, 1988d: 752)

ここでニーナは、たとえ不道徳な行いであっても子どもをもうけ、そのことによって夫を幸福にし得たという自信を裏打ちとして、もう夫も子どもも愛人も誰一人として手放したくはないという意志を臆面もなく露わにする。父（に相当するマーズデン）、夫、息子、愛人のすべてを手に入れたニーナは完全な女性として人生の頂点に立つのである――「あたしは世界中で一番幸福な女だわ！」(O'Neill, 1988d: 756)。それにしてもニーナは何度「幸福」という言葉を口にすれば気が済むのだろうか。実際、この戯曲に「幸福」という言葉が出てくる頻度は尋常ではない。名詞、形容詞及び対義語の「不幸」も含めると、科白、傍白、ト書きにおいてその数はおよそ一七〇回に及んでいる。任意のどの頁を開いてもその近辺に「幸福」という言葉が見いだせるといっても過言ではなく、登場人物たちが幸福追求に狂的なまでに取り憑かれていることがわかる。

しかし、ニーナの幸福の絶頂も長くは続かない。息子のゴードンはニーナの意に染まぬ娘と結婚しようとし、また実の父親とも知らぬままに、ダレルと母親の不倫を直感的に感じ取り、ダレルを憎む。また、ダレルもニーナとの関係を諦め、生物学研究に打ち込み、再びヨーロッパに戻る。ニーナの幸福追求はゴードンの喪失に端を発していたのだが、そのゴードンは、この劇に実体としては一度も登場しないことに象徴されるように、いわばニーナが渇望する幸福の幻影であり、ゴードンが「幻影という虚構ならば、同じ名前を持った息子ゴードンは、その虚構の虚構」（長田　三八）ということになる。

ニーナが最後にたどり着く男性はチャールズ・マーズデンである。マーズデンはニーナに性的欲望を抱きながらも臆病ゆえに押し隠し、二五年間にわたって煩悶しつつニーナの人生を見つめ続けてきた存在である。ニーナが終幕間近で小さな娘にかえったように過去を追憶するとき、マーズデンは父の代役としてニーナを優しく腕に抱き、父親の声色でゴードンたちとの関わりをすべて忘れるように諭す。ニーナは静かな眠りにつき、二人はゴードンが現われる以前、現世という苦悩に満ちた「奇妙な幕間狂言」が始まる以前の世界に帰っていく（第二部第九幕）。

お家へ帰るということは慰めですわ——とうとう年をとってまたお家に帰ってくるということは——一緒に平和と仲良くするということは——お互いの平和を愛し合うということは——一緒に平和とともに眠るということは——（中略）平和のうちに死ぬということは！（O'Neill, 1988d: 817）

こう言ってニーナは父なる神と和解する。ニーナが口にする"to be in love with peace"あるいは"to sleep with peace"という言葉の with の目的語はこれまで「男性」であった。ニーナの父なる神との激しい闘争は終り、その目的語はようやく peace に置き換わる。このときマーズデンは確かに父の代役であるのだが、同時に母を体現していると言ってもいいだろう。その鍵になるのが「平和」という言葉である。ニーナが帰っていく場所は誕生以前の母胎の中の世界であり、また母との再会を約束された死後の世界でもある。この二つの世界が結びつくのは不思議なことではない。ユートピアを求める者は胎内での安楽な眠りを夢見るが、眠りは死の似姿にほかならないからである。

## 四　孤島の夢

『喪服の似合うエレクトラ』はアイスキュロスの『オレステイア』三部作を下敷きとしている。しかし、それとは別にこの劇の構造を支えているのが「島」のモチーフである。この劇の主要な登場人物はいずれも自分が求める幸福について語るとき「島」に言及するが、そのように一つの概念について複数の登場人物の視点が組み合わされ対比される手法に、キュビズムにも通じるオニール劇のモダニズム様式を見ることもできる (Maufort 47)。

劇中でまず島と深い関わりがあるとされるのがブラントである。第一部第一幕で、ブラントはかつて暮らした南洋の島のことをラヴィニアにロマンティックな言葉で語る。「実物を見ないうちは、紺碧の海に浮かぶ島の緑の美しさは想像もできません。雲は山の頂に綿毛のようにかかり、太陽は血管の中にまどろみ、島を囲む岩礁に砕ける波の音はいつも子守唄のように低く響く。至福の島と呼びたいですね」(O'Neill, 1988c: 909–10)。ラヴィニアの父マノンも妻クリスティーンとの不和を解消するため、二人だけでどこか別世界の島で暮らす夢を語り（第一部第三幕）、そのクリスティーンは愛人ブラントとの幸福を求め、ブラントが話す島に渡ることに憧れる（第二部第四幕）。

しかし、「島」に対する愛着を最も熱烈な言葉で口にするのはオリンである。ユートピアはしばしば城壁で保護された都市あるいは孤島に擬せられることがあると上述したが、オリンはメルヴィルの『タイピー』に言及し、母との一体感を「島」に擬えて次のように語る（第二部第二幕）。

その本を貸してくれた奴がいた。何度も何度も読んでるうちに、その島々が戦争とは正反対のもの、平和と温情と安心そのもののように思われてきたんだ。自分がそこに住んでる夢を見ることがよくあった。その後、頭がどうかしていた頃はずっと、ほんとにその島に住んでるような気がしてた。そこには、ぼくとお母さんのほかには誰もいないんだ。ところが、おかしいのは、お母さんの姿は見えない。ただ自分のまわりにお母さんがいるのが感じられるだけだった。波の砕ける音がお母さんの声、空の色がお母さんの眼の色、砂の温みがお母さんの肌のようだった。島全部がお母さんだった。（夢見るようなやさしい気持ちで微笑する）妙なことを考えたものだね。だけど、島だからって怒ることはないんだよ。それは世界で一番美しい島だったんだ——お母

さんと同じぐらい美しかったんだ！(O'Neill, 1988c: 972)

オリンによる島の描写には明らかにブラントとの共通点があるが、後者にないのは母親に対する愛着である。オリンは上の引用に続けて、自分にとって母親がただ一人の女性だと言い、かつて自分が母の髪を櫛でとかすのを父親がどれほど嫌っていたかということや、姉のラヴィニアを結婚させれば母と二人きりになれるという計画を話す。ユートピアが父性を排除したように、オリンもまた父と結びついているラヴィニアを遠ざけ、母を独占しようとするのである。オリンが母と同一視している島の描写には明らかに性的なニュアンスが込められている。母を独占し外界との接触を断ってしまえば、オリンとその母との関係は近親相姦的な閉鎖的なものにならざるを得ない。オリンにとって島はそのような濃密な関係が実現するユートピア空間なのである。[3]

ただ、ここで注目すべきはオリンが過去形で物語っていることである。クリスティーンとブラントの関係が判明したとき、オリンは二重の意味で裏切られることになる。オリンは母親が不倫を犯していた事実に愕然とする以上に、「美しかった」母親はすでに失われているという真実を図らずも自ら言い当てていたからだ。オリンは理想を語りながら同時に幻滅を予言してもいたのである。オニールは「島が示す虚偽の約束」にメルヴィルよりも深く気づき、『タイピー』の理想主義的なヴィジョンから距離を置いていたのかもしれない (Maufort 44)。しかし、「島」にまつわる二重性は『タイピー』の中にすでに埋め込まれているものであり、それは語り手トンモによるマルケサス諸島の描写に明らかである（第二章）。

初めて南海を訪れる人は誰しも海から見たこの群島の外観に驚嘆する。われわれが時折目にするその景観美の曖昧な記述から、多くの人は快い樹林が木陰をつくり、さらさらと流れる小川が潤している、釉薬をかけたように輝くゆるやかな起伏をなす平原を想像し、全島が周囲の海面よりさほど高くはあるまいと思っている。しかし、現実は大いに違う。聳え立つ絶壁に磯波が激しく打ちつけている険しい岩だらけの海岸の、そちこちに切れ込んだ深い入江からは鬱蒼とした森におおわれた渓谷が遠望され、その両側の草叢《くさむら》におおわれた山裾が、襞なす内陸の高山から海の方へゆるやかに下降している、そうした眺めがこれらの島々の主たる特徴をなしているのである。(Melville, 1968: 12)[4]

ここでメルヴィルはトンモの語りを通して「想像」と「現実」をはっきりと対比し、群島の美しく穏やかな景観は旅行記作家による一種の虚構に過ぎず、「切れ込んだ深い入江」「森におおわれた渓谷」「襞なす内陸の高山」といった表現に見られるように、タイピー族の「幸福の谷」の内奥には秘密や悪が隠れていることを暗示している。『タイピー』の島はオリンが夢見るようなユートピアではないのである。オニールは幸福のうちに既に悲劇が胚胎しているという悲観的ヴィジョンをメルヴィルと共有し、『喪服の似合うエレクトラ』において『タイピー』の複眼的視点を「島」をめぐるドラマティック・アイロニーに変換して、その劇構造の中に受け継いだのだと言えよう。

## 五　近親相姦の家

オニールが『タイピー』をいつ読んだのかは不明だが、おそらく読んだことには間違いないだろう。『喪服の似合うエレクトラ』とメルヴィルを介在する接点がさらにあるとすれば、それは『ピエール』である。オニールがはたして『ピエール』を読んだのかどうか、これもまた詳らかではないが、両作品には無視しがたい類似が見られる(Maufort 138–40)。『ピエール』の主人公はニューヨーク北部の由緒ある荘園の嫡子であり詩人でもある。すでに父親はなく、母親とは「姉」「弟」と呼び交わすほどの非常に親密な仲である。何一つ不自由なく、円満な生活を送っているピエールの前に、突然、姉と名乗るイザベルが現れる。どうやら父親が結婚前にもうけた隠し子であるらしい。ピエールは家名と薄幸のイザベルの両方を守るべくイザベルと偽装結婚し、ニューヨーク市に出奔して預言的な作品の執筆に没頭するが、高邁な自己犠牲とイザベルへの欲望の狭間で迷妄に迷妄を重ねる。『ピエール』はメルヴィルが海洋小説から離れ、初めてセンチメンタル・ロマンスの枠を借りて書いた意欲作であったが、母と息子、姉と弟の近親相姦的関係を描いたため当時の読書界から囂々《ごうごう》たる非難を浴びることとなった。オニールとメルヴィルの両作品は、母と息子、姉と弟の間に近親相姦的な気配が濃厚にあるということ、またオリン、ピエールともに家族の秘密に端を発して書き物をするということなどいくつか共通点がある。

オリンとラヴィニアは母親と姦通しているブラントを殺し、その成り行きに自らの罪深さと絶望を感じたクリスティーンは自殺する。二人は母の死後、一緒に南の島へ旅をするが、ラヴィニアはその島の男とおそらく性交渉を持ち、髪型も衣服も母親そっくりの成熟した女になって帰国する。一方、オリンは母親を自殺に追い詰めた罪意識にさいなまれ、マノン家の秘密を書き記すのみならず姉への隠れた欲望を告白する(第三部第三幕)。

今の僕にとって姉さんがどういう人間なのか感じていないようだね——お母さんを殺してから姉さんが僕にとってどういう意味を持つようになったのか。(中略)僕は自分の身内にあらゆる罪を抱いて姉さんを愛しているんだ！　二人で分け合う罪だ！（中略）それこそ正義だ！　今こそ姉さんはお母さんなんだ！（中略）そうだ！　それこそ平和に至る道なんだ――お母さんをもう一度見つけることが――ぼくの失われた島を――死もまた安らぎの島なんだ――お母さんがそこで僕を待っていてくれる――（O'Neill, 1988c: 1041–42）

ラヴィニアに対する欲望には複数の動機が重なっている。オリンが母に似てきたラヴィニアに性的欲望を抱き、母とはできなかったことを行おうとしているのは言うまでもない。それはラヴィニアを代理として、堕落する以前の母との関係（失われた過去）を取り戻すことを意味している。しかし、それ以上に姉との近親相姦の罪を犯すことによって自分を罰し、母に許しを請い、和解を求めようとしている。むろん倒錯した論理には違いなく、オリンはその行為が自己破滅（自殺）に至ることも承知しているが、その陶酔したような口調に見られるように、再び母親と一体になり、「世界で一番美しい島」（ありうべき未来）を実現できるという期待に恍惚としてもいる。

以上のように、オニール劇の登場人物たちの希求する幸福は母と息子の近親相姦的関係に収斂していく。母との近親相姦は彼らが夢見るユートピアなのである。しかし、その夢はどこに行き着くのだろうか。『奇妙な幕間狂言』、『喪服の似合うエレクトラ』のどちらも最後の場面は黄昏に設定されている。ニーナは現世における父なる神との戦いに疲れ、父であり母でもあるマーズデンの腕に抱かれながら、昔の家に引きこもることを夢見つつ眠りにつく。オリンは母なる島を夢想し、ラヴィニアに愛を求めて迫るが、結局母の後を追うように自殺してしまう。ラヴィニアはピーターに結婚を強く求めながらも、思わずブラントの名前を口走ってしまう。ラヴィニアがブラントを秘かに愛するのは、船乗りであるブラントが「島」への航海を象徴しているからである。しかし、ブラントはマノン家の血を引く者であるから、ラヴィニアとブラントの関係もまた近親相姦の色を帯びざるを得ない。ラヴィニアはピーターに別れを告げたあと、園丁のセスに「鎧戸を閉めて釘付けにしておいで」、「花は全部捨てるようにハンナにお言い」と命じ、「身を固くして家の中に入り、後ろ手でドアを閉ざす」(O'Neill, 1988c: 1043–44)。オニール劇の登場人物にとって家は母への退行の夢が実現する場所にほかならない。彼らはユートピアたる家の中に閉じこもり、母と再会できるはずの死の世界へ入っていくのである。[5]『夜への長い旅路』でメアリーは過去が現在でありまた未来であると言い、最後には狂気に陥って聖母マリアへの憧憬にひたる(O'Neill, 1988b: 828)。メアリーの狂気もまた母への退行の夢であり、ユートピア願望の果てであったのだろう。メルヴィルの『ピエール』も同様に、夜、閉ざされた空間の中で幕を閉じる。ピエールはニューヨーク市の監獄で水滴をしたたらせた冷たく分厚い石の壁に囲まれ、イザベルとともに毒を飲んで果てる――「やがて彼女の全身が斜めに傾いだかと見る間に、ピエールの心臓の上に倒れ落ち、その長い髪が彼の全身にかかり、漆黒の蔓のなかに包み込んだ」(Melville, 1971: 362)。彼らの近親相姦は禁忌と不毛を背負い、そのユートピア願望も現実世界とは隔絶した閉鎖空間へ退行し、その中で消滅していくしかない。それがオニールとメルヴィルが共通して描いた幸福追求の逆説であり、アイロニカルな悲劇的ヴィジョンだったのである。

## 注

1 以下、オニール作品からの引用の日本語訳は次の既訳を参考にし、表現を適宜変更した。『楡の木陰の欲望』(井上宗次訳、岩波文庫、一九五一年)、『奇妙な幕間狂言』(井上宗次・石田英二訳、岩波文庫、一九三九年)、『喪服の似合うエレクトラ』(清野暢一郎訳、岩波文庫、一九五二年)。

2 澁澤によれば、ユートピア的風景には泉や滝のような噴出する水のイメージが見られない。それらは尿、精液、男性自身を暗示し、清浄な母のイメージを汚すものだからである（二一四）。

3 オニールの伝記の著者であるシェーファーは、多くのオニール劇が海に関係する理由に関して、海が子宮の安楽さや母親の体内の潮のように満ち引きする血流を想起させるからだと指摘している (Sheaffer 200)。ただし、本稿は伝記的考察を目的とするものではないため、オニールと母親との関係には触れない。

4 以下、メルヴィル作品からの引用の日本語訳は次の既訳を参考にし、表現を適宜変更した。『タイピー』（土岐恒二訳、集英社版世界文学全集、一九七九年）、『ピエール』（坂下昇訳、国書刊行会、一九八一年）。

5 ディギンズは『喪服の似合うエレクトラ』の結末について、ギリシア悲劇ならば登場人物は家の中から公的空間に出ていき、闘争の解決と正義の達成が公共の政治と法の場で行われただろうが、ラヴィニアの苦悩は余りに私的なものであり、トクヴィルがアメリカ人について指摘したような「個人の心の孤独の中に」閉ざされて終ると述べている (Diggins 220–21)。

## 引用文献

Bogard, Travis, and Jackson R. Bryer, editors. *Selected Letters of Eugene O'Neill*. Yale UP, 1988.
Diggins, John Patrick. *Eugene O'Neill's America: Desire under Democracy*. U of Chicago P, 2007.
Maufort, Marc. *Songs of American Experience: The Vision of O'Neill and Melville*. Peter Lang, 1990.
Melville, Herman. *Pierre; or, The Ambiguities*. Northwestern UP and the Newberry Library, 1971.
——. *Typee: A Peep at Polynesian Life*. Northwestern UP and the Newberry Library, 1968.
O'Neill, Eugene. *Desire under the Elms*. *Complete Plays, 1920–1931*. The Library of America, 1988a.
——. *Long Day's Journey into Night*. *Complete Plays, 1932–1943*. The Library of America, 1988b.
——. *Mourning Becomes Electra*. *Complete Plays, 1920–1931*. The Library of America, 1988c.
——. *Strange Interlude*. *Complete Plays, 1920–1931*. The Library of America, 1988d.

Sheaffer, Louis. *O'Neill: Son and Playwright*. J. M. Dent & Sons, 1968.
澁澤龍彦「ユートピアと千年王国の逆説」『澁澤龍彦全集』第一〇巻、河出書房新社、一九九四年、一九一―三一頁。
長田光展『オニールと女性――女性の意味するもの』中央大学人文科学研究所、二〇〇七年。
モア、トマス『ユートピア』平井正穂訳、岩波文庫、一九五七年。

# 第二章
# 贈与としての幸福の夢
## ――『二十日鼠と人間』におけるイノセンスの意義

西山　けい子

### アメリカにおける幸福の追求

アメリカ独立宣言において、「幸福の追求」は「生命、自由」と並ぶ権利に数えられているが、この「幸福の追求」は、歴史的には、ジョン・ロックが『統治二論』で挙げた人間の自然権としての「生命、自由および財産」という文言をトマス・ジェファソンが言い換えたものとされる（Cullen 45–46; McMahon 314–17）。言い換えによって、「幸福（happiness）」は「財産（property）」という語の直接性を和らげただけでなく、生きる上での善なる価値観、理念として、より倫理性を帯びたものとなった。「幸福の追求」は、旧大陸から移り住んだあらゆる階層の人々やその子孫の、より豊かな暮らしを求める願い――のちに「アメリカン・ドリーム」と呼ばれることになった――を神話めいたものにすることにも寄与した。「幸福」は追求することができる、それは「権利」である、という考え方は民主主義アメリカの楽観主義である。ただし、求めるべき善としての幸福は量的には測ることができないので、結局は、これをひとつの価値として功利主義的にとらえ、資本主義経済の原理のなかで富の実現を目指すのが、アメリカ流の「幸福の追求」であると言ってよいだろう。

アメリカ社会においては一般に、幸福への志向が現世的な富の獲得へと傾くことを早くから指摘したのは、アレクシ・ド・トクヴィルであった。貴族制・世襲制社会では、富める者はその富裕に慣れてしまっており、民衆は貧困に慣れてしまっている。富者は物質的繁栄をすでに手にしているのでそれを気にかけないし、貧者はそれを獲得することを願望できるほどの境遇にはいない。したがって、そのような社会では、貧しい者の想像は死後の世界、あの世へと向けられる。一方、身分や特権の固定されない民主主義社会で知識と自由が普及するとき、貧しい者は現世における物質的繁栄を求め、富める者はそれを失うことを恐れる。自由で平等とされる民主主義社会では、人々はみずからがもっていない（あるいは、失うかもしれない）幸福を絶えず気にかけることになる。一八三〇―三一年にかけてアメリカ視察を行ったトクヴィルは、世界に先駆けて自由と平等を標榜したこの国で、人々が奇妙にもつねに急き立てられていて、彼らの顔が一種の不安にみちた暗雲に蔽われていることを、慧眼にも見抜いた（下：二四五―二四七）。アメリカにおいては、人は手の届くところにある幸福を得ようと躍起になるが、たとえその幸福をとらえても、そこにささやかな慰安をみつけて安住することなく、いっそう快適なもの、いっそう安楽なもの、いっそう甘美なものを求め、さらなる幸福の追求に向かわずにはいない。逆説的なことだが、幸福を追求する権利をもつ国の人々が、この世の幸福に執着するあまり、たえず憂鬱にとらえられているのだ。トクヴィルは『アメリカの民主政治』の序文において、「わたしはアメリカにおいてアメリカ以上のものを見たと告白する」（上：四〇）としているが、もともとアメリカ的とされたこの傾向が、近代社会における資本主義の拡がりのなかで、普遍的な傾向となってきたことは周知のとおりである。

アメリカ的な幸福ということでは、労働と幸福との関係にも手短に触れておこう。歴史的には、労働を免れて暮らしてゆけることが貴族の特権であり、幸福の要件だった (McMahon 403)。そういう社会では、労働する者にとって、苦役である仕事から解放される余暇の時間こそが快楽なのであった。一方、世襲財産のない民主的社会では、人々は生活するために働くのが当然であり、誠実に働くことはけっして蔑視されることではなく、むしろ美徳とされた。また、ノブレス・オブリージュの考え方のように、労働と利得の結びつきが意識的に隠される面をもつ貴族制社会とは違って、民主社会では、労働と利得は目に見えるかたちで結びついてきた。マックス・ヴェーバーの言うように、アメリカでは、プロテスタンティズムの心的態度《エートス》が合理的禁欲による節約を奨励し、財を資本として投下することによる資本形成を促してきたという経緯もある（『プロテスタンティズムの倫理と資本主義の精神』）。しかしながら、働くことによって成功を収めて幸せを得るという機会は、じっさいには万人に開かれているわけではなかった。機会の平等が謳われる社会にあって、利潤が利潤を生むシステムのなかで、格差は確実に拡大していく。貧しい者はその境遇から抜け出せず、富める者はより豊かになる。資本主義とは、利潤獲得の競争のために、より高い生産効率、より低賃金の労働力を求めるシステムであるからだ。近代化・機械化が進行する中で、人々は幸福を追いながら、ますます幸福から疎外されるようになった。

幸福を描く文学は、往々にして、幻滅を描くことで逆説的に、はかない幸福の夢を浮かび上がらせてきた。アメリカ文学において、繁栄の一九二〇年代が大恐慌の三〇年代へと転落する困難な時期に、成功の夢が崩壊するという主題の顕著な例がいくつもみられるのは偶然ではないだろう。[1] 本論考で取り上げるジョン・スタインベックの『二十日鼠と人間』（一九三七年）もそのひとつである。小さな土地を手に入れ、耕し、動物を飼い、仲間と暮らすというジョージとレニーの夢は、資金をこつこつと積み立てればその実現に近づくという意味において、まさしくささやかな「幸福の追求」であった。その計画が無に帰す悲劇には、タイトルの由来するロバート・バーンズの詩の一節のように、人間の運命の必然性のようなものが感じられる。しかしながら、ジョージとレニーによって抱かれた幸福のイメージには、福利としての幸福――計画して追求することで手に入れることが可能な幸福――以上のものが含まれており、そこに込められたものこそが、結末の悲劇性をいっそう際立たせているとも言える。将来の〈価値＝財〉としての幸福の追求の向こうにある、それとは異質の幸福とは何か。そこに触れるということはどういうことか。季節労働者のつつましい夢が、なぜそれほど人の心を動かす特別な力をもち得るのか。本稿では、『二十日鼠と人間』における幸福と、それを可能ならしめる要素、それが崩壊せずにはいない理由について、レニーという人物に宿るイノセンスの力に焦点を当てて考察したい。

## 幸福の夢と資本の原理

大恐慌時代のアメリカの夢とその崩壊を描いた作品として、『二十日鼠と人間』のあとに発表された『怒りの葡萄』（一九三九年）を参照することからまず始めよう。ダスト・ボウルに見舞われ、オクラホマの地からの立ち退きを迫られたジョード一家は、家を取り壊しに来たトラクターの運転手に抵抗を示すも、相手からは、「俺を殺したって縛り首になるだけ」で、また代わりの人間がやってくるにすぎないのだと告げられる。小作人たちを追い出す命令を出しているのは銀行だが、だからと言って、銀行の幹部連中がすべてを決めているわけではない。噂では、銀行には「東部から命令が来ている」らしいのだ（五章）。こうして、土地を追われる者たちは、相手を撃ち殺そうにも怒りを向ける矛先が見えない状況に置かれている。彼らを追い詰める敵は、彼ら自身が組み込まれている資本主義の不透明なシステムなのだ。一九三〇年代初頭、オクラホマおよび周辺諸州から脱出した人々は五〇万人にも及び、そのうち約三〇万人が「約束の地」カリフォルニアを目指したとされる (Benson 54)。だが、大半が無学で非熟練労働者である彼らがカリフォルニアに着くころには、同様の人々ですでに人手は過剰であり、仕事にありつくために、人々はみずから競って賃金を切り下げざるをえなかった。土地は手に入らず、日の出から日没まで家族総出で働いても、一家はまともに食べてゆくことができない。労働から生まれる実りの恩恵にあずかれない不幸は、たとえば次のようなエピソードに端的に示される。資本主義の原理のもとでは、豊作はかならずしも歓迎されない。果物の価格を維持するため、トラックに満載されたオレンジが次々と廃棄されてゆく。それを拾って食べようとする人たちを阻止するために、オレンジの山にはホースで灯油が撒かれた。土地に甘い香りが満ちていても、飢えた人間がそれを口にすることはできない。その不条理のなかで生きていくのが現実なのだ（二十五章）。

『怒りの葡萄』が、巨大で非人間的な資本主義システムを背景に、幸せの地を目指して移住する家族や集団の苦難を描いたのに対し、同時代を扱った『二十日鼠と人間』では、個々の人間の夢とその崩壊に、より焦点が当てられている。『二十日鼠と人間』は、カリフォルニア州の南、サリーナスが舞台である。ふたりの男、ジョージとレニーは穀倉地帯の農場を転々と渡り歩く。ふたりがひとところに長くとどまれないのは、大男で力持ちだが頭の弱いレニーがいつも面倒を起こすからだ。小柄で機敏なジョージは、レニーを厄介に思いながらも連れ立って旅を続けている。ふたりにはいっしょにかなえたい夢があった。お金を貯めたら小さい土地を買って小屋を建て、牛や鶏を飼い、作物を育て、「ぜいたく三昧に暮らす」。ウサギの世話は、小さくてふわふわしたものが大好きなレニーの役目だ。ふたりがその話をあんまり何度も繰り返すので、その話には現実離れした不思議な力がそなわっていくようだ。ふたりの夢の話を漏れ聞いた飯場の老掃除夫キャンディが、自分の蓄えを出すから仲間に入れてくれと言ってきた。その貯金があれば、目標の資金にまであと少しで到達できる。夢の実現が目前と思われたある日、納屋で農場管理人の息子カーリーの妻の柔らかな髪を撫でたレニーは騒がれてパニックになり、彼女を思いがけず殺してしまう。カーリーやその指揮下の労働者らの手にかかってリンチにされる前にと、ジョージはレニーの隠れる場所へ先回りする。せがむレニーにあの夢の話をしてやりながら、ジョージはレニーの頭に銃を向けた。寓話のようにシンプルに作られたこの物語は、人の抱く憧れや夢、孤独といった本質的なテーマに触れる小さな傑作と言ってよい。幸福という主題にとっても、資本主義社会の原理を超えて人が夢見る次元を示唆している点で、本論考ではとくに注目したい。だが、その点について詳述する前に、本作品における労働者の状況と彼らの夢について簡単にみておこう。

資料によれば、『二十日鼠と人間』出版の翌年にあたる一九三八年、アメリカ国内の穀物の約半分はコンバインで収穫されるようになっていた。それによって、以前には三五〇〇人の労力を要した作業は、五人ですむことになった。一九三〇年代は汽車やバスに乗って農場を転々とする単身労働者の数は減りつつあり、次作である『怒りの葡萄』の一家のように、家族ごと車で移住する人たちにとって代わられようとする時期だった (Loftis 39–40)。(単身労働者たちはその後、軍隊に吸収されていく。)

作品冒頭、ジョージとレニーが登場する谷間の川べりには、焚火をした灰の跡がある。枝を横に低く張ったスズカケの木は、野宿する者たちが腰かけに使ってきたらしく、表面がこすれてすべすべしていた。こうして、この物語は、移動労働者の営みを自然のなかに配置し、過去にその場所を通過した者たちの姿を浮かび上がらせつつ、幕をあける。ジョージとレニーのふたりがたどり着いた農場の飯場には、壁に接して寝棚が並び、それぞれの寝棚の上に置かれたリンゴ箱が、そこに眠る者のわずかばかりの所持品を収める場所となっている。そこにやってきて、作業を終えると去っていく者たちは、たしかに（農奴や奴隷と違って）自由の身ではある。しかし、スタインベックが一九二〇年代、大学に籍を置きながら実際に働いて観察したように、大規模農業が進行するカリフォルニアで、季節労働者の需要は不定期、不安定であり、彼らは低賃金で働かされ、短期間で恒常的な移動を強いられていた (Daniel 64)。仕事に熟達して昇給し生活を向上させるという見込みは薄く、いつまでたっても「家」と呼べる場所をもつことは叶わず、彼らはつねに孤独なのだった。『二十日鼠と人間』の描くところによれば、彼らの数少ない楽しみと言えば、稼いだ金をもって町に出かけ、酒を飲み、賭け事をし、娼婦のいる店に行くことだ。それが彼らにとっての刹那的な幸せ（快楽）の時間なのだった。

たいていの場合、季節労働者が心を開く仲間をもてずにいることは、ジョージとレニーが農場に到着したときの、親方との面談のやりとりからも窺える。親方は、簡単な質問にもまともに答えられないレニーの様子を見て、利発そうなジョージが彼と組んで農場を渡り歩いていることを不審に思う。ジョージがレニーの給料の上前を撥ねているのではないかと疑うのだ。農場では、経済の原理が人間関係を決める主な要因となっていて、勘定が割に合わない関係は切り捨てられる運命にある (Hadella 47)。長年農場のために働いてきたキャンディは、手首から先を機械で切断され、年齢的にも老いぼれて、働き手としての価値が底辺に近づいている。彼の老犬が射殺処分されると同様に、彼自身がいつお払い箱になるともしれない状況にあるのだ。彼らがそうした状況から抜け出すことは難しい。だが、ジョージとレニーのふたりは、経済原理を超えた特別の絆を築いて、ささやかな夢を共有し、育てている。そうできることが彼らにとっての幸福である。そのことについて、次節から考察する。[2]

## 無垢なるものの造型

体はいくら大きくとも、レニーは本質において、その名（レニー・スモール）のとおり「小さき者」である。クララおばさんが死んでからは身寄りがなく、おばさんに頼まれたジョージがいつもいっしょにいて彼の面倒をみている。知能の足りないレニーはへまをすることが多いので、「お前さえいなければ今頃おれは……」とジョージにいつも嘆かれていた。何でも忘れてしまうレニーは、自分のしでかした「悪いこと」も覚えていない。小さなもの、柔らかなものの手触りが好きだが、撫でることの性的含意を知らないので、前にいた農場では女性のドレスに勝手に触って面倒を起こした。多くの論者が指摘するように、レニーは良くも悪くも「イノセント」な存在である(Fontenrose 32; Owens 1985: 103–04, McEntyre 202–22)。

「イノセンス」にはいくつかの意味がある。罪がないこと、害がないこと、責任がないこと、無垢で無邪気なこと、世間知らずで無知なこと。ひとりで世を渡る知恵も才覚もない彼は、たしかに「無知」ではある。レニーを侮蔑する者たちが彼にみるのは、レニーのこの「無知」な側面だ。ところが、同じイノセンスでも、彼の子どものような「無邪気」「無垢」が、ジョージを彼と離れがたくさせている。レニーについて、頭は弱いが卑しいところがない、とジョージは言う。飯場の先輩格スリムにジョージが打ち明けるところによると、ジョージは最初レニーの「うすのろぶり」をよくからかった。そうすることで、自分の頭のよさが引き立つ感じがしたからだ。ある日、サクラメント川の岸で大勢の男たちを前にジョージがレニーに「飛び込め」と言うと、彼は飛び込んだ。ひと掻きも泳げない彼をジョージが引き揚げてやると、「飛び込め」と命じた当の人物だということも忘れて、レニーはジョージに感謝した。そんなレニーを見て、ジョージはからかうのをやめた。レニーは曇りのない全幅の信頼をジョージに寄せている。自分を守る術《すべ》をもたないレニーの、計算のない純粋さにジョージは責任を感じたのだ。

ところで、イノセンスは「……がないこと」というネガティヴな形でしか定義できないのだろうか。レニーにはポジティヴな力が備わっているように思える。それは彼がジョージとふたりで夢について語るところに現れる。ふたりの夢は少しずつ形を変えて何度か繰り返されるが、いちばん全体がみえる形で語られるのは次の箇所だ。


「おれたちみたいに農場を渡り歩く男はな、世界でいちばん孤独なんだ。家族もなけりゃ居場所もない。やってきて小金を貯めちゃ町に出て擦っちまう。そしてまたさっさと別の農場に移っていく。将来ってものがないんだ」

レニーは大喜びだ。「それだよ、その話。さあ、話して、おれたちの場合はどうなのか」

ジョージは続けた。「おれらはそうじゃない。おれらには未来がある。気にかけてくれる話し相手がいる。行くとこがないからってバーに腰掛けて金を使っちまうやつらとは違うんだ。ほかのやつらはな、刑務所にはいったら、どんなに周りが気にかけてやっても腐っちまう。でもおれらは違うんだ」

レニーが割ってはいった。「でもおれらは違う！　なぜか？　それは……それは……おれには気にかけてくれるお前がいて、お前には気にかけてやるおれがいるから。そうだなジョージ」彼はうれしそうにくっと笑った。「先を話して、ジョージ」

「そらで覚えてるじゃないか。自分で話したらどうだ」

「いや、話してくれ。忘れちまったところもある。なあ、つづきは？」

「よしよし。いつか――おれらはふたりで金を貯めて、小さな家と二エーカーの土地をもつ。牛一頭と豚、それから……」

「ぜいたく三昧に暮らすんだ！」レニーは叫んだ。「それからウサギを飼う。さあ続けて、ジョージ。庭で育てるものや、檻のウサギのことや、冬の雨のことや、ストーブのことや、ミルクの上のクリームが濃くて切れないくらいだってことなんかをさ。さあ話して、ジョージ」

「自分で話せばいいじゃないか。すっかり知ってるくせに」

「いや、話して。自分で話すとなんか違う。さあ、続けて。どんなふうにおれがウサギの世話をするかをさ」

(13-14)


スタインベックがふたりの掛け合いに吹き込むリズムには、あたたかなユーモアに満ちた詩情がある。「はしっこい」ジョージと「抜けている」レニーの二人組が、芝居によくある滑稽な二人組という定型を抜け出していくことがだんだん読者に伝わってくる。ささやかでも自分の土地をもって独立するというジョージの夢は、典型的な「アメリカの夢」である。それは、一九三〇年代のアメリカで毛布を背負って農場を渡り歩く季節労働者たちの多くが抱いた夢であろう。だが、毛のふさふさしたウサギを飼い、自分の育てたアルファルファをちょびちょび齧るのを見たいというレニーの夢には、躍動する生命の素朴な喜びがある。敵意や恨み、嫉妬や虚栄といった感情を免れているレニーは、「しあわせそうに」くすくす笑い、「誇らしくて」むせそうになり、「わくわくして」叫ぶ。彼の動作や言葉に添えられるとき、ありふれた副詞も思いがけない強さを帯びるように感じられる。彼を聞き手にすると、ジョージの語りもいちだんと熱がこもってくる。彼らの夢はいつしか、現実にはけっして所有できない何かを求める夢になっている。ジョージの夢は、レニーの純粋な思いを得て、ユートピアの夢へと変わっているのだ。

ふたりの夢には現実の社会を超えた何かがはらまれている。資金が貯まりさえすれば叶う夢であれば、レニーが死んだあとでもジョージはキャンディとともに念願の土地を手に入れることができるだろう。だが、多くの論者が指摘するように、レニーがいなければその夢自体が意味を失ってしまうはずである (Lisca 1958: 141–42; Hearn 88)。レニーの「欠陥」ゆえに叶うはずの夢が叶わなかったのではない。レニーがいたからこそ、夢が追い求めつづけるべき特別のものになったのだ。「おれには気にかけてくれるお前がいて、お前には気にかけてやるおれがいる」というレニーの言葉は、相棒に迷惑ばかりかけるレニーの無邪気な勘違いではない。ジョージとレニーのふたりの関係は、表面上そう見えるような「世話をする／世話をされる」の一方的な関係ではないのである。

## 存在の無垢

自己統御のできないレニーは、小動物にとどまらず、カーリーの妻をも死なせるに至り、ついにはジョージの手に掛かって殺されてしまう。彼の死とともに、ジョージとレニーの夢も潰えた。それゆえ、『二十日鼠と人間』という作品を、社会において強者が生き残り弱者がはじかれるという社会ダーウィニズムにもとづくペシミスティックな決定論の物語とする見方もある (Owens 2009: 227)。だが、レニーのイノセンスは、人を惹きつけ、人に何かを与える「力」であると考えた方が、この作品の与える感動を説明できるように思う。ウラジーミル・ジャンケレヴィッチを手がかりに、このイノセンスの本質について考えてみよう。

「自己性について」において、ジャンケレヴィッチは自己性にまつわる次の二通りの神秘を挙げている。ひとつは他称的(allégorique)な神秘、すなわち他のものの徴であるような神秘、もうひとつは自称的(tautégorique)な神秘、すなわちみずからの存在そのものによって、自分が存在するというただそれだけの事実によって神秘的であるような神秘である(一九八)。これは「えもいわれぬもの」「語りえぬもの」とされる、〈人格〉に発する神秘で、ベルクソンのいう生命の神秘の単純さにも通じるものである。他称的な神秘には、たとえば王家の紋章のようなものが挙げられるだろう。一方の自称的な神秘に、人を惹きつけるイノセンスの魅力は由来すると考えられる。

自己はどのように措定されるのか。自己性の見分け方としてジャンケレヴィッチは、①所有(何を所有するかを通して間接的に)、②行為、功績(何を克服するかを通して相対的に)、③諸権利(自己性の独立を妨げようとする他人の企てに対して否定的な仕方で)という三つの視点を挙げている。そして①~③の彼方に〈人格〉があるとする。それは、何をもつか、何ができるか、何を妨げられないか、といった間接的、相対的、否定的な措定とは逆に、直接的、絶対的、肯定的に措定される自己のありようである(二〇〇)。

①~③のように、社会的、生物的、物理的困難と出会うところに発する自己は「存続(subsistence)」であり、「存在(existence)」ではない。だれしも生きるにあたって「存続」と「存在」の両側面をもっている。そのうち、自己保存あるいは自己の向上のため、意識的に獲得を目指される自己とは、自己の「存続」の側面だろう。前章まで論じてきた「幸福」は、もっぱらこの側面の自己の追求の言い換えだったと言える。一方、「存在」することは学習や努力を通して成るものではない。「存在は同等ならざる者たちの大いなる同等性を表す」(二〇四)のである。人間のなかには、「存在」がとりわけ際立つ者がいる。それが聖人であり、英雄である。だが、『二十日鼠と人間』におけるレニーのようなイノセントな人間のありようもまた、「存在」が「存続」を圧倒している一特殊形態と言えるのではないだろうか。イノセントな人間は自分で自分を守る術をもたない。そうした天使のような存在に

とっては〈行為〉と〈存在〉が一致する、とジャンケレヴィッチは言う（二〇四）。「無辜な者とは言い換えるなら〈行為〉がもはや〈存在〉を隠蔽することのない、そのような人物」（二二四）なのである。[3]

「〈行為〉が〈存在〉を隠蔽することのない」、とは本質を衝く表現だが、その意味は必ずしもわかりやすいとは言えない。ここで少し言葉を加えて説明を試みてみよう。ジャンケレヴィッチの言う自己性 (ipséité) には、所有や功績などの属性においてとらえられる自己と、そうした属性を外れたところにある自己があった。前者が〈行為〉、後者が〈存在〉という言葉で代表されている。ここで言われる〈行為〉とは、本来「存続」にかかわる営みである。前者の自己は、他者の視点を取り入れたところに成立する自己（社会化された表層の自己）であり、後者の自己が人格としての本来の自己（純粋に固有の自己、他の誰でもない深層の自己）と言えよう。イノセントな人間とは、いわば表層の自己が薄く、その向こうの深層の自己が透けてみえるような人間、あるいは表層の自己を突き破って深層の自己が露出する人間なのだ。これが「〈行為〉が〈存在〉を隠蔽することのない」という表現の意味するところである。[4]「隠蔽」されないから、イノセントな人間の露出された固有の自己は特別な魅力をもって人を惹きつける。また同時に、固有の自己を守るための殻をもたぬゆえに（あるいは、もっていてもそれがあまりにも薄いので）、そのためにイノセントな者は社会において犠牲となりやすい。

作品では、キャンディが、老いぼれていやな臭いを放つようになった飼い犬を処分するよう仲間に迫られる。長年いっしょにいた愛犬と離れがたくてぐずぐずしているうちに、犬は仲間のひとりの手にかかって銃で処分されてしまうのだが、そんなことなら自分の手で死なせてやればよかった、と老人は深く後悔する。このエピソードが結末部のジョージによるレニー射殺の伏線となっている。こうしたことから、作者はレニーを「人間未満のもの (sub-human)」として描いている、という議論も出てくるのだが、これは筆者には見当違いに思える (Van Doren

110–11)。[5] むしろ、レニーのもつ通常の人間を超えた要素を表すために、作者はレニーを動物に近づけて書いたのだ。彼は登場のところから、その動物との近親性が描きこまれている。彼は「熊が足をひきずるように、いくぶん足をひきずり気味に」重々しく歩いた。「馬のように鼻息を立てて」川淵の水をごくごくと飲んだ。生まれたばかりでまだ母犬から離せない仔犬のそばにいたくて、一晩納屋で過ごした。小動物を、ことにその手触りを愛することは、彼の生命のエロス性（性愛化されない）を表すだろう。彼の動物性は、彼の人間としての異能を示すものでもある。彼は二人分、三人分の大麦袋を平気でかつげるような人並みはずれた力の持ち主なのだ。だが、それは「社会化されない」危険な力でもある。それがはっきり示されているのは、彼が自分の怪力を制御できず、愛する動物を殺してしまうことだ。[6] 社会化された人間なら抑圧する生命の力に直に触れているレニーは、社会をはみ出す性質を示さずにはいない。それが彼の場合、破壊性という形で表出するのである。彼の破壊性は、ある意味で英雄や子どものもつ破壊性とも通じる。[7] 子どもならそうした破壊性は一過性のものである。また、英雄にあっては破壊性が称賛されることもある。だが、大人になっても破壊性を制御できない無垢なる者は、社会内の掟からはみ出さずにはいない。

## 贈与としての〈存在〉

土地を手に入れ家を建てるというのは、それがだれの夢であっても、夢であるかぎりにおいて、いくぶんかは有用性を離れ、その夢を抱く人間の〈存在〉をある程度は映すだろう。小金を貯めては週末に「酒場や淫売宿」に出かけ、賭博に耽る男たちを大勢見てきた黒人の馬丁クルックスも、やってきては去っていく男たちがみな似たようなことを頭のうちで考えていたのをよく知っていた。「おれは背中に毛布の包みを背負って、それと同じことを頭のうちで考えながら、ほうぼうの農場を渡り歩いてる連中を大勢見てるんだ。大勢な。やつらは、ちょっと来ちゃ辞めて出て行くのさ。そのひとりひとりが、みんな胸のうちに小さな土地をもっているんだ。でもそれを手に入れた者はひとりだっていないのさ」(74)。ジョージとレニーの夢もそうした男たちの夢と変わるところはないのだが、違うのは、レニーという人間によって孤独な夢想が生き生きした生命を帯びてくることだ。労働の対価として賃金を得、それと交換することで土地を手に入れる――そうした「交換」の法則がレニーの心をとらえることはない。彼は所有することなく与える人だからだ。何ももつことなく与える、という「贈与」の人レニーが与えるものが〈存在〉である。ジャンケレヴィッチはこれを「みずからの存在の贈与の奇跡」とし、「創造的贈与」と呼ぶ（合田三一九）。なぜ「創造的」かと言えば、イノセントな者はみずからの〈存在〉を与えることで相手を「存在させる」からである。レニーにせがまれて夢の土地のつづきを語るとき、ジョージの語りは所有の計画を超えて、農場に降る雨音の夢想になる。ここにジョージの幸せの時間があるのだ。これは、追求することで手に入れられる類いの幸せではなく、生きられる時間体験としての幸せの瞬間である。

「そうだな」ジョージは言った。「大きな野菜畑と、ウサギ小屋、それとニワトリだな。冬に雨が降った日には、仕事はやめだって言えばいい。ストーブに火を焚いて、その周りに坐ってさ、屋根に落ちる雨の音を聞くんだ――」(15)

〈存在〉を与えられているのはジョージだけではない。かつて農場の機械に挟まれて手首から先を失ったキャンディ、黒人だという理由でほかの労働者たちと同じ飯場には出入りできずひとり離れた小屋をあてがわれているクルックス、新婚の夫と心が通わず寂しさを埋めるために農場の男たちに声を掛けては厄介な色情狂扱いされる「カーリーの妻」――彼らはみなレニーに引き寄せられる。そして、話を理解しているかどうかもわからないレニーを相手に、われ知らず自分の孤独と夢を語りだす。彼らもまた、レニーのイノセンスという贈り物によって、みずからの内なる〈存在〉をいくらかは呼び覚まされるのである。[8]

レニーはたしかにジョージに〈存在〉を与えるのだが、彼は与えようと思って与えているわけではない。⁸また、与えることが喜びであるという意識もない。彼という存在自体が〈贈与〉なのであり、彼はただ彼として、開かれてそこに存在するのである。『二十日鼠と人間』におけるレニーという人間の〈存在〉の特徴は、こうした根源的《ラディカル》なイノセンスにある。先に述べたように、イノセンスとは「無垢」であり、「無知」であり、「無罪」である。「無垢」については、社会的な属性として付加される表層の自己の部分がふつうの人間よりはるかに薄いという意味として理解された。では、「無知」や「無罪」についてはどうだろうか。レニーの「無知」は、世間を渡る知恵がない、という意味だけでなく、より根源的な「無-知」を示しているように思える。彼が世界のなかで生の過剰性をもっているということは、彼が少年期を抜けて大人になっても死（有限性）を知らないでいる――イノセンスを失わない――という形で表されている。レニーは納屋でひとり、生まれて間もない仔犬を撫でて楽しんでいたが、噛まれたときについ力がはいり殺してしまう。そのあとそこへやってきたカーリーの妻のしなやかな髪を触ったとき、髪の乱れを気にした彼女が悲鳴を上げて身を離そうとするとパニックを起こし、つかんだ首をいっそう強く締めて折ってしまう。鼠を殺しても仔犬を殺しても女を殺しても、レニーにとってはジョージに叱られる「悪いこと」という以上の意味をもたない。彼は面倒を起こしたら隠れるようにと教えられていた川べりへと急ぐ。あとから来たジョージが今回はなぜか思ったほど叱らないのに乗じて、彼はまたウサギの話をせがんだ。ジョージは追っ手を気にしながら、彼に川向こうの土地を眺めさせ、この世では果たせない夢の話を聞かせながら、彼の頭を撃ちぬいた。このときレニーは、自分が死すべき存在だということにも気づかずにいただろう。有限性を知らず、いつまでも無限の夢に生きているレニーは、有限の世界の中では殺されてしまわざるを得ない。しかし同時に、レニーは根源的な意味において「無罪」であるという感覚を読者はもつ。それは精神や知力に障害をもつ者が法的な責任能力を欠いているという意味ではない。彼は社会における法を守ることで自分の身を守る知恵をもたない一方で、〈世界の外〉の倫理、欲望の倫理にはあくまで忠実な人間であったのだ。だから、どうしても死ななければならないのだが、そのようなイノセントな人間を生かすことができないことの哀切が、われわれの心を打たずにはいないのである。

## 不可能な夢の共同体

資本主義が進み、機械化が進行し、人々が生産のプロセスに部分的にしか関与できなくなる時代——土地はとうに耕すものから投機の対象になっていた——に、自前の小さな土地を耕し、誰に命令されることもない自給自足の暮らしを営むという夢は、大地を耕す者こそが「もっとも高潔でかつ独立した市民」であるというジェファソンの信念（『ヴァージニア覚書』）にも通じる、やや回顧的なアメリカの夢であると言ってよい。そこには、「失われたエデンの回復」という神話的な響きもある。その実現に向けての計画は、まさしく「幸福の追求」の行為であった。

しかしながら、ジョージとレニーの夢には、現実世界での幸福とは質の異なる幸福が含まれていた。それは、ゆたかで満足できる生活の獲得と維持というレベルを超えた幸福であり、自己の〈存在〉に触れる夢想の時間体験であった。自己保存的な〈存続〉のレベルを超えた、〈存在〉に関わる夢は、永続的な実現が困難な、束の間の夢である。そのなかで、人は生命の全体性に触れるだろう。『二十日鼠と人間』では、レニーのイノセンスが現世的な幸福追求の夢に〈存在〉の次元を与えた。レニーのイノセンスは社会内に収まることが不可能な力であったが、その夢を通して、読者もまた、社会的な自己の膜の背後にひそやかに存在する真の自己に触れる。個別の人間の夢想を共有する場としての夢の農場は、孤独な人間の究極の帰属の夢を叶えてくれる（現実には不可能な）共同体である。

## 注

1　「アメリカン・ドリーム」という言葉自体、この時代に生まれたものだった（James Truslow Adams, *The Epic of America*, 1931）。ハーンは大恐慌の時代のアメリカン・ドリームとその破綻という主題を扱った代表的な作家として、スタインベックと並んで、ジェイムズ・T・ファレル、ナサニエル・ウエスト、ユージン・オニール、アースキン・コールドウェルらを論じている（82–108）。

2　以下のイノセンスに関する考察は、西山（二〇〇三）を改稿したものである。

3　このジャンケレヴィッチの言葉を『道』（フェデリコ・フェリーニ）のジェルソミーナの無辜にあてる作田啓一（二〇〇三）に示唆を得た。

4　作田（二〇〇五）によれば、この固有の自己が露呈させられるときに生じるのが（「恥」と区別される）「羞恥」という感情である。

5 リスカは、ジョージとレニーの補完的な関係について、ジョージが知性でレニーが身体、あるいはジョージがフロイト的なエゴでレニーがイドであるとしている (Lisca 1978: 78–79)。

6 人気を博した映画『フォレスト・ガンプ』（一九九四年）の主人公も知能が劣る人間である。彼は独特のイノセンスによって時代とかかわり人生を切り開いていく。原作には、ガンプの好きな人物として『二十日鼠と人間』のレニーが挙げられているが、ガンプのイノセンスはあくまでも社会内におさまる善良さ、ひたむきさにとどまるものである。

7 フォンテンローズやオーウェンズの言うように、たとえ農場をもったとしても、レニーはそこでウサギを殺していただろう (Fontenrose 37; Owens 1985: 104)。自伝的要素が濃いと言われるスタインベックの『赤い小馬』（一九四五年）の少年ジョディは、パチンコで狙いを定めてツグミを殺すと、ナイフで首を切り落とし、腹を割き、羽を切り離してばらばらにした。そして死骸を茂みのなかに投げ捨てた。こうした破壊行為は自己を守るためのものではなく、また生命に対する虚無的な攻撃性でもない。生命の根源に触れる経験を構成することになる破壊性である。

8 レニーにわけもなく苛立って喧嘩をふっかけるカーリーも、レニーの惹きつける力に過剰に反応しているという点では変わりはない。

9 有木恭子は、レニーとジョージの結びつき、あるいはクルックスとの結びつきをエーリッヒ・フロムのいう「愛」すなわち孤立と分離を克服する「対人間的合一」の欲求として論じている。フロムの言う愛の贈与とここで扱う贈与とは一面において通じ合うが、その違いについては、西山（二〇〇三）を参照。

## 参考文献

Benson, Jackson J. "The Background to the Composition of *The Grapes of Wrath*." *Critical Essays on Steinbeck's The Grapes of Wrath*. Ed. John Ditsky. Boston: G. K. Hall & Co., 1989.

Cullen, Jim. *The American Dream: A Short History of an Idea That Shaped a Nation*. New York: Oxford UP, 2003.

Daniel, Cletus E. *Bitter Harvest: A History of California Farmworkers, 1870–1941*. Berkeley: U of California P, 1982.

Fontenrose, Joseph. "The Dreams of Independence." *Readings on Of Mice and Men*. Ed. Jill Karson. San Diego: Greenhaven Press, 1998.
Hadella, Charlotte Cook. *Of Mice and Men: A Kinship of Powerlessness*. New York: Twayne Publishers, 1995.
Hearn, Charles R. *The American Dream in the Great Depression*. Westport: Greenwood Press, 1977.
Lisca, Peter. *The Wide World of John Steinbeck*. New Brunswick: Rutgers UP, 1958.
——. *John Steinbeck: Nature and Myth*. New York: Crowell, 1978.
Loftis, Anne. "A Historical Introduction to *Of Mice and Men*." *The Short Novels of John Steinbeck: Critical Essays with a Checklist to Steinbeck Criticism*. Ed. Jackson J. Benson. London: Duke UP, 1990.
McEntyre, Marilyn Chandler. "*Of Mice and Men*: A Story of Innocence Retained." *Cain Sign: The Betrayal of Brotherhood in The Works of John Steinbeck*. Ed. Michael J. Meyer. Lewiston, NY: Edwin Mullen, 2000.
McMahon, Darrin. *The Pursuit of Happiness: A History from the Greeks to the Present*. London: Penguin Books, 2007.
Owens, Louis. "*Of Mice and Men*: The Dream of Commitment." *John Steinbeck's Re-Vision of America*. Athens: U of Georgia P, 1985.
——. "Deadly Kids, Stinking Dogs, and Heroes: The Best Laid Plans in Steinbeck's *Of Mice and Men*." *The Essential Criticism of John Steinbeck's Of Mice and Men*. Ed. Michael J. Meyer. Lanham, MD: Scarecrow Press. 2009.
Steinbeck, John. *Of Mice and Men*. London: Penguin Books, 1993.（本文中の引用は拙訳）
——. *The Grapes of Wrath: Text and Criticism*. Ed. Peter Lisca. New York: Penguin Books, 1997.
Van Doren, Mark. "A Mechanical Story with Subhuman Characters" (1937). *Readings on Of Mice and Men*. Ed. Jill Karson. San Diego: Greenhaven Press, 1998.
有木恭子「『はつかねずみと人間』（小説）——夢を生み出す力」『スタインベックを読みなおす』中山喜代市監修、有木恭子・加藤好文編、開文社、二〇〇一年。
合田正人『ジャンケレヴィッチ——境界のラプソディー』みすず書房、二〇〇三年。

作田啓一「フェリーニの『道』」『生の欲動――神経症から倒錯へ』みすず書房、二〇〇三年。

――「羞恥論」『Becoming』一六号、BC出版、二〇〇五年。

ジャンケレヴィッチ、ウラジーミル「自己性について」『最初と最後のページ』合田正人訳、みすず書房、一九九六年。

トクヴィル、アレクシ・ド『アメリカの民主政治（上・中・下）』井伊玄太郎訳、講談社学術文庫、一九八七年。

西山けい子「存在のイノセンスについて――ジョン・スタインベック『二十日鼠と人間』」『Becoming』一七号、BC出版、二〇〇三年。

# 第三章

# 幸福の瞬間

## ――ユードラ・ウェルティ『デルタの結婚式』とヴァージニア・ウルフ『灯台へ』を読む

中　良子

### ウェルティとウルフ

ユードラ・ウェルティの小説のわかりにくさは、南部文学でありながらフォークナー的南部小説の条件を揃えていないことにある。それについては、早くからルイス・ルービンが、アメリカ文学にはフォークナーとウェルティの「ふたつのミシシッピ」があるのだと指摘していた。すなわち、「暴力的な男性と絶望的な葛藤の……叙事詩的戦いの場所」と「平穏な牧歌的な風習の……保護されたこぎれいな小さな世界」である (131)。ルイーズ・ウェストリングはウェルティの小説世界を「魔法をかけられた母の庭」と呼び、次のように述べている。

ユードラ・ウェルティが登場人物のために思い描く土地はなんと異なっていることだろう！『デルタの結婚式』や『黄金の林檎』の風景は、その美しさとそこでの人生の喜びが祝福されている。神秘と危険は毒蛇や半神のような訪問者や誰かを溺れさせる水と同じようにバイユーの中に潜んでいるが、しかし全体として豊かな自然界は、子どもたちにとっては夢見るエデンであり、自然の力と一体になって意のままに歩きまわる場所、大人たちには再生のために戻ってゆく場所である。生と死は共存し、絡み合い、人間の営みの背景を形作る。ウェルティが土地と肥沃さと自然界の独立性をこんなにも気持ちよく祝福することができるのは、女性として同じように感じていて、古来の、土地と女性の同一化に同意しているからだろうか？　答えはイエスに違いない。(7)

「人生の喜びが祝福されている」風景の中心にいるのは、女性たちである。その意味でウェルティとフォークナーの大きな違いは、家庭内の女性の幸福感が描かれているかどうかだといえよう。ウェルティの作品には「南部の呪い」に苦しむ女性たちは登場しない。そこで本稿では、フォークナーとは全く異なる南部小説の風景を創り出したウェルティの想像力を解き明かすために、ウェルティが影響をうけたと公言しているヴァージニア・ウルフとの関連性を探ってみたい。

「彼女は扉を開いてくれた作家です。『灯台へ』を読んだとき、一体これは何なの？　と思いました。その体験に興奮して夜も眠れず食事も喉を通らないほどでした。それ以来何度も読み返しています……」(Prenshaw 75) と語っているように、二〇代の頃のウェルティにとってウルフ作品との出会いは、文字通り文学の、未知の世界への扉を開いてくれた衝撃的な体験だった。晩年に、ハーヴェスト版『灯台へ』の序文においても、「個人的な発見が『灯台へ』への一直線の正しい道である」として、この作品世界は「どれだけ何度読み返しても、その度に目の前にどんどん広がってゆくように思われる」(vii) と書いている。読書家だったウェルティは、インタビューなどで愛読書や「人生を変えた本」について訪ねられるとチェーホフなどの名前を列挙して語っても、影響を受けた作家の名前を特定することはしなかった。しかしウルフについては「アーティストとして、確かに影響を受けた」(Prenshaw 325)と認めている。

ウェルティが広大な世界を感じた『灯台へ』という小説の世界は、周知のように意識の流れの手法で、ラムジー夫人という女性が内面を詳細に語り、またその夫人について数年後にリリーという若い画家志望の女性が考察するという、灯台へ行くことがプロット上の主たる関心事となる、表面上は特に何もおこらないありふれた日常である。ウェルティも同様の、女性たちが中心となる家庭内の日常生活を細かに描く小説を得意とした。このことから、特に初めての長編小説である『デルタの結婚式』については、家庭小説の主題のみならず表現やメタファーに関してウルフとの類似性が指摘され、論じられてきた。先に引用したウェストリングは、「結婚や母親の役割のテーマ」(68)や「家庭生活と豊穣さを祝福する設定」(71)を両者が共有していることを指摘した上で、『デルタの結婚式』では、母親のデーメテールとしての神話的な力が、南部的なパストラルの世界における自然の豊穣さと結びつくものとして展開されていると論じている(68–73)。

二人の作家の本格的な比較研究はまだ多くはないが、大きく二つの傾向にまとめることができる。ひとつは、マイケル・クレイリングによるモダニズムの技法に関するものである。[1] クレイリングは、ウェルティがウルフから学んだものは、伝統的なプロットの義務から解放された長編小説のフォーム、「プロットの新しい詩学」(1998: 11)だったと論じている。それは、隙のない構成に逆らう「流動性」であり、語るというよりも「見ることの詩学」(1998: 12)でもある。視点を複数の人物に分散し、断片的なエピソードを積み重ねることで、ウェルティは初めての長編小説を完成させることができたと考えられる。

もうひとつは、フェミニズムの視点から女性的な主題の共通点に注目するものである。[2] スーザン・ハリソンは、バフチンの対話理論を援用して、ウルフの作品と詳細に照応させながら、自らはフェミニストの宣言をしなかったウェルティの作品に、ウルフが提供した、男性中心主義の言説を私有し侵犯し変容させる戦略に対する応答がいかになされているかを読み取っている。複数の女性の視点による「多声的な語りの構造」(1997: 35) はジェンダーの問題を問い直す戦略であると述べているが、しかし長編第一作目の『デルタの結婚式』においては、父権的なパストラルの神話の優位性が「無傷のまま残っており」(1997: 46)、それを可能にする視座をもつ女性アーティストのキャラクター (ローラ) も描ききれていない (1997: 47) と結論づけている。

本稿は、父権的な世界を転覆するに至っていない『デルタの結婚式』に描かれた女性の幸福感に注目し、彼女たちが自分たちをとりまく世界を見つめるまなざしに、ウェルティが「南部」を捉える視点の原型となるものを探ってみたい。「扉を開いてくれた」というウルフの『灯台へ』の作品世界を通して考察することで、フォークナーの単なるオルタナティブではないウェルティ文学の独自の世界観を明らかにすることができるのではないかと思われる。

## 窓を開く――ダブニーの幸福

まず初めに、『デルタの結婚式』から、ウェルティの独特の世界観をよく表している次の一節を見てみよう。デルタ・プランテーションの大農園主フェアチャイルド家の次女で、結婚式を間近に控えた一七歳のダブニーは、父親の農園で黒人労働者の監督として働くトロイという年の離れた青年と「身分違いの結婚」をすることになっている。

たぶんたった今、眠りに落ちたばかりなのに、銀色の夜のせいで目が覚めてしまった――夜はぐんと深まって夜明けのほうへ近づいているから、この時刻のほの白さにすっぽりと包まれて、驚いて、まるで泉の中で息をしているような、そんな気がした。手をあげて額に触れるだけで、もう自分がこわれるみたい。だって今はすべてのものが優しくて、夜は、私と同じように息をこらしていて、でも澄みわたっていて、誰にも顧みられない……窓が外を見るように彼女を誘う――彼女の窓だ。彼女はベッドから出た……窓の外の樹々の茂みはざわめいて、影が鳥のように飛びかう。巨大な空は水のようにきらめきながら、地球の上を、それからまわりを駈けていく。西のほうの年老いた月が、それから宵の明星が、光を放っている。彼女は、私は知っているのかしら、と考えていた……あの星座のことを…鳥はみんな眠っている。……今の私は何を知ることができるのかしら？　しかし彼女には、はるかかなたの入江の端にある柳の樹の一枚の葉をはっきりと見ることができた。綿花はまるで寝息のように畠を一面に覆っている。あの中へ、結婚したら、歩いていくことになるのだ――彼女の裸足の足が夜の時間をしっかりと踏みしめる、ひとりの女性の真剣な足どりだ。彼女は明るい夜を歩いていく――天使たちだってそうするんだもの――こんな孤独な気持ちでなく、ええ、決してこんな孤独な気持ちではなく、愛に満ちた心で夜を踏みしめる。なぜなら彼女の足の下には、頑丈な家が、屋根や煙突や彼女の夫の窓を差し出してくれるから。私を入れて、と彼女はささやいた、私を中に入れて――窓を開けて、私の窓を開けるように。私はまだ暗闇の中を覗き込んでいるだけなの。[3]（179–80）

夜中に眼を覚ましたダブニーが、引き寄せられるように窓辺に行き、やがて農園主夫人として足を踏み入れてゆく広大なデルタの風景を見ながら、結婚によって新しい生活が始まることへの不安と期待の入り混じった心情を語っている場面であるが、結婚という主題にあわせて、自分と外界との関係が独特な身体感覚で表現されている。夜の世界に包まれる不思議な一体感。「彼女／私の窓」と表現されるように、窓から外の世界を見ることが、自分の世界を開くことでもある。窓の外は、木々がざわめき、光り輝く空が、溢れ出た水のように流れてゆく世界であり、足下には、まだ暗い、他者の世界への入り口がある。このような漠とした未知の世界に対して、恐れを抱くのではなく、また挑戦的な姿勢をとるのでもなく、「愛に満ちた心で」身を委ねてゆく。このような外界に溶け込むような一体感とそこから得られる充足感を感じる瞬間は、ウェルティの他の作品においても、形を変えて繰り返し描かれる原型的モチーフである。この世界に向き合う繊細で静かな夢のような感覚を、夜や星や木々の葉のイメージを使って精緻に描き出す文体がウェルティの作品世界の基調となっている。日常の瞬間に啓示的に訪れる幻想的な幸福感がウェルティ文学の特質だと考えられるのである。

このことは同時に、「南部作家」としてのウェルティの姿勢をわかりにくくしてきた要因である。例えば、夜を明るく輝かせている白い綿花畑は、まぎれもなく南部の象徴である。そこに静かに身を投じようとする清純なイメージは、南部の歴史的問題に目をつぶった「ナルシス的南部のファンタジー」(Trilling 105) という批判を受けても仕方のないことなのかもしれない。しかしここではウェルティの歴史への無関心や非政治性を議論するのではなく、結婚や家族という制度の中で生きることに幸福を感じることのできる女性の世界観はどこからくるのかを探ってみたい。

## 「存在の瞬間」――ラムジー夫人の幸福

そこでダブニーのシーンと、『灯台へ』の以下のシーンとを比べてみよう。ラムジー夫人が窓辺で靴下を編みながら、ふと窓の外の灯台の光を見つめ恍惚とした幸福に浸る瞬間である。夫人は一人になると「やがて厳かな感じとともに、自分自身が本来の自分に帰っていくような、他人には見えないくさび形の暗闇の芯になるような、そんな気がする」[4] (62) と言う。「暗闇の芯」になれば、日常から解放された平穏と「どこへでも行ける」自由を獲得するのである (62)。そのような「永遠の時間のただ中で、さまざまの事が一つに重なり合うとき」、彼女自身も「見ている何かに自分が溶け込んでいくような気がする」という夫人は、窓の外の灯台の光を見て「あれは私の光だ」と感じる (63)。

……そんな光をうっとりと催眠術にでもかかったように眺めていると、まるで光がその銀色の指で彼女の頭の中の封印された器を愛撫し始め、やがて器が割れはじけて、彼女の全身を歓喜の渦で満たすことになるとでも言うように、彼女は幸福を知っている、精妙な幸福、激しい幸福を知っているのだと悟った。……彼女は、もうこれで十分、これで十分だわ、と感じた。(65)

灯台の光と内的世界の奥深くにあるものとの神秘的な一体感を通して、激しい幸福を感じるのである。現実の日常世界とは別の次元に自分自身の内面世界を意識することで、世界の無限の広がりを感じ、その中に溶け込んでゆく感覚によって、つまり、自己の境界をなくすことによって自己の存在を実感する、超越的な瞬間の幸福感は、ダブニーの感覚と同質のものといえるだろう。

この直後に夫のラムジー氏は妻を見て「ああ美しい、今まで感じたこともないくらいだ」(65) と呟くのだが、この瞬間の体験から得られる充足感が、夫だけでなく皆から賞賛され崇拝されるラムジー夫人の美しさを、つまり夫人の力を作り出しているのである。そしてこの力が発揮されるのが、夫人が主催する夕食会である。「何一つ溶け合うことなく皆ばらばらにすわっている。そして溶け合わせ、流れをうみ、何かを創り出す努力はすべて彼女の肩にかかっていたのだ」と期待される夫人の力は、ばらばらのものをまとめる力、「男たちの不毛さ」(83) に対抗する創造する力である。その象徴のように、夕食会ではポールとミンタの若い二人の婚約が明らかになる。夕食会の最中に再び「喜びの大気にひるがえる旗のような気持ち」になるラムジー夫人は、次のように語る。

その大気は皆を包んで、確実にそこにあった。それは……どこか永遠を思わせるものだ。……物事には一貫性があり安定性がある。つまりどこかに何か変化を免れるものがあって、それは……流れるものや逃げ去るもの、うつろう存在を前にして、ルビーのごとく硬い輝きを放つのだ。……こういった瞬間の体験から、と彼女は思う、後々まで残るようなものが生み出されるはずだ。今、手にした思いもきっと残るだろう。(105)

ラムジー夫人の幸福感の前提には、人生は不安定で統一感のない、移り変わる流動的なものという認識がある。夕食会の外は「すべてのものが水の流れのように揺らめき、たゆたっては消えてゆく」(97)、人々を不安にさせる世界だった。「夫人」としての日常生活を受け入れて生きているラムジー夫人だが、人生は「どこか恐ろしく敵意があるように見え、うっかり隙をみせるとすぐにでも飛びかかってくるもののように思える」(60) と語っていた。それゆえに人生に「平穏さ」や「永遠なもの」を見出す幸福は、「人生に対する勝利」(63) の超越的瞬間となったのだが、それはさらに「残るもの」を「創り出す」ことにつながる。「人生で最良のものを与えてくれる」という結婚は、夫人にとって流動する人生にひとつのまとまった永続的な流れを作ることを意味しているのだろう。

ラムジー夫人の幸福とは、ウルフのいういわゆる「存在の瞬間」の感得である。ウルフは「日常の日々は、存在よりも非存在の方をはるかに多く含んでいる」(1985: 70) というが、記憶に残らないような日々の営みを「非存在」と呼び、その中で突然感じる、忘れることのできない衝撃を「存在の瞬間」と言い表している。例えばウルフは、子どもの頃に花壇を見ているうちに花そのものが大地の一部であることがはっきりとわかり「あれが統一なのだ」(1985: 71) と気づいた衝撃を、「非存在」の瞬間に埋め込まれた「存在の瞬間」と説明している。そして「衝撃を受ける能力が私を作家にしている」と語っている。

> 私がある打撃を受けたと感じる。……それはある秩序の啓示である。あるいは将来啓示となることだろう。それは現象の背後にある何か真実なもののしるしである。そして私はそれを言葉で表すことによって現実のものにしていくのである。統一体にするのは、それを言葉で表現することによってのみである。……ばらばらな部分を一緒にすることは私に大きな喜びを与えてくれる。おそらくこれが私の知るいちばん強烈な快感である。
>
> (1985: 72)

ラムジー夫人の幸福を「統一体」として完成させるのは、「夫人の魂、夫人の本質とはどのようなものなのか?」(49) を追求していたリリーという画家が描くラムジー夫人の絵である。物語の最後に、リリーはキャンバスに一本の線を引いて夫人の絵を完成させ、「私は自分のヴィジョンをつかんだわ」(209) と確信する。「夫人の本質」を「統一体」にした一本の線とは、(紫の三角形で表された) 窓辺で息子に本を読むラムジー夫人 (右側のマッス) と灯台のある海 (左側のマッス) をつなぐ、庭の生け垣を表す線であろう。ラムジー夫人が「くさび形の暗闇の芯」となり灯台の光と一体となる喜びに浸っていたとき、夫人の孤独な内面はラムジー氏が覗き込む生け垣の中の暗闇 (64) に象徴されていた。すなわち、リリーの「統一体にする」ヴィジョンとは、ラムジー夫人の日常世界と外界が、夫人の本質、孤独な内面世界の「くさび形の暗闇の芯」(強調筆者) によって繋がれる超越的瞬間を捉えるものであると考えられる。リリーが「くさび形の暗闇の芯」に気づくことで芸術家としてのヴィジョンを獲得する結末によって、「結婚生活の象徴」であったラムジー夫人の超越と創造の幸福が、芸術作品を生み出す創造力であったことが証明されるのである。

以上、『灯台へ』において、「存在の瞬間」を感得する力は内的世界の孤独の核心を自覚することによって得られること、その瞬間は自分自身の存在が目の前の現実を超えた大きな世界へと融合してゆく超越的な幸福の瞬間として自覚されることを見てきた。ウェルティの作品の基調をなす幸福感は、ウルフがラムジー夫人によって描いた「存在の瞬間」の衝撃と喜びを共有するものであるといえる。超越的、創造的力をもたらす「存在の瞬間」は、もっとも南部らしい南部といわれるデルタ地方のプランテーションにおいて、どのような瞬間に捉えられるのだろうか。一九二三年という戦争も洪水もおこらない平和な年に結婚式を迎える、「フェアチャイルド家は最も幸せな人たち」(311) と自負する家族の日常と外界をつなぐヴィジョンはどのように示されるのかを次節で見てゆきたい。[5]

## 変化への期待――フェアチャイルド家の幸福

『デルタの結婚式』における「存在の瞬間」については、物語の結末部分、母親のエレンが、新婚旅行から帰ったダブニー夫婦とピクニックに出かける馬車から一家の農園の広大な景色を眺めて次のように述べる。

繰り返される畑、繰り返される季節、そして彼女自身の生活――その単調さそれ自体の中に、何か美しいもの、報いになるものがある――それはたぶん彼女の中の女性的なものにとっての報い……彼女にはわかっていた。そう、一瞬がすばらしいことを教えてくれる。もっとも大切なことを知るのは、一瞬で充分なのだ。[6]（329）

そのようなエレンの日常生活における啓示的な一瞬の体験の、もっともドラマチックな場面は、ダブニーの結婚パーティの時に訪れる。エレンは踊っている人々の間を娘たちを捜して歩きながら、ここは季節も天候も外の世界も変わらない、人々の顔もみんな同じだと嘆くのだが、そのとき、娘のインディアのスカートが翻った瞬間、「ちょうど一筋の光線がガラスを貫いて虹に変わるように……もう今はめいめいの顔がそれぞれ異なった明るい顔立ちに変わり、火花のようにきらめいている――それぞれ違っていて、星たちよりももっと離ればなれになっている」（310）ことに気づく。「自分たちは最も幸せな家族」という伝説を信じることによって団結してきた、「みんなが同じ顔にみえる」家族は、一人一人がそれぞれに孤独な「暗闇の芯」をもつ存在であることに気づいた一瞬であろう。先述したダブニーのように、「星座」のように距離を置いて存在するこの家族は、それぞれが心に暗闇の芯をもち、孤独な世界がもっと広い世界へ、他者への愛へと開かれてゆく瞬間を待ち受けているのである。

この瞬間的な啓示によって、エレンは、夫の弟で家族のみんなが思いを寄せるジョージのことを、「とつぜん、その心の中をすっかり見てしまったように」(310) 理解する。エレンはジョージと踊りながら、自分こそがジョージのあふれるほどの心の想いを救う相手なのではないかと感じる (312)。先の引用にあった、エレンの「瞬間」の啓示が与える「何か美しいもの、報いになるもの」とは、他者の心の奥を覗くことで感じられる愛なのだといえるだろう。

ここでウェルティのいう愛とは、つまりエレンのジョージへの愛は、夫婦間や恋人同士の恋愛ではなく、リリーがラムジー夫人の本質を知ろうとした愛と同じ性質のものである。実はこの家庭小説において、家族の中心にあってみんなをまとめ、愛され賞賛されるラムジー夫人のような存在は、エレンではなくジョージである。ウェルティの作品には、ヒーロー的男性が登場し、彼はその心情をほとんど語ることはなく、離れて観察する女性が良き理解者となって語り手となるパターンがある。ジョージは、一家の女性たちみんなに愛されている中心的人物である。小説内の分散された視点は、ジョージへのまなざしに統一されているのである。

ジョージが一家のヒーローとなり得ているのは、「ジョージは世界を愛している」(331) から、「ジョージは数えきれないほどたくさんの人を愛している」(254) からである。広大な農園で「お互いを愛し合い」(254) 幸せに暮らすフェアチャイルド家は、家族だけで完結したひとつの世界を作り上げているのだが、娘たちはシェルマウンドの周縁には黒人労働者が暮らし、暴力的な事件もおこる現実があること、さらにその外に広がる未知の「世界」があることを強く意識している。彼女たちにとってジョージは、家族が体験することのできない外の世界の現実に対峙することのできるヒーローとして、家族と外の世界をつなぐ存在なのである。ジョージの妻のロビーが「ジョージを愛することは妖精のようなシェルマウンドの世界の中の偽りのない現実の世界に触れるようになることを意味していた」(238) と言うように、フェアチャイルドの女性たちは、外界への恐れとあこがれをジョージへの愛を通して確かめるのである。

ジョージの英雄伝説として語られる「イエロー・ドッグ事件」は、ジョージが外界から侵入してきた脅威から家族を守った象徴的な出来事である。鉄橋上の線路に足をとられた姪をジョージが庇い、イエロー・ドッグと呼ばれる列車が寸前で止まったという事件を、家族は「奇跡」をおこす予測不可能な「外界の事実」の重大さ (277) を認識できずに、ロマンティックな笑い話にしてしまうが、エレンはそれが一家にとっての運命的な「存在の瞬間」だったことに気づいている。ジョージの心の中をのぞき「暗闇の芯」に気づいたエレンは、ジョージが鉄橋に立ったのは「運命に出会う能力」と「愛に対する能力」(292) をもっているからだと理解したのだった。[7]

イエロー・ドッグ事件の直後、現実の世界と家族の世界が衝突する瞬間、生死の分かれ目となった運命的瞬間に成立したダブニーの結婚は、農園が大きく変わってゆくことを暗示している。彼らの「身分違い」の結婚は、「フェアチャイルドももう終わりだ」(119) と評されているが、ダブニーにとって「トロイと一緒に本当の生活をしようという熱心な気持ちは、世界中の綿全部だって人生の一瞬に値しないことを告げていた。」(209) そしてトロイはジョージと共に新しい農園経営の計画を話し合う。この事件がもたらした結婚は、家族の大きな変化のみならず、古いデルタの終焉、南部の歴史にもかかわる「変革」を意味している。エレンが、「無限に広がるデルタには、限りがあることですら、例えば、人を待つことも、永遠に続くような気がする」(165) と感じていた生活における「存在の瞬間」は、家族の生活が外の世界へとつながる可能性をもつ、大きな変化を生み出す、創造的なモメントにもなっている。

「人生は一瞬で変わることができる」(282) と感じていた姉のシェリーは、妹の結婚パーティの夜、「なぜこれ以上何もおこらないと思うのかしら。……私にも予感はある……私にはまだおこっていないだけ。私は、外の世界の、広い森へ、変化のある美しいところへ」逃げていきたい (309) と考える。結婚は、家族にとっても変化への期待を生み出している。結婚式のために訪れていた従姉妹のローラは、「そのピクニックの夜、従姉妹たちの生活の一部分を――生活全体の一部分を感じとった。ついに、あのすばらしい特別な予感に、フェアチャイルド家の、世界中でフェアチャイルド家だけのもつ予感に、とけあうことができた。従姉妹である烈しい幸福が、波のように押し寄せてきた……」(331) と感じる。母親の死を経験して、「死の使い」(151) としてフェアチャイルド家に訪れたローラは、この家族が「瞬間瞬間に変わっている」(103) ことに気づいていた。死の河といわれるヤズー河に落ちた後、再生への儀式を済ませたかのように、結婚式にむけての家族の生活を共有してゆくのである。そうして得たローラの幸福感は、家族の変化への期待を共有することだった。「フェアチャイルド家だけのもつ予感」とは、滅びゆく運命の中でこそ持ちうる未来への期待なのかもしれない。

『灯台へ』の結末では、ラムジー夫人の死後、ラムジー氏と子どもたちが灯台行きを果たした瞬間、詩人のカーマイケルが海にむかって両手をあげて祝福し、リリーがキャンバスに一本の線を引いて絵を完成させ、彼女のヴィジョンを示して終わった。『デルタの結婚式』では、ピクニックの家族を包む空に流れ星がおち、ローラが両手をあげて祝福して終わる。「デルタでは世界というのがほとんど全部、空でできあがっているような気がする……雲よりも大きいのはフェアチャイルドの農園だけ」(92) という夜空に落ちる流れ星の一本の軌跡は、家族の世界と広い外の世界をむすび、変化への期待を生む超越的な瞬間を祝福する作家のヴィジョンを示すものである。

## 幸福の瞬間

ウルフとウェルティの二つの家庭小説における女性の幸福は、日常生活において「存在の瞬間」を感得する力によってもたらされることを見てきた。それは自己と世界との関係を示すものでもあり、自己の内面を外的な世界に融合させてゆく超越的瞬間でもある。日常の現実への単なる従順を越えて、超越的世界を創り出す瞬間を捉えて描き出しているところに、二人の作家の影響関係を認めることができる。特に「南部作家」としてウェルティを考えた場合に、自己認識に関わる、内的世界と外的世界の一致という空間の感覚と、瞬間という時間の感覚において、ウルフの影響は重要であるといえる。

もちろん人生における真理の発見や顕現それ自体は、ジョイスやイェーツもいうところの文学的エピファニーとして、普遍的、伝統的なテーマであるに違いない。[8] しかし、ウェルティがウルフ的な「存在の瞬間」というラムジー夫人が体現しているエピファニーの描写を踏襲し、超越的に訪れる幸福の瞬間を彼女の文学の中心的モチーフとして追求し続けたことには注目する必要がある。超越的幸福の瞬間は、「旅セールスマンの死」で自分の心臓の音を聞かれないように胸を押さえて亡くなるボウマンや「緑のカーテン」の雨に濡れて庭に倒れるランキン夫人から、『黄金の林檎』のヴァージーの水浴シーン、『楽天主義者の娘』のローレルの夢の中に出てきた「合流」のイメージに至るまで、形を変えて、生涯を通じてウェルティが描き続けた重要なモチーフとなり、ウェルティ文学の世界観を形作っているからである。

おそらくそれは、先の引用に見たように、ウェルティにとってウルフ作品との出会い自体がエピファニーの体験であり、原初的な文学体験となったからではないだろうか。『灯台へ』は、ウェルティにとって目の前の現実世界を広大な文学の世界へと開いてくれる「真理」だったのである。自分自身の世界が広がってゆく、眠れないほどの歓喜の衝撃を言葉で表すことが創作の動機となっていることが、ウェルティ文学の幸福の源泉であろう。

言うまでもなく、『デルタの結婚式』はプランテーションの生活を美化するものではないし、ウェルティは南部の抱える問題に目を背けていた訳ではない。[9] ミシシッピの人種偏見に満ちた政治にも絶えず憤り、人々の無知にも腹立たしく感じていたことが、伝記などにも明らかにされている。[10] そのような「非存在」に満ちた南部の現実にあっても、「存在の瞬間」が感じられること、それによって自己の世界が解放され、目の前の現実から広い世界につながる喜びを、ウェルティは自分自身の文学のテーマとして、同時に現実を生きる救いとして創作にむかっていたのだろう。「存在の瞬間」というウルフの創作理論を南部の土地において実践する試みは、やがて「小説における場所」("Place in Fiction," 1956) に完結するウェルティ自身の創作理念へと発展していったと考えられる。それについては稿を改めたい。

＊本論考は、二〇一五年一二月五日に大阪市立大学で開催された、第五九回日本アメリカ文学会関西支部大会フォーラム「アメリカ文学を世界文学として読む」における発表原稿「女性と世界、文学——Eudora Welty, *Delta Wedding* と Virginia Woolf, *To the Lighthouse* を読む」に加筆・修正を加えたものである。

注

1 他に、ウルフの影響であるモダニズムの手法を用いていかに南部の歴史的題材を描こうとしたかを論じるものに、デヴリンの一連の論文がある。

2　ウルフとの影響関係については、ウェルティのセクシュアリティの問題、特に同性愛の傾向に注目するものがある。ハリソンは、二〇〇三年の論文で、ウェルティのセクシュアリティと創造力の相関性をウルフの影響として論じている。また、シャミーム・ブラックは、ウェルティのウルフへの作家としての傾倒ぶりを比喩的に芸術的「同性愛の絆」と呼び、『黄金の林檎』の「六月のリサイタル」と「スペインからの音楽」に描かれたアーティストへの同性愛的関係に、ウルフのレズビアンについての短編「存在の瞬間――スレイターのピンは役立たず」への照応性を読み取っている。

3　『デルタの結婚式』からの引用箇所の和訳は、丸谷才一訳を参照させていただいたが、文脈によって表現を変更している箇所がある。括弧内の引用頁数は原書を示す。

4　『灯台へ』の引用箇所の和訳は御輿哲也訳を使わせていただいた。括弧内の引用頁数は原書を示す。

5　ウェルティはこの小説の時代設定を「男性たちが何もすることがなくて家にいることのできる年」、「何もおこらない、外部からの影響を受けずに登場人物たちに集中できる年」(Prenshaw 49–50) にするために年鑑を調べて一九二三年に設定したという。第二次世界大戦直後の一九四五年にこのような時代設定でこの小説を書いたウェルティの歴史意識については、拙論「ユードラ・ウェルティの「プランテーション」小説」(『同志社アメリカ研究』第四六号、二〇一〇年、六一―八一) で考察した。

6　エレンのこの言葉も、ウルフの「芸術の狭い橋」("The Narrow Bridge of Art") からの次の一節を彷彿とさせる。「一瞬一瞬が今まで表現されたことのないおびただしい数の知覚の中心であり、合流点である。人生は、それを表現しようとする私たちよりも、いつもそして当然のことながら、遥かに豊かなものなのである。」(1958: 23)

7　デヴリンは、この鉄橋の上でのジョージの行動は、ウェルティの、プランテーション・ロマンスの慣習とモダニズム的世界観を同時に実現させようとする視点を具現化するもの、すなわち、ウルフの言う「芸術の狭い橋」の上に立つアーティストとしての振る舞いなのだと述べている。(Devlin 1990: 167; 1996: 253–254)

8　パーカーは、エピファニーを、目に見える世界に目に見えない精神的なものが顕現する瞬間と定義して、ジョイスやウルフの文学的エピファニーとウェルティのエピファニーを比較している。ウルフとの共通点を指摘しながらも、ウェルティのエピファニーは、「受動性に抵抗するもの」、「移動の感覚に根ざした参加の身振り」であるという点で異なっていると論じて

いる。(Parker 263)

9 本文でも少し触れたように、白い綿花王国であるデルタの大農園主フェアチャイルド家の日常生活の描写の中に、プランテーション制度や人種問題といった南部の歴史的問題を読み取ることは容易である。家族の慣習にみられる貴族意識、差別意識、白人意識についても、家族の内外の登場人物によって批判がなされている。この作品の人種や階級の問題を論じるものは多いが、黒人登場人物像を詳細に分析したラッドや階級の問題に注目したコステロは、フェアチャイルド家の衰退の物語を、人種と階級を支配する構造に変化をもたらすものとして肯定的に解釈している。

10 マースの伝記には、『デルタの結婚式』の執筆時、ウェルティの第二次世界大戦についての関心は並々ならぬものがあり、赤十字にボランティアに出かけた際には、女性たちの戦争の意味を理解していない「無知」に憤っていたことや (96–97)、一九四五年にミシシッピ上院議員に人種差別主義を公言するセオドア・ビルボー (Theodor Bilbo) が再選されたときにも「ミシシッピの政治はあまりも気分が悪い……耐えられない」という怒りをあらわにしていた (134–5) という記述がある。

## 引用・参考文献


Black, Shameem. "Homoerotics of Influence: Eudora Welty Romances Virginia Woolf." *Tulsa Studies in Women's Literature*. 22. 1 (Spring 2003): 149–171.

Costello, Brannon. *Plantation Airs: Racial Paternalism and the Transformations of Class in Southern Fiction, 1945–1971*. Baton Rouge: Louisiana State UP, 2007.

Devlin, Albert J. "Modernity and the Literary Plantation: Eudora Welty's *Delta Wedding*." *Mississippi Quarterly*. 43, (1990): 163–172.

——. "The Making of *Delta Wedding*, or Doing 'Something Diarmuid Thought I Could Do'." *Biographies of Books: The Compositional Histories of Notable American Writings*. Eds. James Barbour and Tom Quirk. Columbia: U of Missouri P, 1996.

Harrison, Suzan. *Eudora Welty and Virginia Woolf: Gender, Genre and Influence*. Baton Rouge: Louisiana State UP, 1997.

——. "Playing with Fire: Women's Sexuality and Artistry in Virginia Woolf's *Mrs. Dalloway* and Eudora Welty's *The Golden Apples*."

*Mississippi Quarterly*. 56.2. (Spring 2003): 289–313.

Kreyling, Michael. *Eudora Welty's Achievement of Order*. Baton Rouge: Louisiana State UP, 1980.

——. *Author and Agent: Eudora Welty and Diarmuid Russell*. New York: Farrar Straus Giroux, 1991.

——. "Eudora Welty as Novelist: A Historical Approach." *The Late Novels of Eudora Welty*. Eds. Jan Nordby Gretlund and Karl-Heinz Westarp. Columbia: U of South Carolina P, 1998.

Ladd, Barbara. "'Coming Through': The Black Initiate in *Delta Wedding*." *Mississippi Quarterly*. 41.4. (Fall 1988): 541–551.

Marrs, Suzanne. *Eudora Welty: A Biography*. Orland: Harcourt, 2005.

Parker, Courtney Bailey. "A Portrait of the Artist as a Young Woman: Eudora Welty's 'A Memory' and the Modern Literary Epiphany" *Mississippi Quarterly*. 9.67 (2014): 251–265.

Prenshaw, Peggy Whiman, ed. *Conversations with Eudora Welty*. Jackson: UP of Mississippi, 1984.

Rubin, Louis D., Jr. *The Faraway Country: Writers of the Modern South*. Seattle: U of Washington P, 1963.

Trilling, Diana. "Fiction in Review." Review of Eudora Welty's *Delta Wedding*. *Nation*, May 11, 1946, 578. Rpt. in *The Critical Response to Eudora Welty's Fiction*. Ed. Laurie Champion. Westport: Greenwood, 1994. 105.

Westling, Louise. *Sacred Groves and Ravaged Gardens: The Fiction of Eudora Welty, Carson McCullers, and Flannery O'Connor*. Athens: U of Georgia P, 1985.

Welty, Eudora. "Foreword," *To the Lighthouse*, Virginia Woolf. Orlando: Harvest Book, 1981.

——. *Delta Wedding*. *Complete Novels*. New York: Library of America, 1998. 『デルタの結婚式』丸谷才一訳『世界の文学（ベロー、ウェルティ）第五一』中央公論社、一九六七年。

Woolf, Virginia. "The Narrow Bridge of Art." *Granite and Rainbow: Essays*. New York: Harcourt Brace, 1958.

——. *To the Lighthouse*. Foreword by Eudora Welty. Orlando: Harvest Book, 1981. 『灯台へ』神輿哲也訳、岩波文庫、二〇〇四年。

——. "A Sketch in the Past." *Moments of Being*. Ed. Jeanne Schulkind. San Diego: Harcourt Brace, 1985.

# 第四章
# トルーマン・カポーティの記憶の中の幸福
## ――『草の竪琴』の儚い温もり

新田　玲子

### イントロ

合田正人は『幸福の文法』で、世界三大幸福論と呼ばれる、カール・ヒルティ、アラン、バートランド・ラッセルの幸福論を論じるにあたり、「幸福論の系譜、わからないものの思想史」という副題を付け、その序において、幸福の定義が人により、時代によって、実に様々で、しかも幸福という語そのものが非常に曖昧であると記している（七―二四）。言い換えるなら、私たちが幸福をどのように捉えるかは、私たち自身の個性や考え方に加え、私たちが暮らす社会や時代にも大きく影響された、非常に微妙な問題だということだろう。そこでトルーマン・カポーティにとっての幸福を論じるにあたっても、長編第二作『草の竪琴』（一九五一年）の作品分析だけに頼るのではなく、カポーティの生い立ちや、彼が作家活動を営んだ二〇世紀後半のアメリカ社会の状況を加味して、考察を深めたい。

カポーティの幸福を考える題材として『草の竪琴』を選んだのは、この作品が、ローレンス・グローベル、マリアンヌ・Ｍ・モーテ、ジョージ・プリンプトンら、カポーティの伝記作家が必ず言及する、アラバマ州モンロービルでの彼の幼少期に題材を得ているからである。この時期に関わる作品には、他にも「クリスマスの思い出」（一九五六年）や『感謝祭の訪問客』（一九六七年）などがあり、どの作品でも一様に、素朴ながら、心満ち足りた片田舎の穏やかな生活が回顧されている。従って、『草の竪琴』に描かれる幼少期の、記憶の中の幸福は、カポーティの幸福の原点と見なしてよいだろう。

　ところで、カポーティは象徴的表現における類い希な才を持ち、『草の竪琴』においても、ドリーが好む「ピンクの部屋」、ドリーたちが一時の安らぎを求めて逃げこむ「木の家」、そしてドリーの思い出を語る「草の竪琴」は、美しく強い心象をもたらすとともに、カポーティの幸福の在り方を見事に体現している。そこで、まずこれらの象徴を丁寧に分析するところからカポーティの幸福の特徴を明らかにし、そのうえで彼を取り巻く個人的・社会的・時代的状況を踏まえた論考でもって、彼の幸福の本質に迫りたいと思う。

## 「ピンクの部屋」が象徴する無欲な自足

　語り手コリンは、両親の死後、父方の年老いた従姉妹のもとに引き取られる。この姉妹の姉で、コリンが引き寄せられるドリーは、「尼僧が住んでいてもおかしくない」(11) と言うような慎ましい生活を送っているが、この部屋にはひとつ大きな特徴がある。すなわち、「何もかもが目を引くピンク色で塗られていた」(11 傍点筆者) のである。ここで言う「目を引くピンク」は、おそらく心を浮き浮きとさせる明るい色であろう。しかしドリーがこの色を自分の色にしたのは、たまたまその色のクレヨンしか持ち合わせていなかったからにすぎない。従ってこの色は、不足を不足とせず、持てるもので自分だけの特別な世界を作りあげることができる、自己充足能力を暗示している。彼女は、「私は生まれてこのかたずっと愛に溢れた生活を送ってきた」(44–45)と感謝するが、明るいピンクの色に象徴されるドリーの幸福は、無欲な自足に支えられて初めて実現するものと言える。

とはいえ、この「ピンクの部屋」がドリーにとって幸福な住処になるには、さらにふたつの条件が満たされる必要があり、そのひとつが、ドリーの妹ベレーナの働きによってもたらされる経済的充足である。ドリーは独立した自身の家に住んでいるのではなく、ベレーナが管理する大きな屋敷の片隅で平穏を囲っている。すなわち、ベレーナが衣食住を含めた現実の諸問題に対処してくれているが故に、ドリーは何にも煩わされることなく、自分のあるがままの姿で自由に振る舞っていられるのである。

ピンクの部屋がドリーにとって幸福な住処になるためのもうひとつの条件は、ドリーが子供の頃にジプシーから学んだ秘薬の商業的価値にベレーナが目を付け、それを大々的に売り出すことを目論んで、秘薬の製法を教えるようドリーに迫ったときに明らかになる。この時ドリーは、秘薬の製法を教えることを拒み、「これだけは私のものにさせておいて」(22)と懇願する。ところがベレーナは、一家の面倒をすべて見てきた自分にドリーは逆らえないはずだと、ドリーに服従を強要するのである。これに対しドリーは、「あなたは私にも……それにキャサリンやコリンにも、あらゆるものを与えてくれてきたわ」(22)と、ベレーナの功績を認めながらも、「ただ、私たちも少しは貢献してきたでしょう? あなたにとって居心地の良い家庭を作ってきたでしょう?」(22)と、自分たちには自分たちなりの存在意義があったはずだと主張する。そしてそれが認められないと、「私はいつも、ここに私たちの居場所があると、あなたは何からの形で私たちを必要としていると思っていたわ」(23 傍点筆者)と、深い失望を表明し、屋敷を出る決意を固める。

ドリーのこの決意は、自分が自分らしく自由に振る舞っていても、「自分の居場所がある」と、そして「自分が必要とされている」と感じられることが、カポーティにとって衣食住を満たす以上に重要な、幸福の条件であることを窺わせる。実際、素朴な「ピンクの部屋」でドリーが無欲で自足していられたのも、自分なりの生き方から勝ち得た、他の誰も持っていない大切な、人を助けられる宝物を持っているという誇りが、彼女に自信と安心をもたらしていたからに他ならない。従って、幸福のこの条件が揺らぐとき、「ピンクの部屋」はもはや幸福な住処として機能しなくなるのである。

## 「木の家」が象徴する非現実性

無欲と自足という、ドリーの素朴な人間性が作り出した「ピンクの部屋」において、ドリーは長年、現実の諸問題については妹のベレーナに守られつつも、自分には自分なりの存在意義があると、揺るぎない自己信頼を持ち続けていられた。「ピンクの部屋」がドリーにとって幸福な住処だったのは、このようにして、彼女が安心してあるがままの自分でいられたからに他ならない。それ故、「ピンクの部屋」での自分の生き方が否定されると、ドリーは腹心の黒人召使いキャサリンと語り手コリンを連れて屋敷を出、自分のあるがままの姿でいられる「木の家」を仮の宿にする。

この「木の家」についてコリンは、「まるでその木のなかに据えられた筏の上で、午後を通してずっと漂っているかのようで、言い換えるなら、僕らはそこに属していた」（17　傍点筆者）と述べ、「木の家」ではミシシッピー川を筏で下るハック・フィンのように自由で、自分たちの本来の住処として、安心して自分たちのあるがままの姿になれたことを明かす。ここにはドリーたちに続き、世間的には成功者であっても誰からも理解されてこなかったクール判事、コリンが憧れるすべてを手にしていながら人を愛せないライリー青年、子供を孕み続けることでしか孤独を埋められないシスター・アイダなど、寂しさを囲う人々が次々と引き寄せられてくる。そして自然の懐に抱かれ、あるがままの姿に戻れる「木の家」で、彼らは初めて他の人との心安らかな心の繋がりを経験する。

しかし野外に立つ「木の家」での幸福は束の間のものでしかない。最初にそこに行くことを提案したドリーも、「当面のあいだだけよ。どうしたらよいか、もっとはっきりわかるまでね」(24)と、「木の家」を一時的な避難場所と見なすように、「木の家」は本来、子供たちが自由に気儘に過ごせる場所として作られた子供たちの砦で、大人が住まう現実の生活の場とはなりえない。事実、「木の家」で心を通わせ合う者は皆、ドリー同様、子供のように純粋で純情な反面、現実社会と折り合えない諸々の悩みを抱えている。また、「木の家」では食べ物がすべて外で調達され、風雨を凌ぐこともできず、地に足の着いた自力での生活が営まれているとは言い難い。この作品では激しい嵐の接近とドリーを取り巻く事態の深刻化が重ねられ、緊張を高めてゆくが、この連動が可能になるのも、幸福な住処に本来不可欠な物質的安寧という現実的条件を、「木の家」が満たしていないことを示している。

この作品では、妹ベレーナもまた寂しい人で、「家を歩き回っても、何も私のものではないわ。そこにあるのは、あなたのピンクの部屋、あなたの台所よ。家はあなたのもの、それにキャサリンのものでもあるのでしょう。ただ、お願い、どうか私を置き去りにしないで、私を一緒に住まわせてちょうだい。私、もう年なのよ。姉さんが必要なの」(84)と嘆願し、屋敷におけるドリーの存在意義を認めて折れるため、ドリーは妹の物質的・経済的庇護のもとに帰るきっかけを得る。しかし作品はハッピーエンディングになってはいない。「木の家」で遭遇した嵐で健康を損なったドリーは、病気が回復しないまま亡き人となり、ドリーの死後、彼女の回りに集っていた人々は皆、それぞれの孤独に引きこもってゆくからである。

「木の家」から戻ったドリーが病に倒れることは、「木の家」の経験によって彼女自身に大きな変化が生じたことを暗示している。というのも、「ピンクの部屋」でドリーが素朴で心満ち足りた生活を営んでいられたのは、妹であるベレーナが姉のドリーに、親が子に与えるような庇護をごく自然に授け、ドリーはベレーナが現実の諸問題を遠ざけてくれていることを、子が親にしてもらうのを当然と見なすように自然に受けとめていられたからである。だからこそ、ドリーは無欲のままでいられたし、自分の世間的未熟を不足と感じず、自分のあるがままの姿に満足し、自信と安心を抱いていられた。しかし、「木の家」で様々な人々と出会い、彼女自身の世界を広げたことで、ドリーは以前ほど無欲でも自足してもいられなくなっただろうし、何よりも、ベレーナの庇護がなければ生きてゆけない自分の非力を痛感したに違いない。一方ベレーナは、自身の弱さをさらけ出したことで、もはや姉に対して安定した保護を自然に与える、理想の親の役割を果たせなくなる。それ故、ドリーが屋敷に戻り、元の生活を取り戻したように見えても、物質的安寧が確保されただけで、幸福な住処としての「ピンクの部屋」の他の機能は失われていたのである。

後に、大人社会へイニシエーションを果たした語り手コリンが、「ピンクの部屋」や「木の家」でドリーたちと過ごした幸福な時間を、過去の、「記憶の中の幸福」として懐かしむことしかできないのも、それが本来、親元で庇護された子供にのみ許される種類の、限定的な経験でしかないことが大きな要因となっている。

## 「草の竪琴」が象徴する記憶の中の幸福

『根源的な無垢』において、イーハブ・ハッサンがカポーティ作品の「『昼』と『夜』のスタイルの区分」(231)に着目したことは有名である。しかしハッサンが『遠い声　遠い部屋』(一九四八年)と対比させて「昼」のスタイルに区分する『草の竪琴』にも(231)、「夜」の要素は深く入り込んでいる。たとえば、ドリーとの思い出は郷愁を誘う心優しい「昼」の情景と見なせるかもしれないが、「草の竪琴」が物語る記憶の中の幸福は、曇りない「昼」の情景とは言い難い。ドリーと過ごした幸せな日々がすでに失われているのみならず、それを回顧する人々によって引き継がれ、活かされることがまったくないからである。

もちろん、作品の最後でコリンがクール判事にドリーの言葉として伝える、「草の竪琴は僕らの物語を集め、語り継ぐ。草の竪琴が僕らの物語をずっと覚えておいてくれる」(97)という科白には、一見失われたように見える出来事も永遠に残り続けるという慰めが見出せないわけではない。しかし草原の草が風にそよいで立てる音は決して華やかなものではなく、さわさわとそよぐ草が掻き立てる郷愁は、むしろ、幸福がすでに記憶の中にしか存在しないという喪失感を強めている。そのうえ、ドリーを取り巻いていた誰ひとりとして、ドリーとの幸福な体験をより良い未来のために利用しようとしていないため、ドリーがもたらした幸福な時は、いかなる方向にも発展しない、ぽつんと孤立した体験として、記憶の時空に寂しく浮かんで見えるのである。

カポーティの幸福のこの特徴は、「僕自身の人生は、むしろ、閉ざされた輪の積み重ねように見える。螺旋が持つ自由な発展を欠いた輪の連続だ」(94)とコリンが慨嘆する、彼の人生によく現れている。コリンは孤児となって屋敷に引き取られたとき、誰も見知った者のいない新たな生活の場に置かれ、そこで「誰も僕には何の注意も払ったことがなかった」(11) 孤独な状態から、徐々にドリーへの関心を高め、やがてドリーとの生活に自分の居場所を見つけて心満たされる幸福な時を過ごすようになる。しかしこの幸福は長続きせず、様々な出来事のあとでドリーが寝込むと、再び、「誰も僕を必要としていないように思えた」(81) という孤独な状況に逆戻りし、やがてドリーが亡くなると家を離れ、それまでとはまったく異なる新たな環境と人間関係の中で新たな幸福を追い求めてゆく。彼の人生は毎回新たな状況で、孤独―幸福―孤独というサイクルを描くのである。

常であれば、大切なものを失っても、人はその経験や記憶を未来に繋げるために工夫し、努力するだろう。その試みがあればこそ、再び孤独に陥ったように見えても、新たな孤独はそれ以前の孤独とは質的に変化しているし、この質の違いが経験のサイクルを螺旋の流れへと変換し、新たな孤独における希望や力になってゆく。しかし人生が「閉ざされた輪の積み重ね」でしかないとき、記憶の中の幸福は、それがどれほど美しいものであっても未来に繋がることはなく、郷愁の切なさだけを募らせる。

もちろん、人生が「閉ざされた輪の積み重ね」であっても、新しいサイクルの中で再び、孤独から幸福へ向かって行くことはできる。しかし人生が同じサイクルを繰り返すなら、コリンは新たな幸福も留め置けず、再び孤独へと帰らざるをえない。それ故、手にした幸福がどんなに素晴らしくとも、それは束の間の儚いものでしかなく、「昼」のスタイルに属すべき幸福に「夜」のスタイル特有の寂寥感や不安感が伴うことになる。

ところで、コリンの人生が「閉ざされた輪の積み重ね」になる最初の原因は、彼が孤児になったことに起因する。無条件での愛を差し出してくれる両親を奪われ、彼は置かれた場所ごとに新たな人間関係を自ら形成してゆかなければならなかった。この状況は、両親の愛情を十分に受けることなく育ったカポーティの生い立ちと重なるもので、この体験がカポーティの人生観に大きな影響をもたらしたことは想像に難くない。しかし、「草の竪琴」によって物語られるドリーとの時を懐かしんでも、決してそれを活かそうと試みない彼の消極的姿勢には、カポーティの孤児的体験だけでは説明しきれないものがあるように見える。

たとえば、コリンが幸福を懐かしむことしかできないのは、幸福は失われてみなければ実感できないものと、カポーティが強く感じているからかもしれない。事実、こうした幸福に関する体験と認識のずれは、『草の竪琴』に続く長編小説第三作、『ティファニーで朝食を』（一九五八年）では、主人公ホリーを不安に陥れる決定的な要素として提示されている。

あるがままの姿で心安らかに生きてゆけるような、自身が本当に「属している」と感じられる幸福な住処を探して新たな旅に出るとき、ホリーはお互いに「属している」わけではないからと、それまで名前も付けずに飼っていた猫を捨て去る。ところが、捨て去って初めて、彼女はその猫が自分にとってかけがえのない存在だったことに気付くのである。「私本当に怖いのよ。そうよ、今度こそ本当に。だって、この旅は終わることがないかもしれないのよ。自分にとって大切なものが、捨て去ってみないとわからないんだもの」(109) というホリーの嘆きは、カポーティが幸福をいかに把握しづらいものと感じていたかを窺わせる。

ホリーの名刺、「ミス・ホリデー・ゴーライトリー　旅行中」(11) は、幸福な住処を探して休日のように明るく気楽で気儘な旅を続けるホリーの生き方を印象付ける一方、自分の居場所が持てず、住所の代わりに「旅行中」と記さざるをえない者の不幸を示唆している。ホリーが髪を乾かしながらよくギターをつま弾いて口ずさんでいた、「眠りたくもなし、死にたくもなし、ただ旅して行きたい、大空の牧場を通って」(17) という歌の、「侘びしくも甘い、さまようような調べ」(16) もまた、幸福を求めて旅を続ける者が抱かざるをえない、果てしない旅への寂寥感を漂わせている。このように旅が永遠に続いてゆくのは、カポーティにとっての幸福が失われて初めてそれとわかる見果てぬ夢に他ならないからで、それでも諦めることなく幸福を追い求め続けるなら、山の彼方の虹を追いかける永遠のさすらい人とならざるをえないのである。

## 記憶の中の幸福とアメリカ社会

カポーティが幼少期の思い出に強い郷愁を抱くことについて、川本三郎はカポーティが同性愛に罪意識や汚れを感じていたに違いなく、それ故に、「無垢に対する憧憬は人一倍強くなる」（一〇）し、「ふつう以上に『後に残してきた少年の姿』が無垢なものに見えた」（一一）からだと分析する。確かに、カポーティが作家デビューした当時のアメリカでは同性愛は反社会的と見なされていたので、川本の分析にも一理ある。しかしカポーティは積極的に同性愛者であることを宣言していたし、ニューヨークの社交界やハリウッドの華やかさという、物質主義的世界にも自ら進んで飛び込んでいった。従って、彼の思考や価値観は、「無垢」対「汚れ」といった単純な二項対立では片付けられない、両者が入り組んだ、より複雑なものだったのではないだろうか。少なくとも作家としてのカポーティの人生は、子供時代の純朴な生活に懐かしさを覚えても、それとは別ものの、より多くの自由や贅沢を必要とする段階に移行していたように見える。

　そこで思い出されるのは、この作品が出版された一九五〇年代が、基本的には物質的豊かさを謳歌しながら、その豊かさに疑念や批判を抱く相矛盾した側面を持っていたという、ディヴィッド・ハルバーシュタムの指摘である(x–xi)。この傾向は、この時代の代表作、J・D・サリンジャーの『ライ麦畑の捕手』（一九五一年）で、ホールデンが都会の大人社会や物質文明を手厳しく批判し、素朴な田舎生活に憧れながらも、物質的豊かさにどっぷり浸かった価値観や生活態度を保持している矛盾にも、よく現れている。『草の竪琴』では、ドリーの物質的側面はベレーナによって補われ、ドリーがあからさまに物質的充足の必要性に言及することはない。しかしベレーナを失ったドリーの行く先が、「木の家」という、子供の秘密基地のような非現実な場所でしかないように、この作品においても、本当の幸福を手に入れるには物質的諸問題に対応する能力が不可欠とされていることは明らかである。

理想に入り込む現実は、『ティファニーで朝食を』ではもっと赤裸々に描かれている。たとえば、自分らしく暮らせる幸福な住処を探し求めるホリーは、必要な生活費を稼ぐために春を売ることも厭わない。またホリーは語り手に、「金持ちとか、有名になりたくないって言うんじゃあないの。そうなることも、ちゃんと予定に入ってるの」(39) と、彼女が理想とする生活には物質的な豊かさや世俗的な成功も含まれていると明言する。理想に対するホリーの現実的な姿勢は、それまでのアメリカ文学が描いてきた無垢な主人公の姿とはかけ離れているが、まさにその違いに、カポーティが作家活動を営んだ第二次世界大戦後のアメリカ社会の新たな側面が見て取れる。

結局、コリンをはじめとするカポーティの主人公たちが、物質主義的影響を受けない、精神的にまったく汚れのない無垢な状態に強い憧憬を抱いたとしても、そこへ回帰してゆくことは、もはや時代が許さなかった。ドリーが体現していた純粋無垢な幸福は、せいぜいのところ、現実の諸問題から守られた、「木の家」のような非現実な場所か、親の保護下にある子供時代という段階でのみ通用するもので、子供から大人へと成長したコリンや作家カポーティは、大人としての新たな段階で、精神的な無垢と物質的豊かさを両立させる、新たな幸福を追求せざるをえなかったのである。

こうした時代の影響は、コリンの人生を「閉ざされた輪の積み重ね」にしてしまうもうひとつの大きな原因、すなわち、幸福の経験をより良い形で未来に「継承」しようとする姿勢の完全な欠如、についても言える。

もっとも、カポーティ作品に「継承」の意識が欠如していることについても、時代の影響よりも先に、まず、彼の幼少期の体験に遡るべきかもしれない。カポーティがグローベルとのインタビューで言及しているように、彼の母親には子供を育てるという意識が薄く、彼が幼い頃に、鍵をかけたホテルの部屋に彼を閉じ込めて遊びに出ていたこともある(48)。従って、親と子の関係で自然に身につく、伝統や命の「継承」の意識が、彼に根付かなかった可能性は高い。さらに、母親に代わって彼の面倒を見てくれた母方の年長の従姉妹たちは皆、未婚で、彼自身も同性愛者であったことも、命の「継承」という意識が育まれなかった要因となっただろう。

ところが、こうしたカポーティの個人的体験に起因する「継承」という意識の欠如は、第二次世界大戦後のアメリカ社会における新たな傾向を先取りするものだった。ピーター・N・キャロルが指摘するように、第二次世界大戦後、アメリカでは核家族化が急速に進み、一九六〇年代になると自由恋愛や離婚が一般化し、それに伴い単身世帯や母子家庭が増加する（三五九—六五）。さらに一九七〇年代に入ると、同性愛者の社会的権利も拡大してゆく（三七二—七八）。従って、二〇世紀後半になると、前半までの大家族制においてはごく自然なものだった伝統や命の「継承」という縦の繋がりが揺らぎ、いかなる貴重な体験もその場限りの刹那的なものと捉えられる傾向が強くなっていたと推察される。

もちろんアメリカには、R・W・B・ルイスが「アメリカのアダム」として定義したアメリカン・ヒーローが、「歴史から解放され、祖先から進んで切り離され、家族や人種という通常の繋がりに左右されもしなければ、損なわれてもいない人物、自分自身の力を頼りに、自力で道を切り開く、自分ひとりで生きる人物」(5)であるとするような、極めて個人主義的な、独立独歩の姿勢が、植民地時代からずっと賞賛され続けてきた。これらの人物に伝統や命を「継承」する意識が希薄なことは、ひとりフロンティアを目指したナティ・バンポーやハック・フィン、恋人デイジーに自身の夢を重ねて身を滅ぼすジェイ・ギャッツビーなど、典型的なアメリカン・ヒーローが独身者であることにも裏付けられる。しかしルイスが指摘した独立独歩の個人主義は、ヒーローとなるに相応しい精神的強さや逞しさと結びつけられたもので、ヒーローの受け皿となる当時の一般の人々は、村を作り、大家族を育て、伝統と命をしっかりと継承し、守っていた。

一方、第二次世界大戦後、核家族化が進み、自由恋愛や離婚が一般化し、性の解放が謳歌されるようになると、「継承」意識は広くアメリカ社会全般で弱まってゆく。その典型が一九六〇年代のカウンターカルチャー世代で、アメリカの若者たちはこぞって親世代の価値観にノーを突きつけ、彼ら独自の新たな文化を作り出そうとした。ところが、エーリッヒ・フロムが『自由からの逃走』で、「自由は近代人に独立と合理性とをあたえたが、一方個人を孤独におとしいれ、そのため個人を不安な無力なものにした」(四)と指摘しているように、自由はそれに匹敵する大きな不安や孤独をもたらす。『ティファニーで朝食』のホリーや「誕生日の子供たち」(一九四九年)のミス・ボビットのような、カポーティのヒロインが、ナティ・バンポーやハック・フィン、ジェイ・ギャッツビー同様、過去を振り捨て、未来に夢を追って旅立ってゆくにもかかわらず、それまでのヒーロー以上に儚さや虚しさ、脆さを色濃く呈するのも、この時代、より自由になった人々が抱く存在の不安が、無視できないほど大きくなっていたからに違いない。

このように、カポーティの幼少期の孤児的体験が培った感性と、そこから生まれた世界観や生き様は、第二次世界大戦後の物質的豊かさや個人の自由が謳歌されるなかで広まってゆく、個人の生き方や家族の在り方の変化と、それにともなう新たな価値観や世界観を、先取りする形で反映していたと考えられる。それ故、コリンが体験する、「閉ざされた輪の積み重ね」のような人生や、記憶の中でしか懐かしむことができない幸福の温もりは、当時の読者の心の琴線に触れて深い共感を呼んだだけでなく、非常に新鮮なものに映ったのではないだろうか。

## アメリカ文学におけるカポーティの幸福

ドリーと過ごした日々がコリンにとって幸福なものであったとき、彼はドリーたちに受け入れられているという安心感を抱き、彼女たちの生活に「属している」と感じている。この、「属している」と実感できる心安らかな住処を、『ティファニーで朝食』のホリーは“home”と呼ぶ。この呼称には、育児放棄の傾向が強い両親のもとで育ったカポーティが思い描く理想の「家庭」の姿が、すなわち、子供たちが両親の無償の愛で暖かく大きく包み込まれ、自分のあるがままの姿を晒しながらも、誰にも遠慮することなく自由に振る舞っていられる状態が、思い描かれているようである。

「家庭」探しは、『草の竪琴』に先立つ処女長編、『遠い声　遠い部屋』のテーマでもあり、主人公ジョエル・ノックスは、死亡した母親に代わって「家庭」を与えてくれる父親を求めて、スカイリイズ・ランディングの屋敷にやってくる。また、『ティファニーで朝食を』に続く、長編第四作の『冷血』（一九六九年）においても、中心人物となる二人の殺人者のひとり、ペリー・スミスは、心安らかに暮らせる「家庭」がないなかで犯罪に手を染める。従って、カポーティの長編作品では一貫して、両親の暖かい愛情がもたらす安心感や信頼、あるいはそれと等しいものが確保できる、理想の「家庭」が追い求められており、これこそがカポーティが終生追い続けた幸福の実態だったと言ってよい。

ところで、家庭に関する意識について、ロバート・T・タリーはカート・ヴォネガットを論じるなかでモダンとポストモダンの違いから分析し、ポストモダンにおいては家庭喪失の意識がそれまで以上に強く、「そもそも初めから家庭など存在しなかった」(5) と断言する。

従って、モダニストとポストモダニストの感性における決定的ともいえる違いとは、モダニストが失われた家庭、共同体あるいは人類堕落以前の状況を賛美し、かつては完全だったものがばらばらになったことを嘆く一方で、ポストモダニストは存在とはばらばらなものであると認め、時にはそれを祝福しさえし、それ以前の、エデンの園に属するような、純粋で完全な形で独立した状態など最初から存在しないと見なす。(5–6)

実際、ヴォネガットのような純粋にポストモダンに属する作家では、伝統的な家庭が果たした心の拠り所とか安心して暮らせる場所は、喪失しているのが当たり前で、その喪失を嘆いたり悼んだりすることはない。

このタリーの分類に従えば、「家庭」に固執し、「属している」と感じられる場所を憧れ続けるカポーティは、モダニストということになるのかもしれない。しかしカポーティの幸福は記憶の中で実感されるだけで、儚い温もりしかもたらさない。そして「家庭」を探し求める旅は、大きな不安や不確かさを内在させ、見果てぬ夢に終わる。従って、カポーティには家庭喪失を前提としたポストモダン的な割り切りこそないが、幸福な「家庭」の記憶に深い郷愁を寄せることで、モダンのロマンティシズムに回帰しようとしているわけでも決してない。カポーティの記憶の中の幸福の、そのほのぼのとした温もりと、それに伴う儚さ、切なさは、二〇世紀後半のアメリカ社会の社会情勢や精神風土を敏感に反映した、モダンからポストモダンへと移行する時期ならではの特徴と分類されるべきものであろう。

さて、現在、我々の時代は、ポストモダンも通り過ぎ、ポスト・ポストモダンとも呼ばれ、「家庭」のような場所がないことを受け入れるというより、そもそも幸福という感情や概念そのものを幻影と見なすほど、不安定で不確実なものになっている。それ故、語り手コリンや作家カポーティが懐かしむ「記憶の中の幸福」は、幼い頃のモンロービルにおける素朴な暮らしや情景であったが、我々にとっては、そうした幼少期の素朴な人間模様に郷愁を抱く姿そのものが、「記憶の中の幸福」として懐かしまれる。

しかしながら、こうした二重の郷愁によって『草の竪琴』が古くさく感じられることは決してない。それどころか、そこに描かれる情景も、それを懐かしむ人々も、しっかりとした存在感を示し、二重の郷愁を通して一層愛おしさを増す。これは、「家庭」がすでに失われた美しい人間関係で、それを追い求めることはモダンのロマンティシズムが追いかける見果てぬ夢とわかっていても、人の心には常にどこか、そうした夢を追い続けてやまないものがあるからかもしれない。そしてその切ない欲求が途切れることがないが故に、カポーティ作品は時を越え、今も多くの読者を魅了し続けているのであろう。

## 引用文献

Capote, Truman. "A Christmas Memory." *Breakfast at Tiffany's*. 158–78.
——. *Breakfast at Tiffany's*. New York: Random, 1958.

——. "Children on Their Birthday." *A Tree of Night and Other Stories*. New York: Penguin, 1949. 26–45.
——. *The Grass Harp*. 1952. New York: Vintage, 1993.
——. *In Cold Blood*. New York: Random, 1965.
——. *Other Voices, Other Rooms*. New York: Random, 1948.
——. *The Thanksgiving Visitor*. New York: Random, 1967.
Grobel, Lawrence. *Conversations with Capote*. London: Hutchinson, 1985.
Halberstam, David. *The Fifties*. New York: Villard, 1993.
Hassan, Ihab. *Radical Innocence*. Princeton, NJ: Princeton UP, 1961.
Lewis, R.W.B. *The American Adam*. Chicago: U of Chicago P, 1955.
Moates, Marianne M. *Truman Capote's Southern Years*. New York: Henry Holt, 1989.
Plimpton, George. *Truman Capote*. New York: Doubleday, 1998.
Tally, Robert T., Jr. *Kurt Vonnegut and the American Novel*. London: Continuum, 2011.
川本三郎『フィールド・オブ・イノセンス』河出書房新社、一九九一年。
キャロル、ピーター・N『七〇年代アメリカ』土田宏訳、彩流社、一九九四年。
合田正人『幸福の文法——幸福論の系譜、わからないものの思想史』河出書房新社、二〇一三年。
フロム、エーリッヒ『自由からの逃走』日高六郎訳、創元社、一九六五年。

# 第五章
# ブローティガンの戯れと幸福感

竹本　憲昭

## 代表作『アメリカの鱒釣り』

リチャード・ブローティガンは、『アメリカの鱒釣り』がよく売れて一躍人気作家となり、またこの作品は研究者からもある程度の評価を得られたので、六〇年代末から七〇年代にかけて彼がコンスタントに発表した作品は、それなりの注目を集めた。またブローティガンは、日本人女性と結婚していた時期もあり、何度も日本を訪れたこともあって、日本人読者には気になる存在だった。

しかし『アメリカの鱒釣り』を頂点として、彼の作品は徐々に精彩を欠くようになり、売れ行きも落ちていったため、ブローティガンは精神的にも経済的にも追い込まれて、結局一九八四年、ピストル自殺でこの世を去った。その頃までには、彼は研究者から忘れられた存在となっていた。彼の死から三〇年以上経過した現在においても、ブローティガンが再評価されているとは必ずしもいえないけれども、二〇一二年にウィリアム・ヒョーツバーグが大部の伝記を刊行して、長い間知られることのなかったブローティガンの私生活が明らかになり、今後研究の進展する兆しがなくもない。

また彼の死後三〇年余、作品が全く読まれなくなったわけではなく、少なくとも代表作『アメリカの鱒釣り』は一定の評価と読者を獲得している。『アメリカの鱒釣り』は一九六七年に発表されており、発表の順序でいえば一九六四年の『ビッグ・サーの南軍将軍』(*A Confederate General from Big Sur*)に続く小説第二作であるけれども、執筆順では『アメリカの鱒釣り』が先だ。この作品は完成したのち長い間出版にこぎつけられなかったのである。そのような作品がひとたび出版されるや、絶大な人気を獲得したのは皮肉なことである。実質的な小説第一作が最高傑作というのも、ありがちではあるが、作者にとっては不本意であろう。しかし『アメリカの鱒釣り』において、ブローティガンは十分に本領を発揮しているように思われる。この作品に認められるブローティガンの特質を、幸福という観点から考察してみたい。

『アメリカの鱒釣り』は、形式面でも内容面でもかなり個性的である。形式面では断片性が顕著であり、結びつきの弱い四七のエピソードから構成されている。作者は長編小説と考えているものの、この作品は短篇連作あるいは短編集とみなすこともできそうだ。各エピソードには番号ではなくタイトルがついているので、たとえば最初のエピソード「『アメリカの鱒釣り』の表紙」は、第一章ではなく第一話と呼びたい。『アメリカの鱒釣り』全体が一一二ページという短いものなので、四七のエピソードのひとつひとつは平均すると三ページを下回る。この断片性が形式面では極めて印象的である。

このような形式は、それだけでも内容を断片的なものにしているが、エピソード群を貫いて展開する物語や、主人公といえる存在が認められないことは、断片性をさらに高めている。かろうじてエピソード群を結びつけていると考えられるのが、タイトルにもなっている「アメリカの鱒釣り」という言葉だが、この言葉は作中でかなり多義的に用いられている。文字通りの釣りという行為を示すだけでなく人物や場所の名前にもなり、より抽象的な意味をもつシンボルと考えられる場合もある。

「アメリカの鱒釣り」という言葉に多くの意味をもたせたことが、この作品の豊かさに何よりも貢献しているといえるだろう。また、この言葉の意味するものを検討することによって、作者ブローティガンの幸福感がどのようなものであったかを知ることができるように思われる。まず文字通りの意味だけでも、ある程度の幸福感が伝わってくるだろう。アメリカの大自然の中で、清らかな川において鱒釣りを楽しむことの幸せである。

自然が破壊されているという認識が高まった六〇年代において、損なわれていない自然環境の中で時を過ごすことは、ますます貴重なものになっていた。自然破壊は以前から着実に進んでいたが、この時期には人々が自然環境に対する強い危惧の念を抱き始めた。それは、独占的な資本家を中心とする権力者たちが推し進めた便利ではあるが味気ない物質文明的なライフ・スタイルに対する、良識的な人々の反発の一環といえるだろう。

この時期に自然破壊と並んで、あるいはそれ以上に、反発の対象となったのが、黒人差別とベトナム戦争であったが、多くの若者らが体制のあり方を正面から否定しラディカルな運動に参加した。あるいは、あえて立身出世のコースからドロップ・アウトしてヒッピーとなった。

こうした時代背景があったからこそブローティガンは大きな人気を獲得することができたのだが、彼は声高にプロテストするようなタイプの作家ではなかった。とはいえ彼の作品に、体制に反抗する若者たちを引きつけるものがあったことは間違いない。『アメリカの鱒釣り』には、作者が自然破壊を嘆いたり、権力者を揶揄したりしていると解釈できる部分が確かにある。第三話「木を叩く（第二部）」では川に異変が起こり、滝が階段に変わってしまったことを語り手は発見する。ブローティガンが得意とする超現実的な奇想である。この事態がにわかに信じられない語り手は多くを語らないけれども、自然の一部が人工的なものに変えられたことに対する不本意な気持ちは、とりあえず読み取ることができるだろう。第四三話「クリーブランド建物解体場」では、川が一フィート単位で切り売りされている。

「はい」と私は言った。「私はここで売っている鱒の川に興味があります。それについて教えてくれませんか。どんなふうに売っているんでしょう。」

「一フィート単位で売っています。お望みのまま、ほんの少しでもいいですし、ここにあるのを全部買っていただいても構いません。今朝、男の人がやってきて、五六三フィート買っていきました。姪ごさんの誕生日のプレゼントにするとか」と店員が言った。(104)

川があたかもロープやホースのように商品化されている。ここでは第三話と違って語り手が驚かないので、読者は語り手と共感することが難しい。逆に、語り手も含めて自然を売買する連中はどうかしていると感じてしまうのだ。『アメリカの鱒釣り』の中でも特に注目されることの多い第三話と第四三話から、作者の自然破壊に対する嘆きが読み取れるのに対して、同等に注目を集めている第一八話「アメリカの鱒釣りテロリスト」においては、権力を揶揄する姿勢が認められる。小学校六年生だった頃の語り手が仲間たちとともに、一年生たちの背中にチョークで「アメリカの鱒釣り」と書き、校長先生に呼び出されてお叱りを受けることとなる。しかし語り手たちは心から反省することなく、校長先生の説教を冷やかな目で見ている。自分たちが権威に反抗するテロリストであることを自覚しているのだ。

以上のように『アメリカの鱒釣り』には体制に対する反抗と結びつきうる表現が少なからず認められる。しかしそのような表現それ自体は声高な反抗からは遠く、そこに諦めに似たものが感じられることも少なくない。それは、この作品がノスタルジアに染められていることとも関係がある。いまとなっては失われてしまった清く美しい自然環境を懐かしむ気持ちは、ある意味では後ろ向きで、現実から目をそらす回避や敗北の姿勢に通じると考えることもできるかもしれない。ブローティガンは自然を賛美する点でソローと結びつけられることもあるけれども、彼にはソローのように権力に正面から逆らう骨っぽさはない。[1] しかしブローティガンにはソローの持ち合わせない現実離れした奇想を生み出す資質がある。ソローが身をもって森の中での生活を実験したのに対して、ブローティガンは特異な想像力を用いて言語による実験的な虚構世界を作り上げているといえるだろう。その想像力こそ、彼が現実に立ち向かい批判するための武器になっていると考えることができる。

しかし、彼の想像力がもっぱら反体制に向かっているとは思えない。ブローティガンは社会よりも個人を優先しており、時として無責任な態度を示す。他人の迷惑を顧みず自分が楽しめればそれでよいという、わがままな子どものような態度である。ただし子どもっぽい戯れが生産的な発想に結びつくこともあるので、馬鹿にはできない。

## ブローティガンの戯れ

『アメリカの鱒釣り』に認められる戯れは意味深いものからくだらないものまで様々であるが、いずれにしても作者が突飛なゲームを作り出し、読者をそのゲームに誘い込もうとしているように感じられる。「アメリカの鱒釣り」という言葉がいろいろな意味で用いられているのも、基本的には面白半分の言語遊戯である。むろん、そこに言葉の意味が確定できないことから生じるポストモダン社会の危機的な、もしくは刺激的な状況を深読みすることも可能なのだが、読者はまず作者が悪ふざけして喜んでいることを認識し、作者と波長が合う限りにおいてその喜びを共有するべきだろう。自然志向が目立つブローティガンはハックルベリー・フィンと結びつけられることもあるが、このようなゲーム感覚は、むしろトム・ソーヤー的である。[2]

第三話と第四三話を自然破壊への嘆き、第一八話を権力に対する揶揄という観点からすでに検討したが、いずれのエピソードにもゲーム感覚が認められる。特に第一八話「アメリカの鱒釣りテロリスト」ではそれが顕著である。六年生である語り手たちが一年生たちの背中にチョークで「アメリカの鱒釣り」と書いたのは単なる悪ふざけで、それ以上でもそれ以下でもなかった。しかしエスカレートして数多くの一年生の背中に落書きをしたため、そこに権力者である校長先生に対する揶揄やテロリズムなどの、もっともらしい意味が後からついてきたのである。語り手たちは自分らの悪戯がセンスのよいものだと思い込み、落書きをされた一年生がそのことによって格好よくなったと感じている。したがって彼らにはいじめのつもりはさらさらない。だがその行為は結果的にいじめになっており、祖母からもらったばかりのセーターに落書きされた一年生の少女は悲しんで先生に言いつける。

「こんなこと誰がやったのかね」と校長先生が言った。
「六年のあの連中です」と彼女は言った。「悪いやつらです。一年生全員があいつらにやられました。みんなこんなになっちゃいました。〈アメリカの鱒釣り〉って何のことかしら。このセーターはおばあちゃんからもらったばかりの新しいものなのに。」(38)

従来このエピソードは権力への揶揄という観点を中心として解釈されてきたため、語り手たちに対する批判的な見方がほとんどされてこなかったのだが、常識的に考えれば語り手たちに非があるのは明らかである。[3]「アメリカの鱒釣り」と背中に落書きされることで格好よくなるのであれば、仲間同士で落書きし合えばよさそうなものなのに、それをせず校内で最も弱い立場にある一年生をターゲットにするからには、弱い者いじめの卑怯者と呼ばれても仕方がない。とはいえ語り手たちには一年生に対する悪気はそれほどないのも確かである。「アメリカの鱒釣り」という落書きの文句も文字通りナンセンスなもので、書かれた側がナンセンスを腹立たしく思うのと対照的に、書いた側はそのナンセンスを楽しんでいるのだ。

『アメリカの鱒釣り』が発表され人気を博した六〇年代においては、多くの若者たちが反体制の立場から権力を批判し、なかには革命を目指して過激な運動にはしった者もいたことはよく知られている。当時のラディカリズムは「アメリカの鱒釣りテロリスト」に描かれているような悪ふざけを反体制と結びつけて過大評価するいっぽうで、そうした行為のために迷惑をかけられる人たちを顧みない傾向を生み出していた可能性がある。六〇年代に過激な破壊活動に従事しテロリストと呼ばれるに値した活動家には、大義があったかもしれない。しかし、それは後からついてきた単なる建前で、破壊活動を一種のゲームとして楽しむような者もいたはずである。活動が革命の手段ではなく、遊戯として自己目的化しているような側面はなかっただろうか。「アメリカの鱒釣りテロリスト」というエピソードは、権力者ではなく逆にテロリストを揶揄しているようにも解釈できるのである。

しかしブローティガンは、必ずしもそれが遊びだから不謹慎だと批判しているわけではないだろう。「アメリカの鱒釣りテロリスト」では、語り手はむしろ肯定的に描かれている。作者は他人の迷惑をあえて顧みず、開き直って楽しむことを何よりも優先し、楽しくないことからは何も生まれないと主張しているかのように見えるのだ。

第四三話「クリーブランド建物解体場」でも、川のような自然の一部を売買するという非常識な行為が、ひとつの楽しみであるかのように描かれている。タイトルになっている「クリーブランド建物解体場」は川が売られている店の名前だが、この店は建物解体を本業としている者が経営し、基本的には窓枠、屋根など、解体された建物の一部を販売する。このエピソードは語り手の友人がこの店で窓枠や屋根を買った話から始まる。建物の一部のみならず鱒のいる川も売られていることを知った語り手はこの店に出向き、川が売られているという奇怪な事実に不信感を抱くこともなくショッピングを楽しむ。川や滝、動物、昆虫など、商品になっている自然の一部が妙にこまごまと記述されており、そこには筆者ブローティガンの遊び心が読み取れるだろう。

## 遊びの素材としての自然

『アメリカの鱒釣り』における想像力豊かなイメージを高く評価しているマーク・シェネティアーは、以下のように述べている。

叙述の閉塞的円環性に対するブローティガンの懸念は、「クリーブランド建物解体場」において確かめられる。そこではこの本で非常に目立っている多くのイメージが集められている。ただし解体場における予備の部品として。昆虫、水、植物、動物など、奇抜な田園詩の構成要素が倉庫に集められているのだ。そのうちいくつかは、リサイクルされるかのように防水シートがかけられている。しかしブローティガンが本を作るために組み立てたモンタージュはバラバラに解体され、片づけられて、その部品は競売で安く売り払われる。(中略)「解体場」というイメージは、種々のイメージの利用に対してコメントをつけるためのイメージであり、この本のそれまでの「合成物」がどのように変化し使いものにならなくなったかを示すものである。だとすればこの箇所は、作品がもっている様々な「レシピ」が使える方法について見通しを与えていることになる。(47–48)

シェネティアーはこのエピソードに見られる昆虫、水、植物、動物のイメージを部品や料理の素材にたとえており、リサイクルによってこれらのイメージから新たなレシピが創造されることを珍重している。シェネティアーが強調するダイナミックな想像や創造は、子どもが停滞した状況から生じる退屈を嫌い、出来あがったものをバラバラに解体して、実験的に新たなものを組み立てるときに発揮される遊び心に基づくものと言ってよいだろう。そこでは川や動物、昆虫などのリアリティは歪められ、遊びの素材として扱いやすいものに変形される。鱒入りの川が切り売りされるのも自然破壊ではなく、新たな自然のイメージを作成するための素材提供と捉えたほうがよい。とはいえこのエピソードは、自然破壊に対する嘆きを少しばかり加えることにより、複雑で微妙な味わいを生み出している。自然破壊を表すのは切り売りされる川よりも、むしろ販売されている生き物である。現実の世界においても生き物は売買されているので、川の場合とちがって生き物の売買は表現がいささかリアルなものになっている。

「解体場」では動物はほとんど売り切れて、鹿が三頭残っているほかは何百匹ものネズミがいる程度である。いっぽう昆虫に関しては、具体的にどのようなものが売られているのか記述されない。語り手が昆虫の売られている建物に辿り着いたところで、このエピソードが終わっているからである。珍しい動物や昆虫の具体的な名称は、子どもたちにとって想像力を刺激しうる興味深いものである。たとえば、アルマジロとか、カモノハシとか、タガメとか、ヘラクレスオオカブトムシとか、その名を聞いただけで嬉しくなるような動物や昆虫が地球上に存在する。作中のほかのエピソードを例にとれば、第二四話「カリガリ博士の培養室」では、ウォーター・バグ（つまりタガメなど水生昆虫の類）を素材として、現実にはありえない虫を擬人化した幻想的な描写がなされている。それに対して第四三話「クリーブランド建物解体場」では、様々な珍しい動物や昆虫の名称が具体的に示されてもよさそうな状況が設定されているにもかかわらず、それらが実際には示されていない。創造行為の素材となるイメージとして役立つ動物や昆虫が名称を具体的に示されないという欠如は、遊び心を萎えさせる可能性がある。そのマイナスの方向性が、自然破壊への嘆きと響き合っているのではないだろうか。

逆に遊び心を満足させる具体的な生き物の名称が挙げられているエピソードもあり、第二六話「ハンチバック鱒」はタイトル自体そのような名称になっている。このエピソードでは、まずカットスロート鱒というマスが登場する。語り手は鱒の釣れる川を並んだ電話ボックスに見立てているため、そこにいるカットスロート鱒という奇妙な名称のマスも架空のものであるかのように思われるかもしれないが、この種のマスは実在している。あごの下に切り傷のような斑紋があるため、その名がついたのだが、このエピソードではそこから切り裂きジャックが連想されており、この物騒な連想は子どもっぽい遊び心に似つかわしい。切り裂きジャックのような悪党は、子どもにとっては刺激的な遊びの材料になりうるのだ。第七話「グライダー・クリークのプロローグ」と第三七話「砂場からジョン・ディリンジャーを引くと何が残る?」で言及される強盗のジョン・ディリンジャーについても同じことがいえる。

電話ボックスの喩えと切り裂きジャックへの言及のため架空の存在であるかのように思われながらも、間違いなく実在しているカットスロート鱒と対照的なのが、タイトルになっているハンチバック鱒だ。これはニジマスが何らかの原因で背に瘤をつけているのを、語り手が戯れにハンチバック鱒と呼んだのである。ハンプバック・サーモン（カラフトマス）というよく似た名称の魚が実在するので紛らわしいが、ハンチバック鱒という種類のマスが実在するわけではない。

第九話「アメリカの鱒釣りのためのバレエ」では、コブラ・リリーという不気味な名のついた食虫植物が描かれる。子ども、特に男の子は、このような殺傷能力をもった生物が好きなものだ。コブラ・リリーは正式にはダーリングトニア・カリフォーニカという名のサラセニア科の植物で、実在している。カットスロート鱒と同様、その名前からして刺激的な魅力をもち、またオレゴン州西部とカリフォルニア州北部にのみ分布して、なかなか実際に目にする機会が得られないものであるだけに、さらに想像がふくらんでいく。切り裂きジャックやディリンジャーについても同じことがいえるだろう。たとえ読者が実物を見たことがないとしても、その姿を想像して楽しむことができるのだ。語り手は、この珍しい食虫植物を買って所有していたが、すぐに枯れてしまったため、このエピソードでは語り手の所有していたコブラ・リリーそのものに対する記述は少ない。それよりもコブラ・リリーについての一般的な説明のほうが目立っている。自分のコブラ・リリーがすぐに枯れてしまい実物を十分観察して堪能することができなかったので、それを補うために一般的な説明を楽しんでいると解釈することもできるだろう。あるいは説明が実物を離れて想像をたくましくさせうるという意味で、むしろ実物以上の喜びを与えてくれる可能性もある。一概にはいえないけれども、現実よりも想像のほうが楽しいということもあるのだ。切り裂きジャックやディリンジャーのような悪党は、むろん誰しも現実にお目にかかりたくはないだろう。

第三話で滝が階段に変わってしまうのも、自然破壊への嘆きという側面が読み取れはするけれども、それ以上に想像力によって幻を見ることの楽しさが表現されている。事実としては、滝が階段に変わるという非現実的なことが起こっているわけではなく、語り手が階段を滝に見立てて、初めての鱒釣りに出向く自身の姿を思い描いているにすぎない。その幻が消えてしまったとき、目の前には滝ではなく階段があったのである。語り手がまだ鱒釣りを経験していないからこそ、幻もひときわ魅力的なものとなっている。

## まとまりのないテクスト

ブローティガンの現実離れした描写は、気まぐれでまとまりがなく無意味だと批判されることも少なくない。しかし、まとまりのないところが『アメリカの鱒釣り』の長所であると考えたい。まとまりがあって意味深そうに見えるものが体制側の理念としていかに抑圧的な作用をもちうるか、そのことが多くの心ある人々に痛感された六〇年代であったからこそ、ブローティガンが多大な人気を博することができたのではなかっただろうか。

タイトルの『アメリカの鱒釣り』自体が深い意味をもたない。たしかにアメリカ国内において鱒釣りが行われるのを描いたエピソードがいくつか含まれるものの、その行為がエピソードを結び合わせて、何らかの観念や主義主張が強調されるわけではない。それは「アメリカン・ドリーム」のような大きく構えた表現を示唆しながら、それにもかかわらず重大な意味内容を伴わない、パロディに似たものだといえるだろう。

六〇年代にはノーマン・メイラーの『アメリカの夢』(*An American Dream*,1965) も発表されており、メイラーの作品においてもそうなのだが、いわゆるアメリカン・ドリームの挫折や、その夢のネガティブな側面が認識されるようになっていた。アメリカン・ドリームとは元来、自由を重んじる精神的なものであったのが、いつしか自由競争を通じての社会的・経済的成功を目指す物質的なものへと堕落し、特に六〇年代において文学者や知識人が批判するところのものとなってしまった。『アメリカの鱒釣り』は、アメリカン・ドリームの挫折をふまえて書かれたものだと捉えられることもある。[4] しかし六〇年代に若者たちを促し革命を志向させた、新左翼的なラディカリズムに認められるような観念性は、必ずしもブローティガンに重視されているとはいえない。

『アメリカの鱒釣り』には、体制であろうと反体制であろうと、まとまりのあるものに対して疑いの目を向け嘲弄しているようなところがある。第一八話「アメリカの鱒釣りテロリスト」において、テロリストの大義が正当化されているわけではないことは、すでに検討した通りである。このエピソードにおけるテロは実行する者たちにとって楽しくても、客観的にみれば傍迷惑なゲームにすぎないものであった。また第四一話「アメリカの鱒釣り平和に関する証言」では、平和パレードを実行する共産主義者たちが滑稽に描かれている。洗脳された共産主義者たちが実行するパレードは、「アメリカの鱒釣り平和パレード」と表現されているが、「アメリカの鱒釣り」というナンセンスな言葉は、平和パレードという重みのある行為を茶化す効果をもつ。

『アメリカの鱒釣り』という断片的なエピソードから構成された小説をまとめているのが、タイトルにもなっている「アメリカの鱒釣り」という言葉なのだが、この言葉が様々な意味に用いられ、第一八話の落書きや第四一話の平和パレードではナンセンスなものになっているため、小説をまとめる役割を担う表現自体が意味内容を欠くという奇妙な事態に陥っている。しかし、まとまりを疑う作者の一念は貫通しているだろう。まとまりとは、あらゆる組織や集団を含むものと考えてよい。体制や反体制の政治的な組織はもちろん、友達のグループや家族さえ好意的には描かれない。逆に孤立した人間の自由なふるまいが清々しい印象を与えている。むろん人間は独りでは生きていけないが、他人との交わりは長続きする見込みのない一期一会のものだという悟りのようなものが、この作品には漂っている。

疑いの対象であるまとまりは人間の集団のみならず、各種の長大で重厚なものまでも含んでいる。重みのあるイデオロギーや長く続く伝統はもちろんのこと、大企業、大都会、さらには大自然さえ退けられているのかもしれない。第四三話でバラ売りされる川は、すでに検討したように自然破壊に対する批判であるだけでなく、それとは全く逆の自然を素材にした遊戯の楽しみを表すものであり、場合によっては大人にとっても危険である大自然を、子どもが安心して遊べるような小ぶりの自然に作り変えたものなのだ。

## ブローティガンの幸福感

子どもは遊びの天才だと言われるように、どのようなものでも遊びの素材にしてしまうのが子ども特有の美点であり、そこでは常識に捉われない豊かな想像力が発揮されている。『アメリカの鱒釣り』で作者ブローティガンが追求するのは、そのような想像力だといえるだろう。世間の垢にまみれた大人でも、常識を疑い、孤立を恐れず自分の感性に正直にふるまうことにより、子どもの頃にもっていた想像力をいくらか取り戻すことができるだろう。大人がもはや目を向けなくなった小さな虫や草木、あるいは人々の些細な持ち物や習慣に対して、子どもは新鮮な目を光らせ、それらの素材から想像をふくらませる。お金のかかる割に後味の良くないことが多い大人の遊びとはちがって、子どもの遊びは得られるものが多く、充実していて、幸福を約束する。

ところで子どもとは概して飽きっぽいものである。どんなに楽しい遊びでも長く続けば、つまらなくなってしまう。それが子どもの遊びのひとつの限界である。退屈しないためにも、同じところにとどまることなく動き続け、変化を求めていくことになる。子どもにとっては、それは苦もなくできることかもしれない。大人が子どものように動き続けるのは、いささか大儀であるだろうけれども、ブローティガンにとっては、くつろぎよりも動きの中に本当の幸福があったと思われる。彼の実人生は波乱万丈のものであった。『アメリカの鱒釣り』が売れて有名な作家になったのち、夏はモンタナの自然の中、冬はサンフランシスコの街中にと、田舎暮らしと都会暮らしを交互に楽しんだ時期もあったし、日本にもたびたび足をのばした。

動きや変化は、なにも転居や海外旅行など規模の大きいものでなければならないわけではない。子どもでも繊細な観察眼と豊かな想像力によって、遊びに無限のバリエーションをもたらすことが可能である。そして『アメリカの鱒釣り』にも、そのような可能性が大いに認められる。「アメリカの鱒釣り」という言葉の多義性は、そうした言葉遊びによるものだと考えてよい。この作品における言葉の多義性やテクストの断片性は、一見ポストモダン的であるが、たとえばドナルド・バーセルミのような典型的ポストモダン作家とちがって、ブローティガンがそれほど難解であるように感じられないのは、比較的確固とした主体性があるからなのだろう。作者によって、子どものように遊ぶ自由な大人という主体性を与えられた語り手は、すべての素材を面白がって分裂させるが、彼自身は十分に一貫している。

遊びの素材としては、言葉も物も人も行為も出来事も等価となりうるので、「アメリカの鱒釣り」という言葉の指す内容も、本来の釣りという行為から、めまぐるしく逸脱していく。第二話「木を叩く（第一部）」で初めて登場する人物としての「アメリカの鱒釣り」は賢人風の真っ当なキャラクターであり、いくつかのエピソードにおいて、味わい深い文章を手紙で送ってきている。第三八話「私がアメリカの鱒釣りと最後に会ったとき」では、彼が釣りをしている語り手の話し相手になっており、この人物がその名の通り、川釣りの楽しみを体現していることが分かる。語り手はパートナーの女性と小さな娘を連れて旅をしており、様々な川で鱒釣りを楽しんできたのだが、この「アメリカの鱒釣り」という名の人物と最後に会ったときが、鱒釣りの旅の終わりとなったようである。

賢人風の優雅な「アメリカの鱒釣り」が清らかな田舎のイメージをもつのに対して、猥雑な都会のイメージを与えられているのが「アメリカの鱒釣り小さいやつ」というキャラクターである。第二一話「ネルソン・オルグレンにアメリカの鱒釣り小さいやつを発送」で初登場するこの人物は両脚がなく、車椅子に乗っており、鱒に両脚を食いちぎられたとナンセンスなことを言っている飲んだくれの厄介者で、「アメリカの鱒釣り」と対照的な存在であると同時に、エイハブ船長のパロディのようにも見える。いずれにせよ滑稽なニセモノであり、子どもの好みそうなキャラクター造形になっているといえよう。しかし皮肉なことに、この人物は子どもから愛されはしない。一時的な好奇心の対象とはなりえても、すぐに飽きられてしまうのだ。それがニセモノの限界なのかもしれない。

第三〇話「アメリカの鱒釣りホテル二〇八号室」では、「アメリカの鱒釣り」はホテルの名前になっている。中国人の経営する古い安ホテルで、語り手はここに暮らしている男女のカップルと知り合うのだが、女性は元売春婦で、このカップルが辛酸をなめてきたことが語られる。この二人は鱒釣りのような自然の中での楽しみとは縁がない。したがって、このホテルの名は逆説的な響きをもつといえるのだが、人名の場合とちがって数多くのドラマティックな人生を含みうる広がりを感じさせる。

以上のように、「アメリカの鱒釣り」という言葉は、釣りという行為、人物、場所を意味し、さらにはテロリストや平和パレードの形容として、アメリカの夢の挫折、体制への反抗など状況や理念を示すと同時に、組織としての反体制を茶化してもいる。[5] いずれにしても、この言葉は作者ブローティガンが興味や好意をもつものを指し示しながら、彼の子どものような遊び心を反映しているといえるだろう。

　作者も語り手も語られる対象から距離をおいて淡々と語っており、自然破壊や暴力、死などが印象深く描かれているため、『アメリカの鱒釣り』には作者のアメリカに対する失望や諦めが認められるという指摘も珍しくない。[6] たしかにこの作品にはそのような側面もあるのだが、想像力を伴った遊び心はネガティブな素材をも楽しんでしまう。子どもにとっては遊戯のなかでディリンジャーのような暴力の権化も英雄になりうるし、死者にも再生が約束されている。

　つまりこのテクストには二つの層があり、表層は分別があって悲観的、深層は子どもっぽくて楽観的なのだ。前者は十九世紀のアメリカにおける、まだ損なわれていない自然を懐かしみ、文明化の進んだ現代アメリカの自然破壊を嘆いて絶望する。この表層だけでは作品は説教くさい失敗作になっただろう。表層よりも深層がこの作品の読みどころではあるのだが、深層の遊び心は何しろ子供っぽいので、かなり無責任なところがある。それが目に余る程度に至らないように、表層がうまく機能しているのではないだろうか。

　大人が子どもになりきるのではなく、大人として最小限の責任を負いながらも、可能な限り遊び心を取り戻し、制度や常識から自由になること。そこにこそ幸福はあるとブローティガンは考えているように思われる。高価な道具にこだわらない限り、釣りは大人も子どもも楽しめる優雅な遊びである。そしてまた言葉遊びにも同じことがいえるだろう。結局「アメリカの鱒釣り」とは、釣り、言葉遊びなどにおいて、大人が子どものように楽しむことを約束する合言葉のようなものなのかもしれない。

## 注

1 ブローティガンとソローの比較については、エドワード・ハルシー・フォスターを参照 (Foster 63–65)。

2 フレデリック・R・カールは『アメリカの鱒釣り』の基本的なイメージが、鱒釣りによって表現されるアメリカの自然だとしたうえで、「それは私たち全員の中に、特に六〇年代に大人になりつつあった子どもの中にいるハック・フィンだ」と述べている (Karl 71)。

3 たとえばテレンス・マリーはこの六年生たちを「教室でのばかばかしい教化に反抗する」者らとして高く評価している (Malley 150)。

4 伊藤貞基は『アメリカの鱒釣り』について、ブローティガンが「幻想小説的な雰囲気の中で、変幻自在に現代におけるアメリカの夢、楽園への夢の喪失と、その回復の可能性を語ろうとしたのである」と述べている。(伊藤　六三)

5 反体制にコミットしているマリーは、その方向でこのテクストにまとまりを見出そうとしている。したがってこの作品で反体制が茶化されていることを認めようとしない (Malley 180)。

6 諸川重剛によれば、ブローティガンは「文明に毒されているアメリカ社会に対し積極的な反抗を試みるのではなく、(中略)悟りきろうとする態度で状況を運命とか宿命として甘んじて受け入れながら消化していく。」(諸川　六一) また平石貴樹は『アメリカの鱒釣り』の表紙に見られるフランクリン像から「一種の徹底的な民主主義、あらゆる世間の価値や成功に対する幻滅」を読み取り、ブローティガンのブラック・ユーモアは「死の民主主義がこのアメリカ的理想の最も望ましい実現である、という皮肉な認識を含むようにも思われる」と述べている。(平石　一二三五)

## 引用・参考文献

Brautigan, Richard. *Trout Fishing in America.* San Francisco: Four Seasons Foundation, 1967.
Chénetier, Marc. *Richard Brautigan.* London: Methuen, 1983.

Foster, Edward Halsey. *Richard Brautigan*. Boston: Twayne, 1983.
Hicks, Jack. *In the Singer's Temple*. Chapel Hill: U of North Carolina Press, 1981.
Hjortsberg, William. *Jubilee Hitchhiker: The Life and Times of Richard Brautigan*. Berkeley: Counterpoint, 2012.
Karl, Frederick R. *American Fictions 1940–1980: A Comprehensive History and Critical Evaluation*. New York: Harper & Row, 1983.
Malley, Terence. *Richard Brautigan*. New York: Warner Paperback Library, 1972.
Tanner, Tony. *City of Words: American Fiction 1950–1970*. 1971; London: Jonathan Cape, 1976.

伊藤貞基「現代アメリカ社会と川」岩山太次郎・別府恵子編『川のアメリカ文学』南雲堂、一九九二年、六一―七七頁。

柴田元幸『つまみぐい文学食堂』角川書店、二〇〇六年。

平石貴樹「リチャード・ブローティガンと日本」平川祐弘・鶴田欣也編『内なる壁――外国人の日本人像・日本人の外国人像』TBSブリタニカ、一九九〇年、二三二―二五〇頁。

諸川重剛「*Trout Fishing in America* について」『岡山大学教養部紀要』第一六号、一九八〇年、五九―七九頁。

# 第六章
# サム・シェパード戯曲にみる女性の連帯と幸福への脱出

古木　圭子

## 序論　サム・シェパードの戯曲における女性たち

強い存在感を持つ女性登場人物を描いた『心の嘘』は、サム・シェパードの劇作キャリアにおける方向転換を示す作品である。『埋められた子供』[1]を始めとして、彼の戯曲の多くは、父から息子への血の継承を主題としてきた。ドン・シーウェイは、「男性らしさの誇示」がシェパードにとって「抗いようのない魅力」を有し、彼の戯曲における女性の活躍の欠如が、「彼の才能を崇めるフェミニスト研究者の中でさえも、常に不愉快な要素」であると指摘している (106)。ボニー・マランカによると、シェパードが描写する女性は劇の「背景」にすぎず、男性が「決断を下したり、リスクを負ったり、挑戦したり、危機的状況に陥ったりしている間」、家事にいそしむことで、男性にとって単に「便利な」存在になろうとしており、彼女らの成長や変化への可能性が制限されている (30)。リンダ・ハートは、シェパードが常に「男性の暴力に魅了」されており、彼の一連の「家族劇」に登場する女性たちは、父親と息子の「永続的かつ不可避な闘争」を傍観する弱者としてのみ位置づけられていると論じている (24)。

しかし、シェパードの戯曲において、常に女性の影が薄いというわけでもない。たとえば、『フール・フォア・

ラブ』は、一心同体のような男女／兄妹の激情的な恋愛を扱い、女性主人公が強い存在感を放つ。その二年後に『心の嘘』が初演を迎え、さらに、一九九一年に発表された映画脚本『ファーノース』は、曾祖母、祖母、娘、孫娘の四世代に渡る女性の連帯を提示して締めくくられている。女性の解放を謳う『心の嘘』の終幕は、シェパード劇の枠組みにおいては「奇跡」と捉えられると論じられているが (Taav 98)、[2] シェパードの創作活動の流れに鑑みると、一九八〇年代以降に、その劇作の方向性、特に女性登場人物の描写に変化が表れてきたと捉えるべきであろう。『心の嘘』にみられる暴力、殺人（未遂）、監禁などのモチーフは、『埋められた子供』と共通するものであるが、その終幕は母から娘への連続性と歴史性を示し、自由と幸福を追求する女性像を投影する。

以上のような観点から本論では、『心の嘘』を中心として、男性たちの支配から離脱することにより、独立を勝ち取ろうとする女性登場人物の闘いと連帯について考察し、シェパードの戯曲の新たな側面に光を当てたい。

## 「埋められる」妻──『心の嘘』におけるベスとジェイク

『心の嘘』において、暴力の犠牲者として女性が位置づけられる設定は、シェパード劇に顕著な女性蔑視の傾向を踏襲しているようであるが、[3] ジェイクの妻ベスはその暴力に打ちのめされることなく新たな転身を遂げる人物である。妻の浮気を疑ったことから暴力をふるったジェイクは、彼女を殺してしまったと思いこみ、その状況を以下のように弟のフランキーに語る。

ジェイク　彼女を殺した。（間）
フランキー　殺したのか。
ジェイク　そうだ。
フランキー　呼吸が止まったのか。
ジェイク　すべてが止まっちまった。
フランキー　確かめたのかい。
ジェイク　確かめる必要なんかないさ。
フランキー　意識を失っただけかもしれないぞ。
ジェイク　いや、違う。(16)

ジェイクは、妻の死亡を確かめたわけではないが、「息が止まったのか」という弟の質問に「すべてが止まった」と見当違いの返答をしている。だが、彼は意図的に嘘をついているのではなく、妻の不貞という受容しがたい出来事を抹消したいという想いから妻殺しのエピソードを創造したのであり、それが彼の「心の嘘」なのである。

それに続く場面では、深刻な怪我を負っているベスが登場し、兄のマイクに向かって、自分が確かに「生きている」と主張する。

ベス（早口で、ほとばしるような口調で）あの人たちに言ってちょうだい。言ってよ、私は死んでないって。行って伝えてちょうだい。今すぐに。言いに行ってよ。私を掘り起こして。今、掘り起こしてくれるように

伝えて。私はここにはいないのよ。(11)

病院を墓にたとえるベスは、肉体がそこにあっても、自分はこの場所には存在していないと語る。彼女は夫によって「死者」として、まさに『埋められた子供』の嬰児のように、その心の中で葬り去られたのであり、「死」からの脱出を試みている。ジェイクの暴力は、彼女の肉体を傷つけると同時にその声を消す試みであり、ベスはそれを「脳」を「切り取る」行為に等しいものと描写する。さらに彼女は、夫のみならず、父と兄もその暴力に加担しているとフランキーに訴える。

ベス（再び顔を上げて）脳が無くなったの。私の頭から切り取られて。切り取られたの。脳を。切ったのよ。
フランキー　いや、ベス。あの――手術は――手術はしなかったんだろう。誰もそんな手術のことは言ってなかったよ。
ベス　言ってないわ。秘密なのよ。私のお母さんみたいに。昔の。私のおばあちゃんみたいに。古い話よ。脳を切り取られたの。取り出されたのよ。消えちゃった。今はもうおばあちゃんの名前は言わないわ、誰も。行ってしまったの。消えたのよ。(56)

これは、実は彼女自身の手術ではなく、精神が不安定な状態だったベスの祖母が、ベスの父親のベイラーによって密かにロボトミー手術を受けさせられ、その後どこかに「消されて」しまったというエピソードである。ベスがここで祖母に言及することは、自身も彼女と同様に「消されて」しまう恐怖を抱いていることを表す。また、ここで彼女は、祖母と母親のメグを混同しているようであるが、これは、メグも祖母と同様にベイラーに虐げられ、人格を否定されてきた過去を持つことを暗示している。一方、マイクはベスを殺しかけた義弟を恨み、彼の存在そのものを妹の頭から消去しようとし、それは、妹への愛情の表れのようにも見えるが、ベスは兄の中に自分が取り込まれることをあくまで拒む。彼女は、ベイラーが祖母を「消した」ように、マイクも自分の頭からジェイクを消し去ろうとしていると思い込み、それを殺人にも等しい行為とみなすのである。

ベスは、夫との関係を振り返りながらもフランキーに助けを求めることで、新たなアイデンティティを取得するようになる。マイクやベイラーの前では、事件後まともに話をすることができなかった彼女は、フランキーの登場以降、次第に話力を回復してゆく。スティーヴン・J・ボトムズは、ベスの言葉足らずのスピーチをスーザン・グラスペル (Susan Glaspell) やマリア・アイリーン・フォルネス (Maria Irene Fornes) のような「フェミニスト劇作家が用いてきた戦略」であるとし、「実現できずにいる女性の欲望」や「言葉にできない新しい可能性」を示す要素とみなしている (241)。さらに古山みゆきは、ジェイクが「失語症」となる一方、ベスのスピーチは「生きる方向」へと進み、健康を回復した彼女が「両性具有的な新しい女」に変身したと捉えている（一六八）。手術によって言葉を奪われたベスの祖母は、また一人の「埋められた子供」であり、ベスも同様に「埋められる」危険性に晒されたが、自らの言葉を見つけ、新たなジェンダーの役割を模索する過程で、声を消そうとする男性たちの支配に抵抗を試み、窮地から脱出したのである。

## 『心の嘘』における「演技」とジェンダーの役割交替制

女性の視点を中心に据える『心の嘘』が、シェパードの劇作活動の転換期を示すと論じてきたが、本戯曲はまた、ジェンダーの役割の流動性にも着目し、その流動性が「演技」という要素に集約されている。ジェイクには、「演じる」ことを通して見知らぬ人物へと変容してしまった妻に対する苛立がみられる。

ジェイク　そうなんだ。登場人物さ。その通りだ。あいつらは日常生活でもそんな風に演技し始める。舞台の人物みたいに。そんな風に歩き回り、話をするのさ。おまえ、あいつが歩いたり話したりするのを見ればよかったたな。信じられなかったよ。髪型も何もかも変わっちまった。かつらを被ってさ。服も変わって、すべてが違うんだ。見分けがつかない。もう、自分が誰と一緒にいるのかわからなくなっちまった。あいつに言ったよ。言ってやったんだ、こんな風に――「自分が何様だと思っているか知らないが、こっち側の世界にすぐに戻ってきた方がいいぜ」って。だけどあいつ、何て言ったと思う？

フランキー　何て言ったんだい？

ジェイク　そっちが本物の世界だと言うんだ。演技の世界が本物の世界より現実なんだとさ。信じられるかい？　それなのに、あいつは俺が狂っているって信じ込ませようとしてるんだぜ。（間）(15)

「演技」の世界が「より現実的」だとする妻の言葉に信憑性を見いだせないジェイクは、それを妻の浮気の証拠とみなす。ジェーン・アン・クラムは、ジェイクの「快楽は相手を所有することなしに存在しない」という一方的な愛情論が、妻の「独特な種類のエロティシズム」によって否定され、その結果、彼は妻を「所有」することに失敗し、それが暴力に繋がったと指摘する (206)。クラムの論は、リュス・イリガライによる女性のセクシュアリティ論に基づいており、女性は男性器に相当するものを「所有」することを期待する時のみ自身の「欲望を生きる」という見方、つまりセクシュアリティは「所有」に基づくという男性の見方とは異なり、女性のセクシュアリティは、「ダブル」であり「複数」であることを示す (28)。[4] つまり、ベスが演じる役を自身であると信じ込み、相手役を実際の恋人だと想像することは、女性のセクシュアリティの多元性を表し、それよってパートナーの男性は、女性を「所有」することを拒絶され、みずからの男性性の危機を察知するのである。

さらに、劇のある時点でベスが男性の「ふり」をしていることも、女性の欲望の多元性と、演技という虚構の世界の対立関係を示している。

ふりをすることが私を充たしてくれるの。空っぽじゃなくなるのよ。他の人になれる。平凡なこと、それはいいことじゃない。空っぽなんだもの。平凡なことは空っぽなこと。今の私、男の人みたいになっているの。(胸を張り、こぶしを握り、顎を突き出し、シャツを着た姿でもったいぶって歩く。) 男の人みたいに思えるのよ。シャツを着ていると、男になれる。シャツを着た男なのよ。わかるかしら? お父さんみたいに。私が見える? お兄ちゃんみたいに。(57)

ベスは演技をしていない自身が虚ろな存在であり、その空虚さを打ち消すために他者になる必要があると述べるが、ここで他者とみなされるのは男性である。つまり、この場面でのベスは、女性としての役割に不満を抱き、声をかき消されない存在になるには、男性へと転身すること以外にないと考えている。さらに彼女は、フランキーに「女性らしい」男性を「演じる」ように促してもいる。

あなたが彼になれるかもしれない。そういうふりをするのよ。たぶんね。ただ彼になればいいの。そう、彼のように。だけどソフトにね。私と一緒の時は。優しくしてね。女のような男になるのよ (58)

この場面において、男性のシャツという小道具は、ジェンダーの役割交替の可能性、および女性の欲望を充足する要素として機能する。フランキーが「女性化」することでベスと結びつくという終幕では、フランキーがベスに「吸収」されることで彼の声がかき消され、彼の側の問題解決が示されないために疑問の余地もある (Bottoms 141)。[5] さらに、ベスが演技という虚構の世界の中で自身を男性化し、フランキーを女性化することによって自己の欲望を充足させることについては、彼女が未だ因習的ジェンダーの役割に縛られていることを示す。しかし、少なくともベスは、みずからの欲望の多元性を示すことで、男性に従属する存在から主体的役割への転身を試みているのであり、従来のシェパード劇における女性登場人物とは異なる人格的発展を遂げていると言える。

しかし、ベスとジェイクの関係には一体性もみられ、それがベスの内的葛藤を引き起こす主たる要因となっている。「お前は死んでいない」、「彼のことは忘れろ」という兄に向ってベスは、自分と共に「死んだ」ジェイクは「私の心（心臓）」だと叫ぶ (20)。彼女のこのセリフは、兄妹でありながら男女として離れられない関係にある『フール・フォア・ラブ』のエディとメイを想起させ、彼が私の「心（心臓）」だとする彼女のセリフは、文字通り「心臓」によってつながっている『ハートトレス』のサリーとエリザベスを浮かび上がらせるが、それはベスの「心」

の中に住むジェイクと、実在の夫の差異をも可視化する。本戯曲のタイトルである「心の嘘」とは、「ジェイクへの愛が、彼の行使した暴力を乗り越えられる」というベスの「自己欺瞞」である (Favorini 220)。そして、そもそも彼女がフランキーに理想的な恋人の姿を「演じる」よう命じるのは、夫との関係において達成できなかった「優しさ」を求める行為である。そのように考えると、ベスが「演技」の世界で恋人として対話していたのは、彼女の「心」が作り上げた虚像としてのジェイク、つまり彼女の「心の嘘」である。ベスは「美化された愛に避難場所を見出し」たのであり、「心の嘘」によって理想化された夫は、「名前、声、記憶できない過去」に過ぎない (Kane 150–151)。

病状が快方に向かうにつれ、ベスはジェンダー上の役割において変容を遂げ、それにつれて彼女の心の中に住む夫も次第にその存在感を弱めてゆく。メグは、娘が「まったく違う人間」になり、認識できるのは「彼女の肉体」だけだと、その急激な変化に対する恐れを口にする (73–74)。さらにメグは、ベスに「男性」の要素があると言う一方で、彼女の目を鹿のそれに例える (77)。鹿がベイラーやマイクの狩猟の餌食とされ、それをメグが批判していることから、意味もなく動物を殺傷する男性たちの姿は、暴力によって妻の脳にダメージを与えたジェイクと重なり、鹿の姿は、心身に深い傷を負ったベスの象徴となる。そのように考えると、シャツを着て「男性」として振舞うベスの姿は、鹿が具現化する犠牲者としての面を彼女が捨て去る過程をも示し、夫や息子の暴力性に対するメグの批判を娘のベスが具体的行動で示すものでもあり、そこに母娘の新たな絆が誕生する。また、そのような彼女の変容を、身体的な距離が離れているジェイクも感じ取る。

聞いたことのない叫び声がしたんだ。聞いたことはあるけど今では変わってしまったのかもしれない。俺のことを知らない声だ。今はね。以前は知っていたが、今は違う。俺が脅して違う声に変えてしまった。他の形にね。もう俺に会うことはない全く違う人間にさ。俺たちがかつて互いを知っていたことさえ覚えてない、誰かにね。(63)

第二幕の終盤までのジェイクは、自暴自棄になって実家に引きこもっていたが、距離の離れたベスの変容を察知し、自分の暴力と支配が彼女に与えた苦悩を認識するに至り、それを確認するための旅がそこから始まる。

その後ジェイクは、ベスの「夫」の座を弟のフランキーに引き渡すが、その際、彼女に残忍な事件の記憶はみられないようであり、彼を夫として認識していないようにも見える。彼らのこのような再会は、それまでの一心同体のような夫婦の描写とはちぐはぐな印象を与え、劇の登場人物としての統一性を欠くようにも思われる。しかし、興味深いのは、ベス自身の記憶の不確かさのみならず、ジェイクがベスの夫だったことをメグは認識しておらず、ロレインも息子の嫁としてのベスを記憶していない点である。ベスの脳損傷、祖母の狂気、メグやロレインの物忘れと、女性登場人物に共通する身体的、精神的ダメージによる記憶の曖昧性は、ベスが具現化する「演技」の要素と共に、常に変容し、過去を捨て去ることで新たな道を開こうとする女性像を想起させるものであり、シェパードはこのように、記憶の喪失、身体と精神の傷という否定的要素を、逆説的に肯定的な劇的モチーフとして用い、未来を開拓する女性像を構築したのである。

## 監禁と脱出――『心の嘘』の男性たち

母娘の絆が強調される一方、『心の嘘』におけるジェイクとその亡父、ベイラーとマイクの父子関係は、『埋められた子供』におけるダッジとティルデンのそれのように、愛情が欠如したものである。「子孫が生まれたというだけで、その子を愛せると思うか」(55)というダッジのセリフに表れるように、ジェイクの亡父とベイラーもダッジと同様に父親として不適格な人間として描写される。ダッジは、身体の自由がきかなくなったために、家長としての地位を保持できなくなり、近親相姦という罪を犯したティルデンには父親の地位と資格が与えられず、彼の「子供」はダッジによって「埋められ」てしまう。ジェイクとその亡き父親の関係は、さらに愛憎の入り混じった複雑なものである。ジェイクの妹サリーは、父親と兄の類似点として両者の暴力性を挙げる。「子供部屋」に横たわるジェイクの頭上には第二次世界大戦で使用された戦闘機のプラモデルがぶら下がり、父子の闘争と暴力的傾向を表象する。

サリー　二人とも、まるで隠れていた蛇みたいに、卑劣さを見せ始めたの。ひどい卑劣さで、それはまるで――ほとんど殺人と言ってもいいぐらい。そう、殺人だったわ。
ロレイン　殺人って、どういう意味なの。
サリー　二人の目つきが変わったの。目の中にある何か。動物みたいに。ある動物が、他の動物の弱点を探るみたいに。互いの弱点を突き付け始めたのよ。弱さを突くの。一度に少しずつ。(69)

ジェイクが衰弱している父親を泥酔させた結果、彼が車に轢かれて死亡したのだが、サリーはそれがジェイクの意図的な「殺人」であったと仄めかす。ここで父と息子の姿が、互いの「弱点」を見つけ出そうとする「動物たち」に例えられていることは、戦闘機のプラモデルによって象徴される戦争の残酷さに繋がり、彼らの残忍性を浮き彫りにする。

一方、ベイラーとマイクには、狩猟を通した家長のポジション争いがみられる。一日の大半を納屋で過ごすベイラーは、鹿を射止めることのみに夢中になっているが、彼が一頭を射止めるのにも苦労する一方、マイクは獲物を次々と家に持ち帰り、父から息子への権力の移行がみられる。さらに、ベイラーが鹿だと思って射止めたのがフランキーであり、彼がベスの潜在的な夫となることを考えると、それまで「生き物殺し」にのみ生きがいを見出していたベイラーに肯定的変化の兆しが見える。彼は、意識的にではないにせよ、娘に新たな夫を連れてくることになったのであり、それが彼女を救済する可能性を秘めているからである。

しかしながら、ベイラーの変化は偶発的なものであり、ベスのそれとは対照的に、失われつつある自己のポジションを必死に保持しようとする空しい闘いを伴う。『埋められた子供』では、ダッジが長男によってトウモロコシの皮で覆われ、みずからの身体も毛布に包み、それが彼の死を予告する要素となっていた。『心の嘘』においても、毛布は家長の衰退と権力の移行を象徴する。特に、フランキーとの毛布の取り合いには、外部からの侵入者に対するベイラーの危機感（家長の権力が脅かされること）がみられる。

ベイラーは突然フランキーに突進してゆき、フランキーの身体を覆っている毛布を掴んで引きはがす。フランキーは、ソファーの上にただ佇んでいる。ベイラーはゆっくりと毛布で自分の身体を首のあたりまで包み、椅

子にゆっくりと腰を下ろす。(84)

毛布で覆われるベイラー、毛布を取り上げられたフランキーの両者が家に留まる一方、ベイラーに代わりマイクが狩猟に出る。ベイラーがフランキーを鹿と間違えて撃った結果、フランキーが家に拘束される状況は、彼のベスに対する従属化を表すが、彼から毛布を奪うベイラーもまた、戦闘する男性（＝家長）という地位から引き下ろされる。この場面においては、もはや獲物を捕らえられないベイラーが、家長の権力が息子に移行したことを悟って降伏したと解することもできる。しかし、『埋められた子供』の場合とは異なり、『心の嘘』の終幕においては、ベイラーとメグの夫婦間の亀裂が修復し、フランキーとベスの新たな関係が示唆される一方、マイクに象徴される暴力性は否定的に捉えられており、シェパードが男性の暴力擁護の傾向を踏襲しているとは言い難い結末である。

しかし、フランキーがその意思に反してベスと留まることになる状況には疑問の余地もある。フランキーは、ちょうど『ハートレス』のロスコー、『埋められた子供』のシェリーと同様に訪問先の家に拘束されるが、最終的にそこから脱出する彼らと異なり、帰宅を懇願する彼の主張は無視される。ベスがたびたびフランキーを毛布で覆い包み、その姿が「ミイラ」にたとえられていることから、フランキーの象徴的な死も暗示されうるが、クラムはこれに対して、「もしも種の存続が確かなものとなる」ならば、「女性に囲まれる」新たなフランキーの環境は、「預言者」メグと「真実を保持する」ベスが、彼を「再社会化」するプロセスであると肯定的な見解を示している(203)。そのように考えると、女性に支配、監禁されているように見えるフランキーの状況は、本戯曲の女性たちに見られるような積極的な変化とは言えないまでも、彼を横暴な兄ジェイクから独立させ、因習的ジェンダーの役割から解き放つ、新たな世界の構築への第一歩と捉えられるのではないだろうか。

## 結論　『心の嘘』における女性登場人物と脱出のモチーフ

『心の嘘』において、父と息子の関係が冷酷で暴力的な要素に満ちているのとは対照的に、ロレインとサリーの関係においては、母娘の絆の強化という肯定的要素がみられる。ロレインは、ジェイクが家に戻ってきた当初は、彼に細やかに世話をやき、ベスに危害を加えたことも攻めようとはせず、かなりの過保護ぶりを発揮する。その一方、彼女はサリーには冷たい態度で接し、邪魔者扱いさえしていた。だが、ジェイクが家を出て、息子の世話をする母の役割を突如奪われた直後、息子が戻ってこないと彼女は悟り、母娘の関係が突如修復する。ロレインに虐げられてきたサリーではあるが、ショックから寝込んでしまった母の世話をかいがいしくするようになり、ロレインは娘に本音を語るようになる。彼女はサリーに「このキリスト不在の世界で、なぜ男性が女性の元を去るのかしら。何か理由がある？」(64) と、夫と息子たちが次々と家を出てゆき、待つだけの人生に疲れ果てた心中を吐露するが、その一方で彼女は、夫が未だに自分の中で「生き」、「歩き回っている」と言う (67)。夫を思い出させる品に囲まれている彼女は、その心から夫を追い出すことができず、人生の可能性を広げることができずにいた。しかし、ジェイクが父親の遺灰が入った箱を持って家を去ったことで亡夫の呪縛から解放された彼女は、唐突に娘と共に家を出る決意をする。

冷たい関係から一転して急速に絆を深める母娘の描写に違和感を覚える観客もいるかもしれないが、ロレインは夫と息子に、サリーは父親と兄による拘束と支配を受けてきた歴史を共有してきたという点において、互いに理解を示すことが可能である。ナンシー・チョドロウの指摘によると、母親は息子との間に「境界を築き」、彼らを自身と異なる「他者」と位置づけるが、娘との関係においては「第一義的愛情」と「同一性」を認めている (146)。

この定義をロレインとサリーの関係に当てはめると、ロレインは異性であるジェイクに親としての愛情は注いできたが、危険と暴力に魅了されてきた彼を常に他者と位置づけてきたのであり、息子との身体的、精神的距離が隔たった終幕において娘との関係を修復することは、ことさら不自然とは言えない。ゆえに、ロレインが家を捨てる決意には、サリーも大きく関与している。

サリー　お兄さんを庇ってばかりいることには、ただもう疲れたの。この部屋に閉じこもっていることにも、もううんざり。私たちの家に。この部屋を見てよ。私たち、ここで何をしてるの。ここは、子供の頃のジェイクの部屋だわ。私たちは、今この部屋で何をしているっていうの。何から隠れているの。（長い間。ロレインは立ったままサリーをじっと見つめ、振り向き、戦闘機のプラモデルを見つめる。）

ロレイン　（戦闘機のプラモデルを見つめて）一つだけ確かなことは、この飛行機は全部捨てなくちゃならないってことね。これは全部下ろしましょう。一つ残さず全部。取っておくようにとあいつらが残していったこの家のガラクタも全部。そして、大きなたき火をしましょう。あの人たちだって、こんなもの必要じゃないのよ。それを取りに戻ってくるつもりなんてなかったんだから。(72)

夫が残した「がらくた」は、ロレインにとっての家族という幻想、「心の嘘」であるが、彼女は、それらが自分を家に縛りつけておくためだけに存在していたのだと気付き、幻想を捨てる決意をする。サリーもまた、常に兄の陰となってきた人生に別れを告げ、「隠れている」場所から出てゆく決断に至る。『心の嘘』の女性たちは、「意味をなさない」、「居心地がよくない」、そして「自分たちに認識できない文化」から退く人物である (Robinson 85)。ロレインとサリーにとって、戦闘を象徴する父、夫、兄の「文化」はもはや受け入れ不可能なものへと変貌した。夫と息子の帰りを待ち続けるロレイン、ジェイクの陰に怯えながら彼を庇い続けてきたサリー、演技の世界に自己実現を求めたベス、夫にたびたび人格を否定されてきたメグ――しかし彼女らは、母娘という新たな絆の中に、そして、みずからが新たに築いてゆく「家」の中に、自己充足の可能性を広げる機会を見出したのである。

ロレインとサリーがアイルランドへ移住するという結末を、クラムは「近年の歴史」(アメリカ)から「伝説的過去」(アイルランド)への「移動」と定義し、男性支配の拒絶が彼女らを「母国」(motherland)へと誘ったと論じている(200)。さらに、長年かけてイギリスから独立を勝ち取ったアイルランドは、彼女らの脱出に、独立への革命という意味合いを付与する。さらに、アメリカにおけるアイルランド系移民が、白人でありながらもマイノリティとしての扱いを受けてきた歴史的背景に鑑みるとき、それは家父長制における従属的な女性の地位を象徴し、アイルランド系のロレインが先祖の国に帰することは、家父長制からの離脱を意味する。アメリカは、父として象徴されるイギリスから独立を勝ち取った近代文明を象徴する「息子」としての存在であるが、アイルランドは、その古代文明、八〇〇年続いたイギリスの植民地支配からの独立、その後の革命という背景から、連続性と母性を象徴する。

『心の嘘』は、二つの家の境界が取り払われ、ロレインが思い出の品を燃やすバケツから立ち上る炎をメグが眺め、「雪の中に炎が……」(95)とつぶやく場面で終幕を迎える。距離を隔てた二人の女性が、男性に支配されてきた過去の象徴を燃やす炎を共に眺めるこの場面は、「夫や息子たちに従属してきた過去からの女性の解放」と捉えられる(Taav 98–99)。惜しくも本年にこの世を去ったシェパードの劇作キャリアにおける家族像を振り返ると、『飢えた階級の呪い』や「埋められた子供」においては、家族の暗い秘密、血の呪いといった要素が濃厚であるものの、『心の嘘』では団結する母娘の姿を描写することで、肯定的な要素が加味された。しかし同時に、妻、母、妹から孤立するジェイク、女性に取り込まれて自らの声を失うフランキーを肯定的イメージでとらえることは困難である。またベイラーとマイクの父子関係も破綻をきたし、そこに家族の断絶という要素が存在する。しかし、これらの男性登場人物においては、暴力や残虐性はネガティヴな要素として描写され、赦しと救済の重要性が強調されている。そして、本戯曲は、女性の解放への闘争を描くことで家族の歴史性と連続性を強調しているという点においてシェパードの戯曲の方向転換を示したと言えるのではないだろうか。

## 注

1 『埋められた子供』には一九七八年の初版と一九九七年の改訂版があるが、本論においては、埋葬された嬰児の父親がティルデンであること、ティルデンと母親のヘイリーの間に近親相姦の関係があったことに基づく議論を展開する必要性から、それらの問題をより明確に提示している改訂版を使用する。

2 『心の嘘』における女性の視点と連帯に関しては、キャロル・ローゼンが、本戯曲が「男性の意識から女性の意識への旅立ちを描いたもの」であるとし(169)、レスリー・A・ウェードは、ベスを「ジェンダーの概念を明確に語る異なった種類の女性登場人物」(62)であると指摘しており、両者とも、夫から暴力を受けた後の彼女の変化を肯定的にとらえている。

3 リンダ・ハートは、『心の嘘』のベスについても、男性の暴力に抵抗できない「無力」な登場人物であると論じている(24)

4 リュス・イリガライは、女性のセクシュアリティの二重性および多元性と女性器の関係に言及し、女性は「少なくとも二つの」性器を有し、しかもそれらは「一つのもの」ではなく、「より多くのもの」、「複数」として認識しうるものであると述べている(28)。

5 ベスの転身とフランキーがそれに果たした役割については、否定的な見解もある。たとえば、ベスとフランキーの関係における問題点について、ローズマリー・バンクは、ベスとの関係においてフランキーが「新たなジェンダーの秩序」を具現化しているとは言い難いとし、男性たち（ジェイクとフランキー）が、女性と場所を「所有」することで互いに忠誠を誓いあうという古い秩序を反復しているに過ぎないと論じている (236)。

## 引用・参考文献一覧


Bank, Rosemarie. “Self as Other: Sam Shepard’s *Fool for Love* and *A Lie of the Mind*.” Ed. Jane Schlueter. *Feminist Rereadings of Modern American Drama*. Cranbury, NJ: Associated UP, 1989. 227–240.

Bottoms, Stephen J. *The Theatre of Sam Shepard*. Cambridge: Cambridge UP, 1998.

Chodorow, Nancy. “Mothering, Object-Relations, and the Female Oedipal Configuration.” *Feminist Studies* 4. 1 (Feb 1978): 137–158.

Creedon, Emma. *Sam Shepard and the Aesthetics of Performance*. New York: Palgrave Macmillan, 2015.

Crum, Jane Ann. “‘I Smash the Tools of My Captivity’: The Feminine in Sam Shepard’s *A Lie of the Mind*.” Ed. Leonard Wilcox. *Rereading Shepard: Contemporary Critical Essays on the Plays of Sam Shepard*. London: Macmillan, 1993. 196–214.

Favorini, Attilio. *Memory in Play: From Aeschylus to Sam Shepard*. New York: Palgrave Macmillan, 2008.

Hall, Ann C. *“A Kind of Alaska”: Women in the Plays of O’Neill, Pinter, and Shepard*. Carbondale: Southern Illinois UP, 1993.

Hart, Lynda. “Sam Shepard’s Spectacle of Impossible Heterosexuality: *Fool for Love*.” *Feminist Rereadings of Modern American Drama*. 213–226.

Irigaray, Luce. *This Sex Which Is Not One*. Trans. Catherine Porter. New York: Cornell UP, 1985.

Kane, Leslie. “Reflections of the Past in *True West* and *A Lie of the Mind*.” Ed. Matthew Roudané. *The Cambridge Companion to Sam Shepard*. Cambridge: Cambridge UP, 2002. 139–153.

Marranca, Bonnie. “Alphabetical Shepard: The Play of Words.” Ed. Bonnie Marranca. *American Dream: The Imagination of Sam*

*Shepard*. New York: Performing Arts Journal Publications, 1981. 13–33.

Shepard, Sam. *Curse of the Starving Class*. *Sam Shepard: Seven Plays*. New York Bantam, 1984. 133–200.

——. *Fool for Love*. *Fool for Love and Other Plays*. New York: Bantam, 1984.17–57.

——. *A Lie of the Mind: A Play in Three Acts*. New York: Dramatists Play Service, 1986.

——. *Far North*. *States of Shock, Far North, Silent Tongue*. New York: Vintage, 1992.48–120.

——. *Buried Child*. Revised Edition. New York: Dramatists Play Service, 1997.

——. *Heartless: A Play*. New York: Vintage Books, 2013.

Robinson, Marc. *The Other American Drama*. Cambridge: Cambridge UP, 1994.

Rosen, Carol. *Sam Shepard: A "Poetic Rodeo."* New York: Palgrave Macmillan, 2004.

Shewey, Don. *Sam Shepard: The Life, the Loves, behind the Legend of a True American Original*. New York: Dell, 1985.

Taav, Michael. *A Body across the Map: The Father-Son Plays of Sam Shepard*. New York: Peter Lang, 2000.

Wade, Leslie A. "*States of Shock*, *Simpatico*, and *Eyes for Consuela*: Sam Shepard's Plays of the 1990s." *The Cambridge Companion to Sam Shepard*. 257–278.

古山みゆき『シェパードの舞台』近代文芸社、二〇〇六年。

# II

# 他者・狂気・暴力

# 第七章

# 世紀転換期ハワイにおける日本人移民の幸福と演劇的想像力

常山　菜穂子

## はじめに

一八八五年、日布移民条約が締結されたのを機に「布哇熱」が一気に広まると、多くの日本人が幸せを求めて南の島を目指した。三年間の出稼ぎで数百ドルを貯め故郷に錦を飾ろうと夢見たのだ（タカキ　六三—六五）。砂糖耕地の労働者たちが口ずさんだ「ホレホレ節」で歌われた通りである。

金持のでっかい夢を胸にして
一緒に行こうよ外国へ
大海原をのりこえて（前掲書　六八）[1]

この夢は、一八八九年にハワイが「幸福の追求」を不可侵の権利として独立宣言に掲げるアメリカ合衆国に併合されたのちも続いた。実際のところ、政府が斡旋したり民間会社が仲介したり、のちには家族の呼寄せのみが許可されるなど移民の経緯や条件、そして渡航人数も時々によって変わったが、いわゆる排日移民法が発効する一九二四年までに実に二〇万人もの日本人がハワイへ渡り、その内の半数が彼の地に定着していった（『ハワイ日本人移民史』一二〇）。

日本からの船が最初に着くホノルルには早くから日本人町が出現した。一八九〇年代には年季明けの労働者も職を求め町に集まり、特にダウンタウンには旅館や商店、飲食店が軒を連ね、学校や寺社、交通機関、そして娯楽も発展した（飯田　一九―四四）。日本からの巡業一座が北米大陸を往復する途中にハワイを経由すると共に、日本人専用の劇場も建てられ地元の劇団も生まれた。「大正四年（一九一五）頃、布哇にも芝居全盛時代があ」[2]（川添　三四五―四六）って、歌舞伎もあれば新劇や壮士芝居もあり、浮かれ節から軽業、奇術、芸者芝居に子供芝居まで多種多様な演目が楽しめた。[3] 一九〇四年に移民希望者向けに東京で発行された案内本では、勧誘のための誇張もあるだろうが、彼の地の演劇文化は「恰度日本内地に居ると異なる所なし」とまで謳われている。

芝居　白人の芝居ニヶ所あり、日本人亦二あり、ホノルヽ座、ゑびす座とす、ゑびす座は此程焼失したれば何れ遠からず再建築に取掛るならん、芝居も中々繁昌にて殆んど毎夜興行す、普通の芝居の外に藝妓芝居、子供芝居、など一寸毛色の變つた興行あり、此等の點より見るも恰度日本内地に居ると異なる所なし、木戸仙廿五仙桟敷代五十仙（木村・井上　一一〇―一一）

娯楽は共同体がある程度まで成長し安定しなければ出現しないものだ。一九〇三年、『やまと新聞』[4]に掲載された長編寄稿文「日本芝居を観る」において、その筆者は「芝居の如きものは娯樂を興へる機關であるから最も後れて現はれるもの」なので、演劇文化が盛んなことは「布哇に於ける日本人の社會は遂々發達してきた證據ではないか」と誇った（一月一九日）。言うなれば、演劇文化は幸福の度合いを測る指標である。日本人芝居の興隆は移民が幸福を手に入れつつあったことを示すだろう。

とは言え、「金持のでっかい夢」への道のりは険しかった。多くは帰国も叶わず、劣悪な条件のもとで過酷な作業を強いられた。

夫《カネ》はカチケン（注・サトウキビ刈りの意）
わしゃホレホレよー
汗と涙の共稼ぎ（タカキ　八九）

移民はより良い労働条件のためあくなき闘いを繰り広げることとなった。本稿では、こうした日本人が追い求めた幸福の諸相を、ハワイに展開した演劇的想像力を考察することによって浮き彫りにしたい。その際に、日本人移民労働者にまつわる演劇作品を三点取り上げる。その内二点は二〇世紀初頭にホノルルで上演された日本人芝居で、一九〇五年六月の斎藤幹ハワイ総領事の罷免を訴える壮士芝居『醜党退治人耶鬼耶《しゅうとうたいじひとかおにか》』と、一九〇九年一月の昇給を主題とする『明治五十年未來の臺灣增給問題《めいじごじゅうねんみらいのたいわんぞうきゅうもんだい》』である。両作品の台本は現存しないため、同時代の文献と新聞記事や広告といった史料をもとに物語と上演状況を再現する。三点目のエリック・アンダースン作『アナザー・ヘヴン』（二〇〇五年ハワイ島ヒロ市初演、二〇〇六年ホノルル上演）は、実際に一八八九年にハワイ島の砂糖耕地で起きた後藤濶リンチ殺害事件を題材とする二一世紀の戯曲である。三作品は上演時期に一〇〇年の隔たりがあるものの、いずれも世紀転換期の労働問題を取り上げている。これらの分析を通して、移民がいかに社会的・経済的成功を追い、またそうして手に入れた幸せはいかなるものであったかを明らかにする。

最後に、以上のような日本人移民の幸福追求を描く演劇作品を考察することが、ハワイ・ローカル劇にいかなる新視点を提供し得るか考えてみたい。ローカル劇とはその運動の立役者デニス・キャロルによれば、「ハワイの観客のために」「ハワイの人の手によって」「しばしばピジン英語やハワイ語を用いて」、「ハワイに住む多様な民族集団の伝統と土地への順応」を描き出し (Carroll 123)、アメリカ演劇の歴史と研究において本土《メインランド》の演劇文化とは一線を画する固有のジャンルである。こうしたローカル劇の多層性を再考する。

## 日本人芝居にみる幸福の追求

日本人移民の労働環境は過酷を極めた(『移民史』 一七二—七三; 中嶋 一四〇—四一)。炎天下の中を白人やポルトガル人耕地監督《ルナ》に鞭打たれながら働き、豚小屋のような家屋に住み食事は貧しかった。給料は人種によって異なり、官約移民時代の当初など、日本人は月に二六日、一日一〇—一二時間働いて男性は手取りで九ドル、女性は六ドルしかなく(タサカ 一九八五b:三四; 森田 五三二)、「宛然たる奴隷制度」(相賀 一九二一:四) とも思われた。その上、生活を切り詰めて貯金しても、移民会社とその関連企業である京浜銀行を介して渡航手続きや労働契約、預金積立、本国送金を行う内に多重の手数料や保証金に見舞われた(『移民史』 一六〇)。幸せになるためには、白人のみならず日本人による搾取をも早急に改善しなければならない。

こうした状況下で、日本人芝居に新潮流が生まれた。ホノルルの日本人芝居は多様なジャンルにまたがりながらも、大方は本国と同じ演目をときに手を加えつつ上演していたが、そこに、ハワイに住む日本人移民に密着した作風が登場したのだ。当時の史料から労働闘争の一助として創られたらしき作品二点を確認した。

一九〇五年六月、斎藤幹ハワイ総領事と移民会社および京浜銀行の癒着を糾弾する壮士芝居『醜党退治人耶鬼耶』[5]が上演された。一九〇三年一一月に在留日本人の権利保護を目的とする初の統一機関・中央日本人会が斎藤を会長として発足したが、耕地労働者が抱える問題を解決し得なかった。そのため、一九〇五年五月に中央日本人会役員の一部が新たに革新同志会を結成して七万にのぼる同胞の待遇改善を訴えるに到り、[6]その活動の一環として、「決死隊」と名乗る壮士俳優の一座がホノルル座にて同作を上演したのだった。

六月三日の初日は、日米関係の悪化を危惧した当局が上演を不許可としたため無料で公開され、六百人もの観客が押し掛けた。各紙の劇評からは、作品は日本人移民の苦境と私欲に走る指導者層にまつわる勧善懲悪ものだったこと、また、そうした物語に観客が熱狂したさまが窺える。第一場は、日本からハワイへ向かう移民船が舞台である。「これは真に素晴らしい舞台装置だった」ようで、「煙突、排気口、マスト、甲板室、手すりがあり、背景には海が見える。日本らしい海の捉え方、かなり空想的だが十分にリアリスティックだった」(*Advertiser* June 4) と賞賛された。一人の日本人移民が手数料やら見せ金、京浜銀行への担保金で大金を失ったと絶望し、身投げを図る。さらに、赤毛の白人水兵役が日本人女性を辱めようとして殴り倒されると「クライマックスを迎え」、「大きな歓声が挙がった」。第二場では、領事は、移民からせしめた金で華族のようになれると喜び、労働者たちが移民会社と京浜銀行の蛮行を訴えても聞き入れない。実在する『布哇新報』編集者・塩澤を思わせる人物が登場し、白人のごとく着飾った領事夫人による買収を撥ね付けると「観客は半狂乱の歓喜に沸いた」(*Hawaiian Star* June 5)。続く第三場は警察によって中断されてしまった。物語は日替わりで、五日の舞台はオアフ島の耕地で酷使される労働者を描いたものの、翌六日の舞台は開演するや警官がなだれ込み役者と支配人ら八人を逮捕していった。当局はその理由を「多数の扇動者が日本人間にトラブルを起こそうとしている。労働者たちは無知なので、小賢しい指導者によって容易に感情を操られてしまうのだ」(*Hawaiian Star* June 7) と説明した。

上演申請の却下や警察の度重なる介入からも分かるように、白人側は日本人移民の利益を代弁する『醜党退治』を弾圧した。英字紙『アドバタイザー』は「不満を煽ろうと芝居を使う労働運動の扇動に一撃をお見舞いしてやった」と当局を擁護している (June 7)。加えて、日本人も団結していたわけではない。『やまと新聞』は革新同志会の活動を「駐在帝國総領事の官職に対し公然の侮辱を加へ」る「容赦す可からざる亡状」だと批判した。公演に関しても、「今は叉當地の壮士俳優等が一時の俗憎を買はんがため之れを演劇は仕組む」ことは「あらゆる奇道を以て死物狂ひを試むる積りなるべし」と切り捨て、「此演劇は猥褻と煽情の双方を具へし公安を紊る有害のものと断言して憚からざるなり」と酷評した (六月五日)。

『醜党退治』上演後もハワイ諸島各地ではストが頻発するようになり、遂に一九〇九年五月、初の組織化された大規模スト (第一次オアフ島大ストライキ) が起きた。[7] 当時は同じ労働内容でも、ポルトガル人やプエルトリコ人が月給二二ドル五〇セントだったのに対し日本人は一八ドルだった。そのため前年一二月に増給期成会が結成され、明けて一月一五日と一六日に新劇を専門とする旭團が「増給問題大芝居」を上演したのである。『明治五十年未來の臺灣増給問題』[8] と題された本作は、「七万同胞の大問題にして世界電報となり今や天下の大問題となりたる日本人労働者増給論の起源より今日までの經過等を脚本に作り面白く芝居に仕組」(『日布』一月一一日) み、「藝術的装飾を施し」(根来 一四八) た試みだった。

作者の根来源之によれば、『臺灣増給問題』は「歴史劇」であり、かつ「邦人勞働者が薄給にて苦しみ居れる生活狀態を寫せしものなるを以て、之を一の悲劇」（一四八―四九）とも言える作品だった。この言葉通り、物語は日本人労働者が見舞われた悲劇を存分に描き出す。舞台は五〇年後の台湾に設定されている。一五日の物語は「壁にパンツ吊されたる様をいひ汚れたる毛布を敷きたる所といひ舘府（注・キャンプのこと）の勞働者の住する所と受取られた」（『日布』一月一六日）る場から始まった。第四場では増給のために組織を作る必要性が描かれると、舞台上に表れた期成会役員の牧野金三郎が観客と共に万歳三唱を唱え、第五場の会合の場では「ぶっ潰せ！」「『布哇新報』をやっつけろ！」といった台詞に対して観客も大いに同調した（*Evening Bulletin* January 16）。続く一六日は労働運動の高まりと成功を描く。序幕は「日本人の決して歐洲移民に劣らざる所以を事實に於て證明する」（根来　一四九）と共に、病に伏せる日本人労働者の悲惨な姿を描写する。つぎに、『日布時事』以外の日本語新聞が白人側に味方するさまを糾弾するも、反対派の日本語新聞社主が「彼の妨害の爲めに增給の幸を見る能はずして、貧困裡に恨を吞んで黄泉の客となりたる幾多勞働者の亡霊」の悪夢に襲われ懲らしめられると、最終場では「「增給成功」、「二十二弗五十錢」等の旗幟を押し立て丶來る一隊」（前掲書　一五一）が登場し、「觀客一同総立ちになりて旭團萬歳ホノル丶座萬歳」（『日布』一月一八日）と締め括られた。今回も白人と日本人双方から強い圧力があり、たとえば当初予定していた旭劇場は貸借契約が反故にされホノルル座での上演となったものの、初日は「見物無慮一千名の多きに達し」、翌日も「廣き棧敷二階三階に詰め込みたる觀客一同芝居の大團圓如何にと待ち構」え「空前絶後の大盛況」（一月一六、一八日）となった。

これらふたつの日本人芝居が描くのは幸福を追求する日本人労働者の姿である。その上、これらの芝居を上演することと自体も幸福の追求を促した。観客は日本から運ばれた歌舞伎や新劇に熱中したが、負けず劣らずに、本国から遠く離れた自分たちが抱える問題を描写する作品にも強い共感を示した。たとえば、一九〇五年六月五日の『醜党退治』公演では、ポルトガル人の耕地監督《ルナ》が日本人を虐待する場面が「観客を狂乱の極致に到らせた。劇場中から『ルナを殺せ、ルナを殺せ』との叫びが上がり、あまりにリアリズムに徹していたため、役を演じる不幸な日本人が危険に晒されるとさえ思われた」(*Advertiser* June 7; *Hawaiian Star* June 7)。また一九〇九年の『臺灣增給問題』でも、白人寄りの日本人が登場すると「観客が「殴り殺してしまえ!」「倒して殺せ!」と声を上げ、拍手喝さいが起き」(*Evening Bulletin* January 16) てしまい、関係者が出てきて静粛にするよう促したほどだった。強い共感を覚えた観客は物語が発するメッセージを学び取る。『醜党退治』についてインタビューを受けた実在の『布哇新報』記者・塩澤は「なぜ警察は公演を中止しようとするのでしょうか。(中略)これらの舞台は実生活の描写であり、民衆を教育しているのです」(*Hawaiian Star* June 7) と答えている。そしてつぎには、観客の目は劇場の外に広がる現実世界へと向けられるのだ。労働運動の指導者層は演劇が持つこうしたプロパガンダ機能を十分理解し、活用していただろう。一九〇五年の領事排斥運動でも一九〇九年の大規模ストでも芝居が制作・上演されたことは、単なる偶然とは思えない。実際に、『臺灣增給問題』を書いた根来は期成会書記にして、かつては革新同志会でも書記を務めていた。期成会は「先年革新同志會時代のこともあれば今度は增給有志は飽くまで之れが後援となり役者また牢乎抜くべからず決心を以て之れに當」(『日布』一九〇九年一月一二日)ると、過去の『醜党退治』公演がさまざまな妨害を受けたことを示唆して、『臺灣增給問題』を上演する固い決意を述べている。日本人芝居は労働者の悲哀と奮闘を描くことによって観客の共感を惹起し、問題点を教え、さらに現実の不遇を解決するための闘争を起こさせた。『醜党退治』も『臺灣增給問題』も日本人移民の幸福を描き、同時に幸福を追求する手段でもあった。

二〇世紀初頭に、両作品のようなハワイを題材とする日本人芝居が作られていた点は注目に値する。本土を中心とするアメリカ演劇の系譜では、ハワイの演劇は、一九六〇年代以降のマイノリティ復権運動に刺激を受けた数あるエスニック・シアターのひとつという認識が強い。たとえば、二一世紀を迎えるにあたり多元的な新視点から演劇史を辿るべく編纂された『北アメリカ演劇史』（一九九八）でも、ローカル劇を専門に上演するホノルルのクム・カフア劇団は一九七〇年代に盛んになった「アジア系アメリカ演劇」の一例ということになっている。(Londré & Watermeier 380–81) しかし、前述したように、ローカル劇とは「ハワイの人の手によって」「ハワイに住む多様な民族集団の伝統と土地への順応」を描くジャンルである。そして、世紀転換期の日本人芝居が題材とした、ハワイの地で幸福を求め奮闘する日本人労働者の物語はこうしたローカル劇の主旨に通底するようだ。ローカル劇がいつ発生したかは曖昧だ。第二次大戦前後に気運が高まり、一九七一年設立のクム・カフア劇団を中心とする本格的な活動へと発展したと主に考えられている。日本人が関与する演劇に関しては、二世が英語で芸術的発信を始める一九三〇年代以降の活動が重視され、それ以前の日本語で上演された演劇はまったく注目されてこなかった。一方で、キャロルは、「いわゆるローカル文化とピジン英語は一九世紀の後期に耕地移民の第一波が押し寄せた時に生じた」(124) のであり、「ローカル劇は二〇世紀のごく早い内に始まった」(123) とする。また臼井雅美も「コロニアル時代」からハワイのローカリズムが構築されてきたと述べており（二一六）、ローカル劇の素材は早くからあったことが窺える。そうであるならば、『醜党退治』と『臺灣增給問題』は最も初期のローカル劇の例とも言え、世紀転換期の日本人芝居はハワイの演劇伝統の系譜上に位置づけられるだろう。

## 幸福の多層性

日本人芝居で描かれた移民の姿は、その後もローカル劇の中心的主題であり続ける。過酷な耕地労働の果てに成功あるいは失敗し、やがて時代が進むにつれて直面した世代間葛藤などを経てもなお幸福を追う物語は日本人移民の実体験であり、このような特有の経験を綴ることがローカル文学の趣旨だからだ。

たとえば、二〇〇一年にクム・カフア劇団とハワイ大学が主催するローカル劇コンテストに入賞し、二〇〇六年にホノルルで上演された『アナザー・ヘヴン』は、『醜党退治』や『臺灣增給問題』と同じく初期の日本人労働者の苦難と耕地での人間模様を描く。物語の核となるのは、実際に一八八九年一〇月二九日にハワイ島ハマクアの耕地で起きたリンチ事件である。殺された後藤潤は一八八五年の第一回官約移民として渡布し、三年契約の終了後にホノカアの町で雑貨店を営んでいた成功者であり、日本人労働者が困ると相談役や通訳も務めていた。耕地関係者や白人雑貨店主ら六人が逮捕され四人が実刑を受けるも、のちに脱獄したり恩赦を受けたりした者もあった。『アナザー・ヘヴン』は事件が起きるまで、そして事件後に調査が行われる過程を辿る。耕主オヴァレンドにとって後藤は「最初から目障りなやつ」(6) だった。「正義」(19)、「契約」、「権利」(20)、「公正な扱い」(21) といった言葉を繰り返して日本人の待遇改善を訴える後藤を、オヴァレンドは労働者の「頭を実現するはずもない考えで一杯にして」しまうだけの扇動者だとなじる (23)。また、白人雑貨店主ミルズも商売敵である後藤の成功を妬んでおり、年季が明けた後も日本人が幸せを掴むのは難しかったと分かる。こうしてみると、本作はほかの多くのローカル文学同様に、移民の苦労を描きつつ不遇を告発し奮闘を讃えるようだ。

ところが、『アナザー・ヘヴン』は別の日本人移民像を提示する。ハワイは、移民が先住民を包括または排除することによって成立する移住者植民地であった。そこでは、「植民者は先住民を経済的に搾取するためではなく土地から追い払うためにやって来る」ので、「伝統的な植民地主義のもとでは植民者はいずれいなくなるのだが、移住者植民地主義では植民者とはその土地を永久に占領する者を指す」(Hixon 4–5)。つまり、先住民から見ればハワイでは白人に加えてアジア系も植民者の側に立ち得るのであり、ましてや一九二四年の排日移民法までに島人口の四割を占めるに到り (Nordyke 134–35)、のちにはハワイの政治経済に大きな権力を持つようになった日本人を被支配者としてのみ捉えることはできない。

本作は史実に基づくものの登場人物は創作である。なかでも、桂とララの改変は意義深い。実際の事件では、発生の翌年に桂馨五郎なるハワイ王国移民局日本課顧問が事件の視察に来たが、どこまで捜査に携わったかは定かでない。[9] 一方の劇中では、桂は政府と日本領事館双方から派遣されてきて、「尋問」ではなく「面接」を行うだけだと言いながらも (51) 冷静かつ高圧的に調査を押し進めていき、白人側の耕地関係者らも逆らうことができない。劇中の桂は、後藤や労働者たちのような弱者ではない、権力者としての日本人像を印象づける。

このような桂をハワイ先住民のララは糾弾する。実在のララは事件に関連して逮捕された六人の内の一人だが、記録は少ない (ゲイロード　一五一)。対する劇中のララは、舞台上の定位置に常駐して物語を俯瞰する立場を与えられた。オヴァレンドの耕地で起きた火事や殺人事件について尋ねられても「俺には関係ない」、「何も知らない」、「大した問題じゃない」と繰り返し、白人側の耕地関係者らと日本人移民が巻き起こす騒動には関わろうとしない。白人と日本人がいかなる関係にあろうとも、先住民にとれば、ハワイに移住してきて居座る点では双方ともに植民者であることに変わりないからだ。ララは白人を「お前らハオレ《白人》は羽が欲しいとなったら鳥を撃ち殺してしまう」(56) と非難すると同時に、日本人をも責める。殺された後藤に同情を示すことはない。耕地労働に耐えて年季が明けたら商売を始めるという日本人移民にとっての幸福は、先住民の土地と社会的・経済的機会を奪う行為でもあるのだ。

ララ　後藤はオオカラの地で三年働いた。そして金を稼いだ。なら、なぜ国に帰らないんだ？　奴は大金を稼いだ。なぜここで店を開いたりするんだ？　奴はトラブルメーカーだ。なぜどっかに行ってしまわないんだ？（58）

ララが桂を「あんたはハオレみたいな話し方をするね。なぜだ？あんたもハオレになりたいのかい？」（59）と揶揄するように、白人と日本人は同じである。

ララ　お前たち全員だ。善い奴も悪い奴も、お前の国もどの国も。お前たち全員がここにやって来る。砂糖、金、家。嘘、死、また嘘。どんどん来る、どんどんどこへでも。でもここは（指さす）――俺の家だ。俺たちは腕を広げて自分の家族のように歓迎する。それなのにお前らは奪っていく。（61）

ララの台詞からは、ハワイではアジア系がアメリカによる植民国家構造を下支えしているという、アジア系移住者植民地主義批評の指摘が想起されるだろう（Fujikane & Okamura 6）。

『アナザー・ヘヴン』は一九世紀末の後藤濶事件を語り直すことで日本人移民の植民者としての性質を暴くが、振り返ってみれば、一九〇九年に上演された『臺灣增給問題』にも植民地主義が織り込まれていた。本作は五〇年後の台湾に設定されている。台湾は日清戦争後の一八九五年に中国から割譲され、第二次大戦終結まで日本の統治下にあった。ただし、日本人移民数は一九四〇年時点で人口の五・八パーセントを占めるに過ぎず、移住植民地ではなく投資植民地の性格が強かった。また、日本人移民は台湾人と同等とされたため、政治参加を求めて本国政府を相手に闘った（塩出　二二四―二二五）。このように両地における日本人移民のあり方は大きく違うため、台湾という物語設定とハワイとの深い関連性は見出し難く、単に台湾とハワイを同等視したからだと思われる。ハワイの日本人移民は、ハワイとハワイ人を日本の植民地の台湾とそこに先住する台湾人と同じような存在として捉えた。被植民者に対する配慮はなく、『臺灣増給問題』も、さらには『醜党退治』も、日本人の苦境は描いても台湾やハワイの先住民の経験と心情には一切触れないままだ。たとえば『臺灣増給問題』の劇評をみると、台湾人への言及は、白人寄りの日本人や耕地監督《ルナ》が芸者遊びに興じる自堕落な場面で「片桐（注・役者名）の全記者布施の臺灣土人の踊何より妙々」（『日布』一九〇九年一月一六日）とある。ただしこれは日本人新聞記者が酔っ払って台湾人をまねて踊ったというだけの描写だ。『臺灣増給問題』は日本人移民が抑圧者に対抗するさまを描いたが、その台湾という設定こそが、ハワイの日本人移民が無意識の内に発揮していた移住者植民地主義の現れなのである。被抑圧者の日本人移民労働者は同時に抑圧者でもあり、日本人移民の幸福は先住民の不幸のもとに成り立っていた。ハワイにおける幸福はかくも多層的だったのである。

## ローカル劇の行方

ローカル劇作品に表れた幸福の多層性は、ひいてはローカル劇というジャンルの再考を促し、ジャンルそのものの多層性をも再確認する契機となるだろう。

ローカル劇は、前述したように、アメリカ本土中心の記述においてはアジア系アメリカ演劇のひとつとされていた。一方で、ハワイにはアジア系アメリカ人はいないという示唆的な主張がある。ジョナサン・オカムラによれば、マイノリティ復権運動が起こる一九六〇年代以前からすでに、土地に根差した歴史と経験を共有する「パンエスニックな」(163) アイデンティティがアジア系と非アジア系を包括する形で構築されており、改めてアジア系アメリカ人という枠組みを必要としなかったという (162–63)。しかも、主流に対抗するかたちで生じたアジア系アメリカ人のアイデンティティに比して、アジア系が必ずしもマイノリティではないハワイではアジア系のアイデンティティは本土とは異なる発生源を持つはずだ。ならば、ローカル劇も対抗文化として生じたアジア系アメリカ演劇と同じにはならない。従来のアメリカ演劇の体系が提示してきた主流とそれに対抗する非主流という規範に対して、ローカル劇はこうした二分法に収まらない差異を突きつける。

さらには、このように本土に照らした考察に加えてアジア系の視点を導入すれば、ローカル劇自体が差異を内包していることが分かる。ローカル劇が含む「ローカル」という概念はさまざまに解釈されてきた (Fujikane & Okamura 25–29)。「ローカル性」とはハワイの多様な人種の人と文化が融合した複合体であるといった解釈がある一方で、観光事業が拡大しハワイ人による主権運動が活発化した一九八〇年代以降には、「ローカル人」の分裂も主張されるようになった。究極的には、主権運動の急先鋒ハウナニ＝ケイ・トラスクがハワイ人をローカル人の枠組から切り離すまでに到った。前者は「ネイティヴ（先住民）」[10]だが、「土着の基盤や伝統的な言語と文化、歴史を持たない」後者はすべて「植民者」だという (2008: 50)。

ローカル劇運動を立ち上げたキャロルもこうした「ローカル性」や「ローカル人」が内包する差異を意識し、ローカル劇は「ローカル・アジア系アメリカ人」と「ローカル・ハワイ人」と呼べるようなグループからなり、ジャンルの起源とその後の発展経路には二つの流れがあると指摘する。ただし、前者は中国、日本、韓国、フィリピン、プエルトリコなどを含むというが (Carroll 124)、このカテゴリーも均質ではない。たとえばディーン・サラニリオによれば、現代ハワイではフィリピン系は社会的、政治経済的権力に欠け、支配者層を形成する白人や中国人、そして日本人とは格差がある (257)。さらに、その日本人も移民当初から一枚岩だったとは到底言えない。『醜党退治』が描いたように、中央日本人会といった統一組織が失敗したのは、耕地労働者や商業団体、医療団体など「個々の集団はハワイの現地社会に独自の地歩を確保してゆく中で固有の利害関係を形成しつつあった」（塩出　一四八）からだ。世紀転換期の日本人芝居は幸福のために白人相手に闘う日本人労働者を主題とするものの、舞台上に労働者の敵として登場するのは『醜党退治』の斎藤総領事や『臺灣增給問題』の日本語新聞社主といった日本人指導者層である。また、『アナザー・ヘヴン』には二人の日本人が登場するが、年季明けの官約移民である後藤とハワイ・日本両国から派遣されて来た桂では明らかに階級が異なる。このようにハワイの「ローカル」は不均質であり、ローカル劇というジャンルもまた然りなのだ。

「ローカル」の多様性に着目したりアジア系の発揮する権力を問い直したりするようになったのは、マイノリティ復権運動と先住民主権運動を経た近年のことだ。しかし、日本人移民の植民地主義は移民当初から発揮されていた。それが『醜党退治』や『臺灣增給問題』といった世紀転換期の日本人芝居に幸福の多層性として表れていたのであり、その密かに埋め込まれていたアジア系移住者植民地主義をあぶり出したのが二一世紀の『アナザー・ヘヴン』であった。この先、ローカル劇は「ローカル」が含む多様性を認めて、アジア系が当初から発揮していた、そして今なお発揮し続けるアジア系移住者植民地主義に敏感であらねばならないだろう。一方で、オカムラは「アロハ・スピリット」といった美名のもとに「民族間交流を理想化することの危険性は民族間対立という現実を否定しがちな点にある」(165)と危惧しつつも、共通理解に基づく集合体としてのローカル性を強調した(162)。また、ローカル劇に関しても、キャロルはローカル劇を構成する「ローカル・アジア系アメリカ人」と「ローカル・ハワイ人」には「緩やかな区別」しかないと述べ(124)、臼井は「ローカル劇のテーマは、民族的および性的コロニアリズムであり、またハワイであれアジア系であれ、共通項をハワイのローカル性として発見し、そこにローカル・アイデンティティを提示すること」(三三)にあると叙す。ハワイ・ローカル劇は多層性を意識した上で共通項を見出し、本土中心のアメリカ演劇の規範を転覆し得る固有の演劇文化として主張していくことが課題となるだろう。

＊本稿は、科学研究費補助金基盤研究(C)「ハワイにおける初期演劇文化とアメリカ演劇史再考」による研究成果の一部である。

注

1 「ホレホレ節」は日本人移民が農作業の厳しさや本国への郷愁などを歌った民謡である。「ホレホレ」とはハワイ語でサトウキビの枯葉を剥ぎ取る作業を指す。タサカ(一九八五b)、相賀(一九五三)一八四―八六頁を参照。

2 日本人による公演に関する現在確認できる最も初期の記録は、一八七〇年一一月一六日と一七日に「大阪一座」がロイヤル・ハワイアン劇場で行うという軽業興行の新聞広告である。(*Hawaiian Gazette* November 16, 1870)

3　布哇新報社による調査では、一九一四年にはホノルル市に俳優業の男性が五七人、女性は二八人がいた。（森田　五五八）

4　『やまと新聞』は一八九五年に創刊し、一九〇二年に通算一〇〇〇号を発行。一九〇六年に『日布時事』と改称した。以後、本稿では『やまと』または『日布』と略記する。

5　あらすじと劇評、上演状況は『やまと』一九〇五年六月五、七日、*Hawaiian Star* June 5, 7; *Pacific Commercial Advertiser*（以下 *Advertiser* と略記）June 3, 4, 7 を参照。

6　中央日本人会と革新同志会の設立から解散までは塩出（第三章）に詳しい。ほかに相賀（一九五三）一五五―七一、森田六〇七―四五頁を参照。

7　このストについては、増給期成会書記の根来源之が詳細な記録を一九一六年に出版している。ほかに『移民史』二六八―七五、相賀（一九五三）一八九―二三〇、中島一四九―五四、森田六五六―七〇〇頁を参照。

8　あらすじと劇評、上演状況は Beekman 150-52、根来一四八―五一頁、『日布』一九〇九年一月一一、一二、一三、一五、一六、一八日、*Advertiser* January 16; *Evening Bulletin* January 12, 16 を参照。

9　ゲイロードは、桂馨五郎が派遣した巽栄二郎が事件解決に活躍したという従来の説を覆して、桂や巽ら日本人は事件解決能力と当局を動かす権力はなかったと論じる（一四八）。日本側の見解は『移民史』二二二―二三、相賀（一九二一）二四五―四六、二五二頁を参照。

10　トラスクによれば、「ネイティヴ」という呼称は植民地主義的な語源を持つが、大文字から始まる自己肯定的な単語として使用される。（1999: 54）

## 参考文献


Anderson, Eric. *Another Heaven*. in Langhans, Edward Allen & Dennis Carroll eds. *Kumu Kahua Contest Plays 2001–02*. 2vols. Honolulu: U of Hawai'i P, n.d. 1–88.

Beekman, Take and Allan. "Hawaii's Great Japanese Strike." in Ogawa, Dennis M. and Glen Grant. *Kodomo No Tame Ni—For the*

*Sake of the Children: The Japanese American Experience in Hawaii*. Honolulu: U of Hawaii P, 1980. 149–75.

Carroll, Dennis. "Hawai'i's 'Local' Theatre." *The Drama Review* 44.2 (2000): 123–52.

Fujikane, Candace. "Introduction: Asian Settler Colonialism in the U.S. Colony of Hawai'i." in Fujikane & Okamura eds. *Asian Settler Colonialism*. 1–42.

—— and Jonathan Y. Okamura, eds. *Asian Settler Colonialism: from Local Governance to the Habits of Everyday Life in Hawai'i*. Honolulu: U of Hawai'i P, 2008.

Hixon, Walter L. *American Settler Colonialism: a History*. NY: Palgrave MacMillan, 2013.

Hori, Erika. "Complexity in Perspectives on Japanese Immigrants: Eric Anderson's Embodiment of Hawai'i in *Another Heaven*." *AALA Journal* 14(2008): 66–79.

Kumu Kahua Theatre. "Original Plays & Classic Humanities: A Special Series from Kumu Kahua Theatre, for Its 2005–2006 Season." n.d.（*Another Heaven* 特集号）

Londré, Felicia Hardison and Daniel J. Watermeier. *The History of North American Theater: From Pre-Columbian Times to the Present*. NY: Continuum, 1998.

Nordyke, Eleanor C. *The Peopling of Hawaii*. 2nd ed. Honolulu: U of Hawai'i P, 1989.

Okamura, Jonathan Y. "Why There Are No Asian Americans in Hawai'i: The Continuing Significance of Local Identity." *Social Process in Hawaii* 35(1994): 161–78.

Saranillio, Dean Itsui. "Rethinking Filipino 'American' Settler Empowerment in the U.S. Colony of Hawai'i." in Fujikane & Okamura eds. *Asian Settler Colonialism*. 256–78.

Trask, Haunani-Kay. *From a Native Daughter: Colonialism and Sovereignty in Hawai'i*. Honolulu: U of Hawai'i P, 1999.

——. "Settler of Color and 'Immigrant' Hegemony: 'Locals' in Hawai'i." in Fujikane & Okamura eds. *Asian Settler Colonialism*. 45–65.

飯田耕一郎『ホノルル日系人の歴史地理』ナカニシヤ出版、二〇一三年。

臼井雅美「ハワイ・ローカル劇におけるローカリズム構築の軌跡」*AALA Journal* 八巻八号（二〇〇二）：二六―三四頁。

川添善市『移植樹の花開く――ハワイ日本人史実落ち葉籠』「移植樹の花開く」刊行会、一九六〇年。

木村芳五郎・井上胤文『最新正確布哇渡航案内』（原著一九〇四年）ゆまに書房、二〇〇〇年。

窪田、ゲイロード・C「後藤濶リンチ殺人事件――一回船移民・一成功者の悲劇」『歴史公論』五巻一号（一九七九）：一四四―五二頁。

塩出浩之『越境者の政治史――アジア太平洋における日本人の移民と植民』名古屋大学出版会、二〇一五年。

相賀安太郎『五十年間のハワイ回顧』「五十年間のハワイ回顧」刊行会、一九五三年。

――『布哇同胞發展回顧誌』日布時事社、一九二一年。

タカキ、ロナルド『パウ・ハナ――ハワイ移民の社会史』（原著一九八三年）、刀水書房、一九八五年。

タサカ、ジャック・Y『ハワイ文化芸能一〇〇年史――日本人官約移民一〇〇年祭記念』イースト・ウェスト・ジャーナル社、一九八五年a。

――『ホレホレ・ソング――哀歌でたどるハワイ移民の歴史』日本地域社会研究所、一九八五年b。

常山菜穂子「不確かな半球――世紀転換期ハワイにおける日本人劇場建設とモンロー・ドクトリン」下河辺美知子編『モンロー・ドクトリンの半球分割――トランスナショナル時代の地政学』彩流社、二〇一六年。一七三―九三頁。

中嶋弓子『ハワイさまよえる楽園――民族と国家の衝突』東京書籍、一九九三年。

中村理香「アジア系アメリカ文学および研究にみる他世界との交渉――「アジア系ポストコロニアル批評」の可能性」植木照代監修『アジア系アメリカ文学を学ぶ人のために』世界思想社、二〇一一年。三一八―三九頁。

根来源之『布哇邦人活躍史明治四十一―二年（一名大罷工回顧史）』（原著一九一六年）文生書院、二〇〇三年。

ハワイ日本人移民史刊行委員会編『ハワイ日本人移民史』布哇日系人連合協会、一九六四年。

森田榮『布哇日本人發展史』眞榮館、一九一五年。

新聞

*The Evening Bulletin*
*The Hawaiian Gazette*
*The Hawaiian Star*
*The Pacific Commercial Advertiser*
『やまと新聞』（一九〇六年『日布時事』と改称）

ウェブサイト（最終アクセス二〇一七年一一月一日）

The Katsu Goto Movie http://katsugotomovie.org/
クム・カフア劇団 http://kumukahua.org/

# 第八章

## 「普通」への反逆
### ——一九四〇年代のコメディー分析

黒田　絵美子

第二次世界大戦中の同時期にブローウエイで人気を博した二本のコメディー、『ハーヴィー』（メアリー・チェイス作　一九四四年初演）と『毒薬と老嬢』（ジョーゼフ・ケッセルリング作　一九四一年初演）は、ファシズムの脅威が身近に迫る一九四〇年代初頭において、正義の追及や闘争という姿勢ではなく、善意や他者への全面的な信頼に基づきユーモアをこめて描かれた作品であり、ともに一〇〇回を超えるロングランを果たした。そして、時代を超えて現在もなお世界各地で上演されており、映画化されたそれぞれの作品も名作として語り継がれている。

戦火が本土に及ぶことはなかったものの、世界戦争という緊迫した状況下にあって、食料やガソリン、車のタイヤなどの統制が行われるという非常時のアメリカでこのようなコメディーが多くの観客を魅了したことは、単なるエンターテインメントとしての意味合いを超えた、戦時下なればこその人々の幸福への切なる希求が込められていたためと推測できる。そこで、これら二作のコメディーの分析をとおして、当時のアメリカ人たちが共感した幸福な生き方とは何かを探っていく。

## 邪魔者を排除する普通の人々

この二つの作品には、精神に異常をきたしているため療養所に収容すべきとされる人物が登場する。そして、それらの邪魔者を日常生活から排除することが、普通の人々の幸福につながるという短絡的な図式が提示される。どちらの作品においても冒頭では精神異常の人物のみが問題であるように提示されるが、劇が進むにつれ、果たして誰が普通なのか、そもそも「普通」とは何かという問いが観客に投げかけられる。

この問いは古くから哲学者や文学者たちが取り組んできた人間の存在についての根源的な問いである。一九世紀ロシアの文豪ドストエフスキイは、後期の短編小説『ボボーク』の中で、狂人を精神病院に収容するという行為について興味深い分析をしている。

> わが国では人を気ちがいにすることはしながら、まだだれも前より賢くしたものはない、それが問題なのだ［中略］いくらほかの人を精神病院に閉じこめたところで、それで自分の賢さを立証したことにはならないのである。（九九）

社会の中での自らの地位の正当性を確かなものにするために、自分とは異質の存在を目に触れぬ場所に強制的に監禁してしまおう、監禁では飽き足らず抹殺してしまおうという横暴なエゴイズムは、第二次世界大戦中、ヒットラーによるユダヤ人の強制収容という形で具現化された。しかし、『ボボーク』の一節にあるとおり、どんなに多くのユダヤ人を排除したところでそれがドイツ人の優位性を立証することにはならず、むしろ、歴史の中の大きな汚点として刻まれてしまったことは自明の事実である。

『ハーヴィー』では、二メートルもあるウサギの親友ハーヴィーと常に行動を共にするエルウッドという中年独身男が家族の悩みの種である。異常な叔父がいたのでは、適齢期を過ぎた娘の結婚相手を探すのに邪魔であるという理由から、姉のヴィータがエルウッドを療養所へ入れようとする。ヴィータはとくに冷酷無比な人間でもなければ、際立って利己的な人間というわけでもない。むしろ弟を気遣う優しい姉の一面も持ち合わせている。しかし、弟を療養所へ入れる目的は、治療ではなく邪魔者の排除である。

チャムリー　でも、弟さんの治療はわたしが……
ヴィータ　あの子は治りません。不治の病なんです。捕まえて、どこかに監禁しておかなきゃいけないんです。
チャムリー　そんなに狂暴なんですか？
ヴィータ　狂暴です！　(595)

また、エルウッドの姪のマートル・メイは、結婚できない自らの身の不幸を憂えて、「交通事故で死ぬ人が毎日いるのよ。なんで叔父さんが事故に遭わないの？」と嘆く。自分の幸福の実現のためには叔父といえども邪魔者は排除しなければならないと考える、あまりに短絡的な発想に観客は失笑を禁じ得ない。

劇の終盤では、当初、療養所に監禁しようとしていたエルウッドに対し、ウサギの幻覚が見えなくなる注射を打つことにより治療しようと方針が転換される。しかし、この方針転換は、エルウッドの身の幸せを願ってのものというよりは、異常者であるエルウッドを普通に戻すという目的から出たものであり、その理由は相変わらず、家族にかかる迷惑を排除するためであった。すなわち、精神異常者に対する扱いが監禁から治療に変わろうとも、正常な人々の生活から異質なものを排除するという考え方に変わりはないのである。

『毒薬と老嬢』では、キリスト教的博愛精神に満ちた老姉妹として近隣の人々から愛されるアビイとマーサが、実は一二人もの老人を殺して地下室に埋めていたという事実を知った甥のモーティマーが、その罪を精神に異常のある兄テディの仕業であることにして療養所に入れようと奔走する。その療養所の名前が「ハッピーデイル（幸せの谷）療養所」であることは実に皮肉である。『ハーヴィー』のヴィータ同様、モーティマーは兄に対して愛情と敬意を示しながらも、邪魔者排除という目的達成に向けて迷うことなく邁進するのである。

異常者によってもたらされる混乱に対し、異常者を排除することで秩序を回復しようとする普通の人間の奔走ぶりを見るうちに、観客は異常な人の突飛な行動に驚く一方で、普通とされる登場人物のおよそ普通でない、つじつま合わせのためのヒステリックな振る舞いに違和感を抱くようになる。そして、いったいどちらが「普通」なのかという素朴な問いに突き当たる。

## 癒しを与える存在としての異常者たち

一九四四年にブローウエイで幕を開け、大ヒットを遂げたのち、一九五〇年にジェイムズ・スチュアート主演で映画化もされたコメディー『ハーヴィー』の主人公エルウッドは、困難に果敢に立ち向かうアメリカンヒーローといったイメージとはおよそかけ離れた存在として、人々に「真の幸福とは何か」という問いを突きつけた。強いアメリカの専売特許ともいえる正義や勇気ではなく、ただひたすらに穏やかで優しい中年男性エルウッドは、戦時下のアメリカのみならず、時代を超え国境を越えて今もなお世界中で愛されるキャラクターである。

他の人には見えない二メートル近くもあるウサギのハーヴィーを親友に持ち日常を生きるエルウッドを「精神異常者」として家の恥と感じ、療養所に閉じ込めようとする姉ヴィータ、その要望を聴きながら患者を取り違えて姉のほうを隔離してしまう若き精神科医サンダースン、部下の失敗が自らの名声に響かないようにと取り繕う病院長チャムリーらがそれぞれの目的に向かってドタバタ劇を繰り広げる中、エルウッドは終始心穏やかに紳士的に振舞う。劇の始めと終わりでエルウッドには少しの変化もない。むしろ、世界的に著名な精神分析医であるチャムリー院長や姉のヴィータのほうが、幕切れでハーヴィーの存在を受け入れ、現実のしがらみや世間体から解放されて生きるという魅力的な人生の選択肢を見出すのである。

アイルランドからの移民二世としてコロラド州デンバーの労働者階級の家に育った作者メアリー・チェイス（一九〇六―一九八一）は、この作品を書いた当時、三人の息子の子育て中であったが、毎朝、子供たちを見送る際に見かけていた近所の婦人が海軍航空隊所属の息子を亡くしたことを人づてに聞き、どうしたら彼女の心を慰めることが出来るかと思案していたという。するとある朝、精神科医と大きな白いウサギというイメージが浮かび、それらをモチーフに『ハーヴィー』を書き上げた。何も強く主張しない、人と一切争わないエルウッドという人物が構築された背景に、第二次世界大戦、戦死、傷ついた心の癒しという要素が色濃くあったのである。

巨大なウサギが見えること以外にもエルウッドには特異な行動パターンがある。それは、相手がどんな人であろうと分け隔てなく最大限の親しみをこめた対応をすることである。精神科の看護師、守衛、病院長夫人、運転手など、誰に対しても名刺を渡し、食事に誘う。

エルウッドの行き過ぎたホスピタリティーを異常ゆえの行動として問題視していた姉のヴィータは、療養所までのタクシー料金を請求に来た運転手の何気ないひと言で突然、考えを変え、エルウッドに対する治療の中止を決断する。

運転手　来るときは、客はゆっくり座ってドライブを楽しむんだ。あっしに話しかけてきたりして。時には車を止めて夕陽なんか眺めたり……鳥が飛んでるところを見たり。時々なんか鳥がいなくても飛んでる鳥を見るし、真夜中でも夕陽を眺めちゃうんだ。楽しいよ、チップもはずんでくれるし。でも、帰りは……おお怖い！

ヴィータ　何、それ？「帰りは、おお怖い」って？［中略］

運転手　注射されちゃったらもうダメだね！　あれを打っちゃったらもう普通のつまらないおっさんだ、ご愁傷様だね！（606）

それまで異常なエルウッドを普通に戻すことに必死になっていたヴィータが、「普通のつまらないおっさん」という言葉を聞いた途端、ごく普通であった亡き夫との生活がいかに退屈で苦痛なものであったかを思い出し、エルウッドにはそんなふうになってほしくないと叫ぶ。ここで初めて普通でないエルウッドの存在価値に気づくのである。

## 普通への反逆という選択肢

幕切れでエルウッドはチャムリー院長に対して自分に対する評価を気にしているという思いを吐露する。それは、社会や自分の家族からの評価ではなく、見えないウサギ、ハーヴィーの家族からの評価である。

エルウッド　先生、ぼくは何年も前からうちの家族がハーヴィーのことをどう思っているかは知っていました。ただ、時々思うんですが、ハーヴィーの家族はぼくのことをどう思うでしょうか。(607)

このエルウッドの台詞には、自分をはじめとする人間の在り様は今のままで良いのだろうか、資本主義や科学万能主義に走りがちなわたしたち人間を、ウサギのハーヴィーの家族が見たらなんというだろうという作者からの問いが込められている。

酒好きで気の向くままにハーヴィーと楽しい時間を過ごすという利己的な世界に住むように見受けられたエルウッドであったが、劇の後半で病院長からなぜそのような生き方をしているのかと問われると、子供の頃に母親から言われた言葉がきっかけであったと吐露する。

エルウッド　(彼のそばへ行って)先生、ぼくの母はねえ、ぼくが小さい頃よくこう言って聞かせました。「エルウッド、この世の中で生きていくためには『とっても賢い人 (Oh, so smart!)』になるか『とっても優しい人 (Oh, so pleasant!)』になるかどっちかになさい」って。ぼくは長い間、賢い人を試してきました。今は優

しい人のほうがいいですね。(603)

つまり、一見無責任に見える彼の生き方は、自らの選択と意思にもとづくものであったことがわかる。一九三九年にジュディー・ガーランド主演により映画化され大ヒットを遂げた『オズの魔法使い』(原作 ライマン・F・ボーム 一九〇〇年)では、カカシが脳みそ(賢さ)を、ブリキの木こりが心(優しさ)を欲しがった。また、気の弱いライオンは勇気を欲しがった。賢さと優しさと勇気をバランスよく兼ね備えることは、人間の理想の姿である。『ハーヴィー』が初演された当時、戦時下のアメリカでは何よりも「勇気」が重んじられたであろう。そして、勇気あるライオンの役割は時の大統領が担っていた。

ローズヴェルトは、問題に柔軟に対処して具体的な解決策を探るという政治姿勢から、狡猾な政治家(きつね)にたとえられることもあるが、大不況と世界大戦を乗り切り、アメリカを超大国にし、戦後の世界秩序を構築した偉大な政治家(ライオン)とも讃えられている。(猿谷 一四五)

作者チェイスは、アメリカが世界にその強さをライオンのように誇示する役割を担っていた時代にあって敢えて勇猛果敢な勇気ではなく、誰とでも先入観なく接するといった性質の勇気、賢さではなく気持ちの良さを選ぶ勇気をエルウッドに付与したのであろう。

『ハーヴィー』のエルウッドにしろ、『毒薬と老嬢』の登場人物たちにしろ、コメディーの主軸をなすべき人々を作者が敢えて精神異常者として登場させている理由はそこにあるかもしれない。すなわち、時代が要請したライオン的勇気を誇示して賢く立ち回ることに敢えて抵抗を示した結果が、一般社会の歯車には組み込まれない異常な人々という形になったのだ。

狂暴なジョナサンは別として、これらの異常な人々はみな優しい。まだ世の中の醜い面やずるい部分を知る前の、まるで幼稚園の良い子のように純真無垢である。また、どちらの家もあくせく働かずとも先祖の残した財産で十分暮らしていける金持ちであることにも注目したい。『毒薬』では、「おじいちゃんとかいう人が薬屋のようなことをやってだいぶ儲けた」らしいし、『ハーヴィー』では近隣の社交グループを創設したエルウッドの母親が働かなくても一生暮らせる財産を残している。つまり、この両家の資産は遠い先祖というよりは一、二代前に築かれたものである。これをアメリカという国に置き換えてみよう。国としての歴史は浅く、伝統という意味においてはヨーロッパの足元にもおよばないが、運良く繁栄を手に入れた変わり種(freak)の国アメリカが進むべき道はふたつあった。ひとつは、手に入れた富をさらに増やすべく情に流されず賢く立ち回る道、もうひとつは、世界から変わり種扱いされながらもお人好しのように微笑んで、富をひとり占めすることなく、みんなで分かち合う道。後者には、理想的で純粋な信仰の実践を求めて未知の大陸に渡った祖先の心意気がある。

だが、アメリカは前者の道を選び、ますます勝ち組の道を突き進んできた。『毒薬』や『ハーヴィー』にもそういった勝ち組のインテリとされる人物であるモーティマーやチャムリーらが登場するが、彼らはドタバタ劇の狂言回しの役目を担わされている。作者らは、むしろブルースター姉妹やエルウッドのようなお人好しの変わり種を愛情こめて描くことで、他人に親切にするとか、楽しいことをして時間を過ごすといった、ごく当たり前のことを「普通」と言われる人々のうちどれほどの人が実践できているだろうかという問いを観客に投げかけた。

舞台版の幕切れでは、一時行方不明になっていたハーヴィーがエルウッドのもとに戻り、二人が腕を組んで帰ると、チャムリー院長は引き留めるようにハーヴィーに向かって両手を差し出す。チャムリー院長はまたもとの精神科医に戻り、ハーヴィーの幻覚は見えなくなるが、一度ハーヴィーが見えた院長のその後の生き方には明らかな変化があるであろうことが示唆される。姉のヴィータも普通でない弟とハーヴィーとともに暮らしていくことを強く決意する。

ヴィータ　（中央手前へ来て）ハーヴィーがいたっていいじゃありませんか！　エルウッドとマートル・メイとわたしがハーヴィーと暮らしたいって言えば、判事さんには止める権利はないはずです！　もう家に来ていただかなくても結構。(606)

## アメリカ的博愛精神の実現

性別や社会における階級の差異を超越したエルウッドの平等な対応は、本来、民主主義が旨とするところであるはずだが、エルウッドの徹底した博愛精神を目の当たりにした観客は、それを奇異に感じ、笑ってしまうのである。また、エルウッド以外の登場人物たちは、それを普通でない異常な行動として受け止める。

トマス・ジェファソンによるアメリカの独立宣言では、アメリカ人は生存と自由と幸福追求の権利を有するとされている。

われわれは自明の真理として、すべての人は平等に造られ、造物主によって、一定の奪いがたい天賦の諸権利を付与され、その中に生命、自由および幸福の追求のふくまれることを信ずる。（二三二）

エルウッドはまさにジェファソンの建国の理念のとおり、すべての人と平等に接する。自分を精神病院に入れて自由を奪おうとした姉の行為さえ、それは姉の自由の行使であるとして怒ることなく受け入れるのである。アメリカ人なら誰もが知っている建国の精神、自由と幸福の追求に関する理念がエルウッドによって実現されているというのに、なぜかそれが滑稽に見えてしまい、普通でない人の異常な行動と捉えられてしまう。この理想と現実のねじれ現象に気づくとき、観客は、笑いの根源にある作者からの時代への鋭いメッセージを読み取るのである。

二〇一七年、アメリカ合衆国大統領に就任したトランプ氏に対し、「空想上の友達」がいるとして、映画『ハーヴィー』のポスターを模したかのような、壁に写し出された友達の影と並ぶトランプ氏の写真がウエブニュースに掲載された。トランプ氏によれば、友人ジムは、パリが好きで毎年家族とともに訪れていたが、近年はテロの危険があるので行かなくなったと言っているそうだ。ジム曰く、「パリはもはや昔のパリではない」と。『ニューヨーカー誌』は、ジムと呼ばれるトランプ氏の友人探しに本格的に乗り出した。そのような形でアメリカ人の脳裏に名作『ハーヴィー』が蘇ることは残念であるが、これに関連したトランプ氏の言葉に注目したい。

彼はもうそこへ行くことなど考えもしていません。皆さん、世界で起こっていることに目を向けてください。わたしたちは賢く(smart)ならなければいけません。あんなことがわたしたちに起こってはいけないのです。

トランプ大統領は、エルウッドが捨てたほうの選択肢、賢くなることを国民に促している。『ハーヴィー』初演から七〇年以上を経た今日ふたたび、賢い人と呼ばれることを選ぶか、優しい人と呼ばれることを選ぶかという課題は、アメリカ人が真剣に考えるべき課題となってる。

## アメリカ社会の縮図としての『毒薬と老嬢』

ホスピタリティーという点においては、『毒薬と老嬢』のアビイとマーサもエルウッドに勝るとも劣らない。二人の家の居間には、地元の警官たち、となりの教会の牧師らが日々集い、彼女らの手作りのお菓子やお茶を楽しむ。さまざまな人が集うブルースター家の居間をアメリカ社会の縮図と見ることが出来る。

彼女らの三人の甥は、自分をテオドア・ルーズベルト大統領だと思っているテディ、ブロードウエイの劇評家モーティマー、若いころに家を出た狂暴な犯罪者ジョナサンである。混乱収拾のため、モーティマーが電話をかけ続けるのは判事や療養所の所長であり、何年ぶりかで帰宅したジョナサンは偽医者を伴っている。つまり、舞台上には、政治、文化、警察、宗教、法律、犯罪、医療、福祉の関係者が登場するのである。しかし、どの人物もその分野を代表するやり手とは言い難く、それぞれに不完全でいい加減である。

モーティマーは有名な劇評家であるが、自分の身にふりかかる危険に気づく洞察力に欠け、ジョナサンの相棒である偽医者アインシュタインから逃げるよう忠告されても従おうとしない。

アインシュタイン　［中略］忠告してるんだ。ジョニーは普通じゃない。やつがああなると手に負えない。何をしでかすかわからないんだ。
モーティマー　ぼくなら大丈夫。［中略］
アインシュタイン　あんた芝居の評論家だっていうけど、芝居に出て来る連中は、あんたよりもう少しはここ［頭］がましだ。(499)

さらに、劇の終盤で訪れるルーニー警部は、目の前にいるお尋ね者のジョナサンの「地下室に十二の遺体がある」という言葉を狂人のたわごととやり過ごしてしまう。そして、同じくお尋ね者の偽医者アインシュタインを取り逃がすばかりか、医師として書類にサインをしてもらったことに謝辞を述べるという始末である。凶悪なお尋ね者のジョナサンでさえ、愚鈍な警官たちの偶然の積み重ねのうちにあっけなく逮捕されてしまう。

それぞれの分野の専門家がみな期待された力を発揮できない、アメリカ社会の縮図のようなこのコミュニティーにおいて、アビイとマーサだけが、慈善事業との信念のもと、身寄りのない老人を首尾よく安楽死させているのだ。戦時下で国の政策やシステムに対する国民の不信感が増大していた当時、法や社会通念を度外視したやり方で目的を達成するアビイやマーサの実行力に観客は小気味良さを感じたであろう。

ここで興味深いのは、作者が作品発表当時の大統領であったフランクリン・ルーズベルトではなく、ひと世代前のテオドア・ルーズベルト大統領を登場させていることである。軍人やハンター、冒険家としても有名であり、その外交政策は「静かに話し大きな棍棒（ビッグスティック）をかつぐ」、いわゆる「棍棒外交」と呼ばれた。また、幼少期、病弱だった身体を自ら鍛え、強靭な肉体を得たエピソードなど、彼はまさにアメリカンヒーローである。

アメリカ人のプライドであるホスピタリティーと強いリーダーシップを実践する人物がみな精神異常者であり、常識人のモーティマーの困惑をよそに自分たちのやり方で自由に振る舞う姿は、当時のアメリカ社会が抱えていた戦時下のストレスを発散させるのにひと役買ったことと思われる。

フランク・キャプラ監督による映画版では、原作戯曲には書かれていない設定として、時をハロウィーンとしており、映画の冒頭のテロップでは、「これは何が起きてもおかしくないブルックリンのハロウィーンでの出来事である」と解説している。戯曲版のプロデューサーのひとりであったフランク・サリバンは、『ニューヨークタイムズ』紙に寄せた文章の中で、当時の世情について「このようにきわどい (naughty) 世の中」と表現している。そのような日常にあっては、何が狂気で何が正常かという問いは、人々が日々抱いていた問いであった。

アビイとマーサは、身寄りのない孤独な老人を放ってはおけないと自宅に招き入れ、毒入りのエルダーベリーワインを飲ませて安楽死させたあと地下室で手厚く葬る。まるで近所の人々にお茶とお菓子をふるまうかのようなホスピタリティー精神で殺人を行っているのである。しかし、エルウッド同様、誰に対しても寛大なもてなしを惜しまないと思われた彼女たちもキリスト教の宗派ということにだけは拘りを見せる。

子供の頃から狂暴だった甥ジョナサンがスペナルゾという男の死体を地下室に運び入れると、アビイとマーサは非常な抵抗を見せるが、その理由は、スペナルゾという名前からして外国人だからというのだ。彼女たちにしかわからないこの拘りが笑いを巻き起こすのだが、ここにアメリカ的博愛主義の本音と建て前、アメリカン・ホスピタリティーの限界が見て取れる。

アビイ　恐ろしいことだわ、ちゃんとしたメソジストの方を外人と一緒に埋めるなんて。(497)

二〇〇四年に日本の劇団ＮＬＴによる公演の際に演出を担当したアメリカ人のグレッグ・デイル氏は、この台詞の後半部分を「プロテスタントとカトリックを一緒に埋めるなんて」と変更した。スペナルゾという名前から彼がイタリア人であることが推測され、イタリア人にカトリック教徒が多いということはアメリカ人にとっての常識である。プロテスタントとカトリックを一緒に埋葬するということが、有り得ない暴挙であることをデイル氏は肌で知っており、それを日本の観客に分かり易く伝えようとしたための変更であった。残念ながらその「有り得ない暴挙」という感覚をわれわれ日本人は共有することが出来ない。原作では続くマーサの台詞に、「うちの地下室を汚す(desecrated)ことは許しません！」とある。病気の人にスープを届け、近所の子供を映画に連れて行くなど、近隣の人々への気配りに溢れる老姉妹には「汚す」というのは似つかわしくない厳しい表現である。しかし、プロテスタント教徒によって建国されたアメリカにおいて、プロテスタントとカトリックを一緒にすることは、慈悲心あふれる老姉妹をもってしても越えがたい壁であったのだ。

一九六〇年、ケネディが初めてのカトリック教徒の大統領となり、アメリカ人のホスピタリティーの限界が少し広げられたかに思われた。しかし、その後、南部での人種差別問題が激化して国民の間に自分とは違う人々に対する憎悪の感情が生まれた。さらに、その苦い経験を経て表向きアメリカの人種問題は収束したかに思われたが、今日ふたたび排外主義、人種差別、宗教問題がアメリカに深刻な影を投げかけている。

限りなく慈愛に満ちたアビイとマーサが見せた外国人に対する他愛ない偏見は、アメリカ人が克服すべき課題として今もなお残り続けている。

## 怪物がもたらすエネルギー

戦時下に書かれたこれら二作品には、それぞれ違ったタイプの怪物が描かれている。ひとつは自然の摂理に反して人間のエゴが生み出した怪物であり、もうひとつは自然霊としてのエネルギーを発する怪物である。精神異常、怪物といった要素が同時期に発表された作品に盛り込まれていることに注目して、時代からのメッセージを読み取りたい。

顔をボリス・カーロフ（映画『フランケンシュタイン』主演俳優　一九三一年）そっくりに整形されたジョナサンは、凶悪殺人犯として指名手配され、警棒で打ちのめされ、法によって裁かれる怪物である。

メアリー・シェリー原作の小説『フランケンシュタイン』（一八一八）に登場する怪物は、若き科学者ヴィクター・フランケンシュタインが野望に燃えて創ってしまった人造人間であった。完成した直後にあまりの醜さに驚いたヴィクターが遺棄してしまったため、出来上がった怪物は創造主に見捨てられた孤児として世界をさまよい、その醜さゆえに愛も友情も得ることができず、次第に狂暴になっていく。ジョナサンの顔に整形手術を施した偽医者の名前はアインシュタインである。一九二一年にノーベル物理学賞を受賞したアルバート・アインシュタインは、ウランの持つエネルギーの可能性について、フランクリン・ルーズベルト大統領に手紙で説明したことから、原子爆弾の開発者という誤解も招いた。彼の名前を『毒薬』の作者が一九四一年、広島、長崎への原爆投下以前に胡散臭い偽医者の名前として使用していることは非常に興味深い。

自然界に存在するエネルギーを人間が抽出、増殖させ、国家や企業のエゴで人間の手に負えない巨大な怪物を創り出してしまう危険性を知っている後世のわれわれからすると、作者ケッセルリングの創ったジョナサンとアインシュタインのコンビは次世代に警鐘を鳴らす重要な存在と見ることが出来る。
一方、巨大なウサギのハーヴィーは、ケルトの神話に出てくる自然霊「プーカ」であるとエルウッドが説明する。病院の職員ウィルソンはその言葉を辞書で調べる。

ウィルソン　［中略］プーカ。動物の形をした空想上の存在。非常に大きい。あらゆる場所、あらゆる時、あらゆる人の前に姿を現し、いたずらをする［中略］（589）

映画版『毒薬と老嬢』のキャプラ監督が設定したハロウィーンは、アイルランドの一部の地域では「プーカの夜(pooky night)」と呼ばれているという。モーティマーが台所へ行くと、窓のところにカボチャのお面をかぶった近所の子供たちが押し寄せ、お菓子をねだるシーンがあり、叔母たちの殺人を知った直後のモーティマーや観客の目には一瞬恐ろしい怪物のように映る。
フランスの哲学者ミッシェル・フーコーは、一九七五年にコレージュ・ド・フランスで行った講義の中で異常な人間を「怪物的人間」と呼び、「怪物は、自らを自動的に法の外に置くような一つの違反である」と定義づけている。ここでフーコーの言う法とは、社会における法律だけではなく、自然の掟も含む。

怪物は、暴力や、純然たる廃除の意志や、もしくは、医学的治療や哀れみを引き起こすでしょう。しかし、そうした反応は、法にもとづくものではありません。すなわち、怪物の存在は法に対する攻撃を示しているにもかかわらず、その攻撃に対して反応するのは法そのものではないということです。（六二）

『毒薬』のテディは独自の時間空間の概念の中に生きてテオドア・ルーズベルト大統領の伝記の時間軸を自由に行ったり来たりする。彼にとっては自宅の地下室が工事中のパナマ運河である。異常者という枠組みにいるテディに法的な措置が介入してくるのは、療養所への入所手続き書類に判事や医師、テディ本人が署名するときだけであるが、その書類すらテディは本名でなくルーズベルト大統領として署名してしまう。つまり、彼は時間空間の法則のみならず、社会の秩序を守る法にも縛られない怪物的存在として描かれているのである。

一方、ウサギのハーヴィーは、時間を止めて人を好きなところへ連れて行ってくれる能力を持つ。テディ同様、時間空間の概念に縛られていない。そのような能力を持つハーヴィーにチャムリー院長が連れて行ってもらいたい所は、オハイオ州のアクロンという町である。チャムリー院長の描写によると、そこは樫の木陰でくつろげる理想の場所である。しかし、アクロンは「世界のゴムの都」として栄え、とくにタイヤ産業で第二次世界大戦前後に隆盛を誇った町でもある。また、アクロンは一九三五年に全米で初めて「匿名アルコール中毒者の会」(Alcoholics Anonymous) が設立された町である。せっかくハーヴィーの力でどこへでも好きな所に行かれるにしては、アクロンでおとなしい女性を相手にビールを飲みたいというチャムリー院長の夢はささやか過ぎ、その夢を聞いたエルウッドも当惑気味である。この場面は、日頃、社会通念と法の束縛の中に生きる普通の男チャムリー院長の創造力の貧困さを物語っている。

戦争中は、人を殺せば法により罰せられるという当たり前のルールが一時的に無視される。むしろ、敵兵を殺せば名誉ある軍功として讃えられさえする。つまり、戦争はすべての国民を法の外に置き、怪物化させるのである。そのような時代にあって、法やルールのまったく通用しない怪物的人間やプーカが登場する二作品に触れた観客は、それらの存在の非日常性に当惑するとともに、逆転の発想のもとに置かれている自らの現実を見る新たな視点を提供される。

真のホスピタリティーとは何か、本当に人間らしい生き方とはどういうものか、ひいては真の幸福とは何かという問いを、非日常的な怪物のエネルギーを用いて観客に提示した二作のコメディーは、万人が自由で幸福に生きる権利を有するという建国の理念を覆す戦争に加えてテロという新たな事象に日々直面するアメリカ人に対しても同じ問いを投げかけている。

文学や演劇は、怪物的エネルギーを自由に発散して、日常において近視眼的になりがちな人々に新たな視点や多様な価値観を尊重する寛容さをもたらす役割を担うものであることを、これら二作の分析を通して改めて痛感した。

### 参考文献


猿谷要編『アメリカ史重要人物一〇一』新書館、一九九七年。

ジェファソン・トマス『世界の名著三三』中央公論社、一九七〇年。

『ドストエフスキイ後期短編集』米川正夫訳、福武文庫、一九八七年。

フーコー、ミッシェル『異常者たち』慎改康之訳、筑摩書房、二〇〇二年。

Chase, Mary. *Harvey. Best American Plays 1918–1958 Supplementary Volume.* Ed. John Gassner. New York: Crown Publishers Inc., 1961.

Kesselring, Joseph. *Arsenic and Old Lace. Best Plays of the Modern American Theatre.* Ed. John Gassner. New York: Crown Publishers Inc.,1947.

Hughes, William. "Trump Might Have Imaginary Friend Named Jim". AVNews.
news.avclub.com
<https://news.avclub.com/>, July 17, 2017.
https://news.avclub.com/trump-might-have-an-imaginary-friend-named-jim-798264105.

Sorotick, Marsha. "Mary Chase: The Woman Behind Harvey". *Irish America*.
Irish America. Com
<http://irishamerica.com>, October/November, 2016.
http://irishamerica.com/2016/10/mary-chase-the-woman-behind-harvey.

Collins, Lauren. "Who is Trump's Friend Jim?" *The New Yorker*.
New Yorker. Com
<https://www.newyorker.com>, March 13, 2017.
https://www.newyorker.com/magazine/2017/03/13/who-is-trumps-friend-jim

『毒薬と老嬢』 劇団ＮＬＴ公演パンフレット、二〇〇四年。

『ハーヴィーからの贈り物』 劇団ＮＬＴ公演パンフレット、二〇〇六年。

# 第九章
# 明白なる薄命
## ――ウラジーミル・ナボコフの『プニン』におけるハッピーエンドの追求

後藤　篤

### ナボコフとアメリカの夢

ウラジーミル・ナボコフの代表作である『ロリータ』は、当初その性的主題を理由にニューヨークの大手出版社から敬遠され、紆余曲折の末にポルノハウスとして悪名高きパリのオリンピア・プレスから一九五五年に刊行された。その後、一九五八年になってようやく本国で陽の目を見たこの問題作が、G・P・パトナムズ・サンズ社から正式に刊行されるやいなや合衆国史上稀に見るメガヒットを記録したことはつとに知られる。[1]

もちろん、ここに至るまでの道のりは決して平坦ではなかった。ロシア革命を逃れて一九一九年にクリミア経由でロンドンに向かったナボコフが、ケンブリッジ大学トリニティ・カレッジを卒業した一九二二年にベルリンに移り住み、一九三〇年代後半のパリでの赤貧の日々をくぐり抜けたのち妻子を連れてニューヨークの地を踏んだのは一九四〇年のこと。作品執筆のための主要言語を母国語であるロシア語から英語に転換する契機ともなったこの渡米から約二〇年後、大西洋の両岸で賛否両論を巻き起こした中年男性のよこしまな少女愛の物語が瞬く間に全米べストセラーリストの頂点を極めたそのとき、今や還暦を目前に控えた亡命作家は満を持してアメリカの夢を掴み取ったのである。

かくして巨万の富と国際的な名声を手に入れたナボコフは、一九六〇年頃を境に生活の拠点を再びヨーロッパに移し、晩年はスイスのリゾート地で創作に明け暮れる悠々自適な余生を送った。「終の棲家となったモントルーにて、パレス・ホテルの最上階にある桟敷席から世俗の障害物を越えて湖の彼方に沈む夕日を眺めることができたとき、そこが彼にとって幼少期を過ごしたヴィラの領地以来のどこよりも好ましくお似合いの住まいとなりえたことは確かである」とは、ドイツ作家W・G・ゼーバルトが書き残したナボコフに関する短い覚書の一節である(153)。その静謐な空間に迎え入れたインタビュアーを前に合衆国を褒め称える日が来るなど、一部の批評家にのみ知られるほぼ無名の作家として細々と文筆業を続けるかたわら、糊口をしのぐためにスタンフォードやウェルズリー、コーネル、ハーヴァードといったアメリカの大学の教壇に立ち続けていた頃の彼にはよもや想像もつかなかったに違いない。「アメリカでは他のどの国にいたときよりも幸福です。アメリカこそ、私の最もよい読者たち、私とよく似た考えを持つ人々がいる場所なのです。私はアメリカでは知的に寛ぐことができます。本当に言葉どおりの意味で、第二の故郷なのです」(Nabokov 1990: 10)。

亡命の悲惨の果てに訪れた栄光。このようにナボコフの生涯を一種のサクセスストーリーのごとく思い描く読者であれば、『ロリータ』の二つの出版に挟まれる形で一九五七年に上梓された『プニン』のうちに作者の実人生の戯画を容易に見透かすだろう。

一八九八年に帝政ロシアの首都サンクト・ペテルブルグに生まれたティモフェイ・プニンは、革命後の動乱のさなかに国外脱出を図り、プラハ大学で学位を取得した一九二四年からパリで暮らし始めた。ナボコフ一家と同じく一九四〇年にニューヨークに降り立った当時は「フェニモア・クーパーとエドガー・ポー、エジソン、そして三十一人の大統領の言語」たる英語の知識が皆無に等しかったとされるこの主人公は、ウェインデル・カレッジなる東部の大学で第二次世界大戦が終結した年よりロシア語やロシア文学の教鞭を執りながら、「トルーマンの再選時までにはほとんどの話題を扱えるようになっていた」とはいうもの、アイゼンハワー政権下の物語現在においてもなお、文法や発音間違いに溢れたその奇矯な言葉遣いのせいで周囲の大学人たちの間で密かに物笑いの種となっている(14)。「アメリカの大学界にまつわる緻密で忘れ難い描写」(Boyd 273) を読者に差し出す本作に、ナボコフ自身の合衆国での教師経験——とりわけ、コーネル在職時に見聞きしたアメリカのアカデミズムをめぐる印象——が色濃く影を落としている様子を認める声は決して少なくない。[2]

本稿では、このように新天地での成功を願いながらも絶えず不条理な運命に翻弄される亡命ロシア人教師の姿をコミカルな筆致で描き出す『プニン』を、冷戦初期アメリカの夢と悪夢が織りなすシリアスなドラマとして読み直す。それはとりもなおさず、大学小説《アカデミック・ノヴェル》としての自意識を誇示する本作の胡乱な語り手の言葉を手がかりに、ナボコフの「第二の故郷」が一九五〇年代にいかなるハッピーエンドを欲望していたのか、その物語論的想像力の政治学を見つめ直す作業に他ならない。

## 亡命ロシア人教師の憂鬱

かつて『プニン』を出版直後に書評したキングズリー・エイミス (Kingsley Amis) は、戦後アメリカの風物詩たる高等教育機関の文化的風景を洒落のめした点に本作の妙味を見出した (Page 111)。次に引く第六章冒頭の一節は、そうした風俗小説的趣向の好例と呼べる箇所である。

> 一九五四年の秋学期が始まった。またもや、人文学ホールの玄関に置かれた地味な大理石のヴィーナス像の首元に、キスマークを模した朱色の痕が付けられた。またもや、ウェインデル便りは駐車問題を論じた。またもや、図書館の蔵書の余白に真面目な新入生が「自然描写」や「アイロニー」といった役に立つ注釈を書き込んだ。洒脱な装丁のマラルメ詩集には、とりわけ有能な注釈者がすでにoiseauxという難解な単語に紫色のペンで下線を引き、その上に「鳥」と走り書きしていた。(137)

エレイン・ショーウォーターによれば、大学教師を主人公に据えた小説には時間割や学期、学年を基本単位とする「様々な学事歴や長期休暇、式典に則して組織・区分された大学時間」が必然的に流れているという (9)。そうした年度の移り変わりとともに反復される大学というトポス特有の時間感覚が、ここでは「またもや (again)」の一語を意識的に繰り返す技巧的な文体によってテクスト上に再現されているのである。

さて、かく言うエイミスの『ラッキー・ジム』(*Lucky Jim*, 1952) に始まる戦後イギリス小説の伝統を担うデイヴィッド・ロッジも指摘するとおり (xiii)、牧歌的な地方大学の小さな世界《スモール・ワールド》を舞台に繰り広げられる不運《アンラッキー》なプニンの物語がメアリー・マッカーシーの『鬱蒼たる学府』[3]と同じ時代を呼吸していたことはまず間違いない。そこで注目すべきは、文学教師ヘンリー・マルケイヒーの解雇騒動の顛末を描いた『鬱蒼たる学府』の物語が戦後アメリカ社会を席巻した共産主義者に対する思想弾圧を背景に展開していたように、『プニン』の行間にもまた、もう一人のマッカーシーが主導した赤狩りの嵐が吹き荒れているということだ (Naiman 76-81)。

この視座から先に挙げた第六章からの引用を振り返るとき、冒頭に打ち込まれた年号に傍線を引き、スミス法 (一九四〇) と国内治安法 (一九五〇) に続いて一九五四年に制定された共産主義者統制法という注釈をその脇に走り書きすることも許されるだろう。というのも、まさにこの年、プニンは「ロシアにまつわる事物に対する興味をそごうとするアメリカの政治的傾向」(169) を引き合いに、彼が所属するドイツ文学科の主任教授ハーマン・ハーゲンから思わぬ退職勧告を言い渡されることになるからだ。ハーゲンが別の大学に移籍することが決定し、ひいては学内におけるプニンの後ろ盾が無くなってしまうというのが直接的な原因であったわけだが、それは学期ごとに下宿を転々とする不安定な生活を長年送っていたこの主人公が念願の持ち家を手に入れるチャンスを掴みかけていたときのこと。良き理解者と信じていた人物による不意打ちは、喜色満面にホームパーティーを開いたプニンの心を打ち砕くのに十分な威力であった。

こうした作品の社会的背景に注目した英国のペンギン社は、一九六〇年代末に『プニン』のペーパーバック版を再刊するにあたり、ナボコフが作中でも明示的に言及される上院議員 (155) を敵視していたという趣旨を持つ惹句の掲載を検討した。ところが、それを知って激怒した作家から当該箇所の削除を求める手紙が即座に届き、その試みは敢無く頓挫する運びとなった (Nabokov 1989c: 436-37)。かくも執拗に自作の政治性を否認するナボコフの身振りは、いわゆる「芸術のための芸術」を志向する審美主義者のごとき言動とともに広く知られるところであろう。だが、そんな作者の強硬な意見とは裏腹に、第一章でプニンが準備する講演が「ロシア人は共産主義者か?」(16) と題されていたことには、在米のロシア出身者が無差別に敵性外国人のレッテルを貼られかねない時代の不安が滲み出ていたのではなかったか (Rampton 136)。

『鬱蒼たる学府』との綿密な比較分析を試みたエリック・ナイマンがいみじくも指摘するように、『プニン』においては「国際政治と国内政治が大学政治に置き換えられてしまっている」(75)。いわばプニンのアカデミックな薄命には、マッカーシズムを横目にこの物語を書き進めていたであろう、実在するもう一人の亡命ロシア人教師の憂鬱が如実に表されているのである。

## 意地悪な語り手

ところで、『プニン』において作者と分身関係を結ぶ登場人物は、「喜劇的で、外見的には魅力のない――お望みなら、グロテスクと呼んでもいい――一人の人物」(Nabokov 1989c: 178) として構想された、ユダヤ系文学で言うところのシュレミールを思わせる主人公に限るわけではない。というのも、結末でプニンと入れ違いにウェインデルに着任することになる語り手もまた、「有名な英国系ロシア人の作家」(140) と呼ばれていることからして、明らかに作者ナボコフのオルターエゴとして造形されているからだ。[4]

小説の序盤から折に触れて自身の存在を読者に向けてアピールしつつ、物語が進むなかで次第に存在感を増していく『プニン』の語り手は、最終章（第七章）ではついに物語の前景に立ち、自らの立場についていささか弁解めいた口調で語り始める。プニンと彼とはロシアで過ごした子どもの頃からの知り合いであり、互いにパリで亡命生活を送っていた時期にもしばしば顔を合わせていた。その当時、プニンの元妻リーザからは、彼女の結婚前に恋心を打ち明けられたことがあった。ウェインデルでのプニンの様子は同僚たちの間でもはや伝説と化しており、英文科教授ジャック・コッカレルが悪趣味な物真似をまじえて語る種々多様なエピソードを嫌というほど聞かされたのだ、云々（174–91）。

このような具合に物語の裏話が次々と明らかとなるなか、ここに来て読者はようやく、いわゆる全知の語り手のように振る舞っていた存在がプニンと同じく登場人物の一人であったという物語事実に確信を抱き始める。近年の論考でナラトロジーの観点からプニンと語り手の関係性を再考した若島正も述べるように、この語りのトリックこそ『プニン』が「三人称に偽装した一人称小説」と呼ばれる所以である（一五八）。プニン本人からは何でもでっちあげてしまう「とんでもない嘘吐き」（185）と罵倒されるこの信用の置けない語り手の語りの真偽をめぐる問題は、これまでに本作に詳細な注解を施したゲナージー・バラブタルロをはじめとする数多のナボコフ研究者の関心を集めてきた。

そうした先行研究の議論を念頭に置きつつ、ここでは『プニン』の語り手が主人公の災難を事あるごとに――あたかも、それが彼の語りの使命であるかのように――抱腹絶倒の笑劇《ファルス》に仕立て上げようとしているという点に注目しよう。例えば、先に触れた講演を行うべく地方に出掛けたプニンが列車を乗り間違えたことから右往左往する様子をスラップスティック風に描いた第一章を締めくくるにあたり、語り手は次のように切り出す。

世の中には、私もその一人であるが、ハッピーエンドが大嫌いだという人がいる。担がれたような気分になるからだ。危害が基準なのだ。運命はアドリブなどしてはならない。縮み上がった村落の数フィート手前で雪崩がその動きを止めたならば、そんな振る舞いは不自然であるばかりか道義に反するものでもある。もし私がこの温和な老人に関する物語の読み手であり書き手でなければ、クレモーナに着いた途端に講演が今週ではなく

来週の金曜日であったことが判明するといったような展開を心待ちにすることだろう。(25–26)

こう述べた直後、プニンが目的地に無事に到着し、しかも晩餐にまで間に合ったのだと何やら悔しそうに述べるこの底意地の悪い語り手の言葉のうちには、まずもって読者の共感を誘うべく作中人物を苦境に立たせようとする作者の意図を読み取るのが妥当かもしれない。当初ナボコフは度重なるトラブルの果てにプニンが病死するという救いようもなく不幸な結末を計画しており、小説のタイトルも初期段階の構想では「私の可哀そうなプニン (My Poor Pnin)」と付けられていた (Nabokov 1989c: 143)。

『プニン』発表当時の反響を鑑みるに、こうした作者の目論見は大成功を収めたと言ってよい。作品の部分的な原型となった複数の短編が一九五三年から五五年にかけて雑誌『ニューヨーカー』に採用・掲載された時から読者の好評を勝ち得た本作は、ダブルデー社から単行本化された際にはその年の全米図書賞にノミネートされ、最終候補にまで残るという奮闘を見せた。『セバスチャン・ナイトの真実の生涯』(*The Real Life of Sebastian Knight*, 1941) や『ベンドシニスター』(*Bend Sinister*, 1947) といったナボコフがそれまでに合衆国で発表していた小説二作がいずれも鳴かず飛ばずであったことに比べれば、発売まもなく重版出来が叫ばれた『プニン』の売れ行きはまさに快挙と呼ぶに相応しい (Boyd 307)。[5]

では、退職を勧められる直前のプニンがハーゲンを前に「専制政治や拷問、ニコライ一世といった、現代の暴虐のあらゆる前触れ」(168) を扱う連続講義のアイデアについて熱を込めて語っていたことを念頭に置いたとき、このように『プニン』の語り手を特徴づける他人の不幸を悦ぶ心性《シャーデンフロイデ》にはいかなる意味を見出すことができるのか。

## 灰の記憶

この問いの答を導くための補助線として、まずは『プニン』に遍在するリスのイメージを取り上げよう。英語の squirrel が語源的に「影」を含意することは作中でも触れられているが (88)、プニンの行く先々にまさしく影のごとく付きまとうこの齧歯類の姿は、特にチャールズ・ニコルが一九七〇年代初頭に詳細な検討を加えて以降、先行研究においては本作の主題的なパターンを形成する重要な要素の一つと見なすのが通説だ。例えば先に触れたホームパーティーの場面では、リーザが再婚相手のエリック・ウィンドとのあいだにもうけた一人息子であり、プニンを実の父親のように慕うヴィクターからプニンに贈られた色鮮やかなガラス鉢が一同の話題に上った途端、不意にリスがテクスト上に姿を現す。

> マーガレット・セアーに鉢を褒める番が巡ってきた。子どもの頃、彼女はシンデレラのガラスの靴がちょうどこんなふうに緑がかった青色なのだと想像していた。そんな話を聞いて、プニン教授はこう述べた。まずですね、外見だけでなく中身についてはいかがでしょうか。それと次に、サンドリヨンの靴はガラス製ではなくて、ロシアのリスの毛皮でできていた——フランス語でいう vair ですな。それは彼によると適語生存の分かりやすい例であり、リスの毛皮《vair》よりもガラス《verre》の方がイメージを喚起しやすいのだとか［……］。(158)

ここでシャルル・ペロー (Charles Perrault) 版灰かぶり《シンデレラ》物語における有名な誤訳の問題へと巧みに接続されたリスのイメージ[6]は、プニンがひた隠しにする灰をめぐるトラウマと分かち難く結び付いている。というのも、「大虐殺や完全なる焼却、火葬、香から残ることなしに残るもの」(Derrida 25) たる逆説的な形象である灰は、『プニン』においては主人公の若き日の恋人ミーラ・ベロチキンとの思い出に介在された第二次世界大戦中のユダヤ人の悲劇を象徴するからだ。ブーヘンヴァルドで炎に包まれて最期を迎えたとされるミーラだが、プニンはその真相を知りえない。ゆえに記憶のなかの彼女は、思い出されるたびに「数多の死を迎え、数多の復活を遂げては、幾度も幾度も死を繰り返す」(135) ことで存在と非在との間を往還しながら、あとに残された者たちが試みる喪の作業を絶えず失敗へと導いてやまない。つまり、『プニン』におけるリスのイメージの不気味な反復には、その姓にリスの指小形を意味するロシア語 (belochka) を含むミーラの死が憑在しているのである。

親ユダヤの立場を取り続けたリベラルな政治家を父に持つナボコフは、ユダヤ系亡命ロシア人であった妻ヴェーラ (Véra) と幼い一人息子ドミトリイ (Dmitri) と過ごしたドイツ時代あるいはフランス時代のみならず、ナチスによるパリ占領の前夜にヨーロッパを脱出して以降も、新旧の大陸に蔓延る反ユダヤ主義的な社会風潮を絶えず警戒していた。だが、プニンに取り憑くミーラの思い出を通じて「六百万人ものユダヤ人の死をもたらした集団的破局」を『プニン』のうちに書き込んだ作家は、非業の死を遂げたユダヤの友人・知人のみならず、無き実の弟セルゲイ (Sergei) のことにも思いを巡らせていたはずだ (Shrayer 86)。同性愛者であったセルゲイはベルリンで亡命生活を送るなか英国スパイの容疑を受け、ハンブルグの強制収容所で一九四五年にこの世を去ったのであった。

ウェインデルのキャンパスに赴くプニンの現在と、ブーヘンヴァルドやハンブルグの強制収容所《キャンプス》で「殺害され、忘れられ、恨み晴らさず、潔白で、不滅な旧友たち」(27) の凄惨な過去を繋ぎとめる灰の記憶。[7] 語り手とプニンの出会いの場面に登場するまた別の灰のイメージも、その一部を成す。祖国ロシアで過ごしていた頃のある日、十二歳の語り手は「炭塵の粒」(174) が目に入ってしまったことからペテルブルグで眼科医を営むプニンの父親のもとを訪ね、そこで初めてティモフェイと出会った。いわば『プニン』の物語の原風景たるこの思い出を顧みる語り手は、治療によって取り除かれたはずの異物の行方に思いを馳せる。「あの小さな粒は今どこにあるのだろうか。さして面白くもない無茶苦茶な事実だが、それはどこかに存在しているはずだ」(176、強調原文)。

この語り手の問いかけを第二章の結末近く、久々に再会を果たしたリーザから冷遇を受けたプニンが下宿に戻り、一人涙にむせぶあの場面と結び付けてみよう。そこで帰宅した家主夫人のジョーン・クレメンツは、彼女が買ってきた雑誌を気晴らしにと下宿人に差し出す。プニンがふと目にした広告には、ヤシの木が一本だけ生えている孤島に難破した水夫と彼が助けた船の猫がおり、人魚がそのまわりをうろついている様子が描かれていた。優しいジョーンの説明に耳を貸さず、人魚をめぐる水夫と猫の夢想を各々の頭上に表現した「丸い雲のようなかたまり」が「原子爆弾《アトミック・ボム》の爆発」だと言い張るプニンは、崩れた英語で自らの胸の内を吐露する。「私には何も残されてない《アイ・ハフ・ナッフィン・レフト》、何《ナッフィン》もない、何《ナッフィン》もない！」(59–61)。

実在する新聞や雑誌の記事を自作に埋め込むことを得意としたナボコフのこと、この場面に見られる広告イメージには何かしら具体的な着想源があるのかもしれない。しかし、ここで何よりも肝要なのは、一九五五年の時点から語り手によって再構成されたこの一九五二年の場面においては、一九五四年にビキニ環礁で行われた水爆実験の情景――すなわち、第五福竜丸《ラッキー・ドラゴン》の悲劇――がプニンの内なる悲しみと二重写しとなっているかのように見えるということである。だとすれば、語り手の記憶のなかに潜む「不快な黒い微粒子《アトム》」(176)は、いわば第二次大戦後のアメリカ社会を漂う死の灰をめぐる不安へと姿を変え、米ソ核開発競争が激化しゆくさなかに本作の物語を紡ぐ彼の視界を絶えず横切っていると考えることもできるのではないだろうか。

## ハッピーエンドの冷戦政治学

詐欺師よろしく巧みな弁術でジョスリン・カレッジでの地位を確固たるものとしたマルケイヒーとは異なり、終身在職権《テニュア》の獲得という志半ばにウェインデルを去ったプニン。しかしながら、ナボコフの読者が彼の姿を目にするのは、実はこれが最後ではない。一九六二年に発表された『青白い炎』の主要舞台である、これまた東部に位置する架空の大学であるゴールズワス・カレッジのキャンパスにおいて、プニンは図書館で皮肉な表情を浮かべながらロシア語の書物に目を落とす「アロハシャツ姿の日に焼けた禿げ頭の教授」(282)としてひょっこり姿を現すからだ。『プニン』と『青白い炎』の虚構世界が地続きになっているとすれば、ゴールズワスの教師陣の談話の場面に見られるマッカーシズムやアメリカの原爆に関する言及(266)にもまた、同時代の社会情勢に対するナボコフの関心の高さが窺えるだろう。

ちなみに、ナボコフにおける原爆表象は『プニン』が初めてというわけではない。端的な例として挙げられるのが、『ロリータ』第二部の中盤、二度目の全米旅行に出かけたハンバート・ハンバートとロリータが目にするショーウィンドーの光景である。そこで仕事に精を出す掃除夫の傍に立つ二つの人影は「あたかも爆風か何かの影響をひどく受けたかのよう」で、真っ裸にされて髪や腕を失ったマネキンは性別が不確かとなり、床に置かれた三本の腕のうち二本は「たまたま捩れた形で、手を握る仕草が恐怖や嘆願を示しているように見えた」(226)。ニンフェットがもたらしうる無上の幸福を追い求めるハンバートの物語に不意に顔を覗かせた、シュールリアリスティックな惨劇の図像。ダグラス・アンダーソンに倣ってこの場面を作品と同時代の合衆国で折に触れて行われた核実験の情景の再演として捉えるとすれば(87)、雑誌広告にキノコ雲を幻視してみせたプニンの動揺には、そうした『ロリータ』においてはテクストの水面下に隠されていた核をめぐる政治意識がにわかに浮上した瞬間が示されていたとも考えられる。

周知のとおり、一九五〇年代のアメリカは共産主義の脅威に立ち向かうべく一方では国内の赤狩りを推し進め、もう一方では対ソ連の抑止力として核武装の増強に勤しんだ。それと同時に、核戦争による世界終末の到来を恐れる国民に対して、時の政府は地下シェルターの高機能性を喧伝しつつ、ファミリー・メロドラマを彷彿とさせる予定調和なハッピーエンドを約束するプロパガンダを積極的に流通させていった。「核による破壊とパクス・アメリカーナの繁栄が背中合わせになった幻影の世界」（宮本　二八四）たる冷戦初期アメリカに潜在するこうしたドラマトゥルギーを念頭に置くとき、ハッピーエンドの欺瞞を倫理的観点から追及する語り手の言葉は、商業的な成功を夢見た作者のエージェントたるこの人物特有の残酷さを示すものとしてのみ捉えられるべきではない。

ナボコフとほぼ同時期にアメリカへと渡ってきたドイツ系ユダヤ人政治哲学者ハンナ・アーレントの『全体主義の起源』を想起させるプニンの未完のプロジェクトが、ウェインデルでの彼の後任にあたる語り手の――あるいは、この人物を自らの悪い分身に仕立て上げた作者の――物語行為に密かに受け継がれていると考えてみること。そしてさらに、「予測不可能なアメリカ」(13)に足下を掬われてばかりの主人公を絶えず愚弄するこの悪意に満ちた語り手の言葉を、冷戦政治をめぐる国家の物語戦略に対する批判的な応答として捉え直すこと。そこで『プニン』に織り込まれたホロコーストをめぐる二〇世紀の「苦痛の歴史」(168)が紐解かれるとき、ゼーバルトが思い描いたようなアルプスの高みから下界を見つめる浮世離れした言葉の魔術師は、アメリカの夢と悪夢を目撃した核の時代《アトミック・エイジ》の証人として、私たちの前に再びその姿を現す。

＊本稿は日本英文学会第八九回全国大会（於静岡大学、二〇一七年五月二〇日）において、「明白なる薄命――Nabokov の *Pnin* における灰の記憶」と題して発表した原稿に加筆修正を加えたものである。

## 注

1 『ロリータ』の出版経緯と戦後アメリカ出版文化史的観点から見たその意義については、拙論「書物の流離譚」を参照されたい。

2 一九九〇年代後半にガーリャ・ディメントが『プニン』にまつわる伝記資料に関する綿密な調査の結果を発表して以降、ナボコフのコーネル時代の同僚であったユダヤ系亡命ロシア人の歴史学者マルク・スツェフテルをプニンの直接的なモデルと見るのが研究者の間では通説とされる。

3 アメリカ時代の盟友たるエドマンド・ウィルソンの二番目の妻であったマッカーシーのこの小説を、ナボコフは「大変おもしろく実に素晴らしい箇所もある」と概ね高く評価した (Nabokov & Wilson 304)。『ラッキー・ジム』の向こうを張って登場したアメリカン・アカデミック・ノヴェルの元祖たる『鬱蒼たる学府』について、巽孝之はマッカーシーとアーレント、そしてポール・ド・マンとの知的かつ私的な交流の軌跡を踏まえた再読を試みている（一二八―四四）。『プニン』と『鬱蒼たる学府』との間に見られる影響関係については、本文中で取り上げたロッジやナイマンとともに、丸山美知代による両作品の比較検討も参照。

4 『プニン』の出版を打診する私信で、ナボコフは結末で彼自身がウェインデルを訪れロシア文学を講じることになるという筋書きを説明していた (Nabokov 1989c: 143)。

5 『プニン』の執筆・出版の経緯については、ボイドが手掛けた浩瀚な評伝の記述や、本作の雑誌掲載版と単行本版の細部の異同等を綿密な注解作業を通じて解き明かしたバラブタルロのモノグラフが参考になる。

6 『ベンドシニスター』や『アーダ、あるいは情熱――ある家族の年代記』(*Ada, or Ardor: A Family Chronicle*, 1969) にも、シンデレラ物語のパロディが見つかる (Nicol 97)。ナボコフにおけるこの童話への引喩は、文学講義の準備に触発されたものであろう。ジェイン・オースティンを扱った講義原稿には、『マンスフィールド・パーク』のファニー・プライスのような「穏やかな被後見人」がディケンズやドストエフスキー、トルストイの小説にも登場することを指摘しつつ、この種の「物静かな乙女」の原型がシンデレラにあるとするナボコフの主張が綴られている (Nabokov 1980: 9–10)。

7 『プニン』におけるホロコーストの主題に関しては、ナボコフにおける歴史認識の意義を検討するなかで本作を扱ったウィル・ノーマンの議論 (104–106) とあわせて、作家の創作活動に二〇世紀の負の遺産たる収容所の記憶が巧みに織り込まれている様子を詳らかにしたアンドレア・ピッツァーの評伝を参照。

## 引用・参考文献


Anderson, Douglas. "Nabokov's Genocidal and Nuclear Holocausts in *Lolita*." *Mosaic*, vol. 29, no. 2, 1996, pp. 73–90.

Arendt, Hanna. *The Origins of Totalitarianism*. 1951. Harcourt Brace Jovanovich, 1973.

Barabtarlo, Gennadi. *Phantom of Fact: A Guide to Nabokov's Pnin*. Ardis, 1989.

Boyd, Brian. *Vladimir Nabokov: The American Years*. Princeton UP, 1991.

Derrida, Jacques. *Cinders* [*Feu le cendre*]. 1982. Trans. Ned Lukacher. U of Minnesota P, 2014.

Diment, Galya. *Pniniad: Vladimir Nabokov and Mark Szeftel*. U of Washington P, 1997.

Lodge, David. "Introduction." Vladimir Nabokov. *Pnin*. 1957. Everyman's Library, 2004. vii–xxii.

McCarthy, Mary. *The Groves of Academe*. 1952. Harcourt, 1992.

Nabokov, Vladimir. *The Annotated Lolita*. Ed. Alfred Appel, Jr. Vintage, 1991.

——. *Lectures on Literature*. Ed. Fredson Bowers. Harcourt, 1980.

——. *Pale Fire*. 1962. Vintage, 1989a.

——. *Pnin*. 1957. Vintage, 1989b.

——. *Selected Letters 1940–1977*. Eds. Dmitri Nabokov and Matthew J. Bruccoli. Harcourt Brace Jovanovich, 1989c.

——. *Strong Opinions*. 1973. Vintage, 1990.
Nabokov, Vladimir, and Edmund Wilson. *Dear Bunny, Dear Volodya: The Nabokov-Wilson Letters, 1940–1971*. Ed. Simon Karlinsky. U of California P, 2001.
Naiman, Eric. "Nabokov's McCarthyisms: *Pnin* in *The Groves of Academe*." *Comparative Literature*, vol. 68, no. 1, 2016, pp. 75–95.
Nicol, Charles. "Pnin's History." 1971. *Critical Essays on Vladimir Nabokov*. Ed. Phyllis A. Roth. G. K. Hall, 1984. 91–105.
Norman, Will. *Nabokov, History and the Texture of Time*. Routledge, 2012.
Page, Norman, ed. *Nabokov: The Critical Heritage*. Routledge and Kegan Paul, 1982.
Pitzer, Andrea. *The Secret History of Vladimir Nabokov*. Pegasus Books, 2013.
Rampton, David. *Vladimir Nabokov: A Literary Life*. Palgrave Macmillan, 2012.
Sebald, W. G. *Campo Santo*. 2003. Ed. Sven Meyer. Trans. Anthea Bell. Penguin Books, 2006.
Showalter, Elaine. *Faculty Towers: The Academic Novel and Its Discontents*. Oxford UP, 2005.
Shrayer, Maxim D. "Jewish Questions in Nabokov's Art and Life." *Nabokov and His Fiction: New Perspectives*. Ed. Julian W. Connolly. Cambridge UP, 1999. 73–91.
後藤篤「書物の流離譚——『ロリータ』の大西洋横断的出版ネットワーク」小林英美・中垣恒太郎編『読者ネットワークの拡大と文学環境の変化——一九世紀以降にみる英米出版事情』音羽書房鶴見書店、二〇一七年、二六二—七七頁。
巽孝之『盗まれた廃墟——ポール・ド・マンのアメリカ』彩流社、二〇一六年。
丸山美知代「五〇年代アメリカのアカデミック・ノヴェル二題——Mary McCarthy の *The Groves of Academe* から Vladimir Nabokov の *Pnin* へ」『立命館英米文学』第二六号（二〇一六年一月）：一—二四頁。
宮本陽一郎『アトミック・メロドラマ——冷戦アメリカのドラマトゥルギー』彩流社、二〇一六年。
若島正「目の中の痛み——ナボコフの『プニン』を読む」高尾直知・舌津智之編『抵抗することば——暴力と文学的想像力』南雲堂、二〇一四年、一五五—七二頁。

# 第十章

## タブーを犯した成功者
### ――『山羊――シルヴィアってだれ？』における幸福の追求と破壊

貴志　雅之

### 「幸福の追求」、その社会的理想像の破壊

エドワード・オールビーは劇作家の道を歩み始めた当初より、アメリカ人が抱くアメリカン・ドリームと「幸福の追求」願望の歪みを夫婦、家族の姿を通して描いてきた。『アメリカン・ドリーム』(*The American Dream*, 1961)では、大量消費文化のなかで本物を見る目を失い、表面的な美しさと豊かさに幸福を追い求める現代人の精神的不毛性が描かれた。一方、『ヴァージニア・ウルフなんかこわくない』(*Who's Afraid of Virginia Woolf?*, 1962)は、存在しない息子の幻想を唯一のかすがいに生きてきた夫婦が、息子の死を自ら宣告して幻想を砕きながら、現実世界を直視する恐怖に怯える姿を映し出す。それから四〇年、二〇〇二年度トニー賞受賞作『山羊――シルヴィアってだれ？』は、獣姦というショッキングな問題を軸に一人の男の幸福の追求がもたらす「悲劇」を描く問題作である。

幸せな家庭を持つ著名な建築家が山羊に恋して獣姦を犯す。それにより夫婦・家庭生活の破壊を招き、自身の名声と地位を危うくし、最後には妻に山羊を殺される。これが『山羊』の顛末である。本稿では、獣姦という禁忌行

為を社会的規範の侵犯、その行為者を異常者・変質者と見る社会通念を取り上げ、社会的経済的成功というアメリカン・ドリームの達成に「幸福の追求」のあり方を見いだす精神性、イデオロギーを検討していく。アメリカン・ドリームを実現したロール・モデルと言える主人公が自らの幸福追求の為に犯した禁忌行為によって、「幸福の追求」の社会的理想像を破壊する。一方、彼の動きを阻止すべく外在的力が作用する。この両者の関係性を中心に考察を進め、最終的に、本作の副題「悲劇の定義に向けた覚書」("Notes toward a definition of tragedy") に示された現代の「悲劇」の意味とオールビーが本作の主題の一つに挙げた「寛容性の限界」を検討し、本作に見られる「幸福の追求と破壊」を二一世紀アメリカの個人と社会が孕む一つの問題として提示する。

## ユートピアの化身を愛(犯)した建築家——自然の領有による自然の喪失

第一場、建築家マーティン・グレイは、アメリカン・ドリームを実現した成功者として舞台に登場する。そのマーティンの姿をテレビ放映しようと、グレイ宅を訪れた長年の友人でテレビ・パーソナリティのロスは、カメラの前で次のようにマーティンを紹介する。

(……)(アナウンサーの声で) マーティン、三つのことが今週あなたに起こりましたね。建築界のノーベル賞であるプリッツカー賞の最年少受賞者になられた。また今週、ワールド・シティの設計家に選ばれました。二〇〇〇億ドルの夢の未来都市、USエレクトロニクス・テクノロジー出資で、中西部の小麦畑にそびえ立つと

いう代物ですね。そのうえ今週は、五〇歳の誕生日を祝われた。ハッピー・バースデイ、マーティン、おめでとう！(24)

メディア関係者ならずとも、時の人マーティンを特集した番組の高視聴率は容易に想像がつく。独立宣言書で約束された幸福の追求の権利を活かし、アメリカン・ドリームを実現した彼に、人々は現代の理想像を見いだす。それにより、幸福の追求＝アメリカン・ドリームの実現の夢はアメリカ的価値観、アメリカの理想像としてさらに共有、信奉されていく。

この文化的コンテクストのなかで、マーティンの獣姦スキャンダルが社会と大衆に与えるインパクトは計り知れない。ロスがマーティンと山羊との関係を彼の妻スティーヴィーに暴露したことを思えば、彼の獣姦がロスによって格好のスキャンダルとしてメディアに流れ、一大センセーションとなるのは確実である。そうなれば、マーティンという偶像の破綻とともに、幸福の追求というアメリカ的価値観・理想と社会秩序の転覆にも繋がる。理想化された男の幸福追求の行為が、アメリカの理想と、その理想への人々の信奉・信仰を破壊する社会不安を引き起こす事態になる。獣姦という社会的インパクトの強い禁忌行為を犯すのが、アメリカ国民憧れの成功者である。なぜ、オールビーはこのような設定にしたのか。

マーティンが山羊のシルヴィアと出会ったのは緑豊かな田園だった。その様子を彼と山羊との関係を知って激怒する妻スティーヴィーにマーティンは次のように説明する。鉄や石でなく、「花と緑の葉が青々とした新緑」の「ユートピア」、そんな田舎に家を持ちたいというスティーヴィーの願いを叶えようと郊外に出て、一時間ほどで着いた田園地帯で出会ったのがシルヴィアだった (64–65)。こう話すマーティンにとって、山羊のシルヴィアが新緑の自然のユートピアを象徴する存在に映ったと考える研究者は少なくない。その一人ジョン・クーンはシルヴィアを「森の」を意味する形容詞 "sylvan" と結びつけ、「森の神」("a sylvan deity") と評している (14–15)。一方、シルヴィアの名がシェイクスピアの喜劇『ヴェローナの二紳士』第四幕の挿入歌に由来するのはよく知られる。エレン・J・ゲイナーは『ヴェローナの二紳士』が「緑の世界」を描き、テーマは「荒野に対する生と愛の勝利」だとするノースロップ・フライの論[1]に言及して、シェイクスピアのシルヴィアを寛容の精神と貞節の愛を映す特別な登場人物、田園生活の理想像だと指摘する。そして、このシルヴィアを投影した本作の山羊のシルヴィアが、現代田園地帯の牧歌的風景、遠くはなれた肥沃で神話的な場所を想起させる存在であると論じている (208)。さらにゲイナーはマーティンを「アメリカの田園的理想というエデンの夢の待ち主」だと捉え (206)、トマス・P・アドラーは田舎に家を求める都会人マーティンの姿に、自然との関係回復を求めるユートピア希求の精神性を認めている (12)。

これらの研究者は、マーティンのなかにハイテク都市に暮らす都会人が持つ、パストラルな自然への憧憬を認め、そのエピトミーとして彼の目に映ったのが山羊シルヴィアだと捉えている。問題は山羊との獣姦が、自然との一体化よりむしろ自然を犯す・穢す可能性を孕む点である。マーティンは一方で山羊に自然のユートピアを見ながら、他方で山羊を擬人化・ジェンダー化し、獣姦する。彼の行為によってシルヴィアは緑のユートピアの化身から、人間の情欲に穢された一頭の家畜となる。

ゲイナーは、環境学的視点から、マーティンがシルヴィアと関係し、アメリカのハートランド＝大農業地帯を鉄と石のワールド・シティに作り変える電子産業に手を貸すことで、自然を侵犯すると論じる。しかも「現代の資本主義文化にとって、ユートピア的未来を意味する」(209) ワールド・シティ建設は、資本主義国家アメリカが国家的繁栄と豊かな国民生活を〈世界の幸福〉に置き換え、世界を幸福に導く盟主としての地位を刻む国家的プロジェクトである。それは科学技術と経済力を過信し、自然の支配、破壊を顧みないハイテク資本主義国家の国家的傲慢の現れにほかならない。

マーティンの問題は、一方で自然との一体感を切望しながら、シルヴィアを性的に領有（獣姦）し、エレクトロニクス産業の世界都市建設計画への参画という自然侵犯行為を行いながら、その自覚がない点にある。自然とのコミュニオンに求める幸福な生活の追求は、マーティンを無自覚のまま自然侵犯・冒瀆へと向かわせるのである。

## 崩落する家族の幸せ――妻子への暴力を認知できないマーティン

自然の侵犯とアメリカ的理想像の破壊以上に、マーティンの獣姦によって直接的衝撃と苦痛を被るのは彼の妻スティーヴィーと息子ビリーである。二人は彼の獣姦発覚と告白によって、突如、幸福の頂点から不幸の淵に突き落とされる。

最終場、マーティン、ロス、ビリーの前にスティーヴィーが、服と腕から血をたらし、喉を切り裂かれた山羊の惨殺死体を引きずって舞台に登場する。茫然自失のロスとビリーの傍らで、絶望と悲しみのあまり苦悩の叫びをあげるマーティンに、感情のない声で「シルヴィアを見つけて、殺して、連れてきたわ」と答えるスティーヴィー。「あなたを愛したから殺した」と言うスティーヴィーの言葉に、うつろに「すまない」と妻と息子、そして恐らくはシルヴィアの亡骸に謝罪するマーティン。父と母に呼びかけるビリーの言葉が舞台に虚しく響き、登場人物全員のタブローを残し舞台は終演する。

フィリス・ダークスは、この「悲劇的場面」がエウリピデスの『メディア』の最終場面を思い起こさせると指摘する。血痕にまみれた冷徹な物腰で、自ら手にかけた息子たちの亡骸を夫にみせつけ、自分を裏切った夫への復讐を遂げる。そのメディアの姿は、確かにスティーヴィーに重なりはする(63)。しかし、ギリシア悲劇との類似的イメージ以上に注目すべきことがある。二場で、マーティンはスティーヴィーを前に、感情を高ぶらせ、シルヴィアとの交わりを想像しがたいエクスタシー、純潔な愛だと形容し、シルヴィアとの出会いをエピファニーだと語っていた(81–82)。その一方、マーティンは利己的欲望から山羊に陶酔しながら、シルヴィアへの盲目的愛着と妻スティーヴィーに抱く愛情に何の不一致・矛盾も感じていない(Dircks 90)。妻の傷心と苦悩、怒りを目にしても、マーティンはただ途方にくれるだけである。スティーヴィーは、信頼してきた夫の異常な裏切りに衝撃を受け、復讐に向かう妻の姿を表わす。「あなた言ったわ。どれほど私を愛してる、他の女なんて欲しくない、こんな完璧な結婚なんて偶然じゃ生まれないってね。(……)この山羊ぐるい《ファッカー》が、最愛の愛人《ひと》だなんて!(……)ばかっー! 道連れにしてやる!」(88–89)。

ダークスは失ったものの大きさを悟るスティーヴィーの姿から彼女が悲劇の中心にあると捉える(63)。本作を「二重の悲劇」と指摘するクーンもスティーヴィーの悲劇がマーティンの悲劇以上に痛ましいと評し、彼女の「悲劇的欠点」が常軌を逸した行動を許せない不寛容さにあると論じている(10)。しかし、人間、妻、そして女性であるスティーヴィーが、動物(家畜)のメスによって妻の座を簒奪される。それは彼女の人間・女性・妻としての存在の否定である。マーティンはスティーヴィーを幸福から不幸のどん底へ突き落とし「悲劇的」痛みを彼女にもたらしながら、それに気づくことはない。

第二場冒頭、マーティンの獣姦が発覚し、家族三人が険悪な雰囲気のなか、息子ビリーがマーティンの山羊との獣姦を非難し、「山羊とやってるの？（……）山羊ファッカーかよ！」と毒づく。それに呼応したマーティンが息子を「くそホモ野郎！」となじる場面が展開する（47–48）。マーティンは即座に息子に謝罪し、ゲイの息子に理解を示すが、気持ちの収まらないビリーにスティーヴィーが追い打ちをかける。「（冷淡に）言ったでしょ。父さんはあなたをくそホモ野郎って呼んですまないと思ってるの。そんな人じゃないからね。父さんは上品で、リベラル、考え方も正しくて、才能あって、有名で優しい人（冷徹に）今だってヤギをファックしてるみたいに見えるでしょ」（49）。

第三場、ビリーはすべてがノーマルだった昨日から事態は一変し、今日になって父親と山羊とのセックスが発覚して、素晴らしい両親を持った幸せが突如崩れたことに絶望し、取り返しのつかないダメージを家族に与えた父親を非難する。しかし、そんな父親でも愛しているとして、ビリーはマーティンの口に泣きながら濃厚でセクシュアルなキスをして「父さん！　愛してるよ！　抱いてよ！　お願い！」と悲壮な思いを訴える（101–02）。ここでビリーが示したのは父親に対する疑似近親相姦的同性愛の行為に映る。しかし、その行為は同性愛者ゆえに社会から疎まれると自覚するビリーが、獣姦を犯した父への共感と愛情、父なら自分を理解してくれるという願いの現れである。この一部始終を隠れて見ていたロスをマーティンは「ユダ！」と呼び、今度は息子までもテレビでスキャンダルの種にしようとするロスを非難し、父親に傷つけられながらも、父を愛する息子の痛みと孤独を訴える（103）。

マーティンのシルヴィアとの獣姦は、妻子に多大な精神的苦痛を与え、幸せの急激な崩落をもたらす。しかし、その状況に直面しながら、マーティンには問題の核心がわからない。

## 山羊と悲劇――身代わりの山羊

本作のメイン・タイトルとなっている「山羊」の多義的表象性は、括弧付きのサブタイトル「悲劇の定義に向けた覚書」のキーワード「悲劇」との関係性からよく論じられてきた。テリー・ホジソンは『西洋演劇用語辞典』で悲劇と犠牲について次のように説明している。

悲劇 (tragedy) の語源は、山羊をいけにえにするときの歌を意味するギリシャ語の tragoidia である。ここから悲劇的ヒーローとスケープゴート、すなわち地域共同体を救い、神と人とのあいだの和解をもたらす犠牲者であるという考えが生まれた。（一一四）

山羊はスケープゴートの語源として悲劇に接続される。ホジソンと同様の指摘をしたトビー・ジンマン (147) は、悲劇と山羊の関係をアドラーが示した次の三点から論じている。①悲劇コンテストのあったディオニュソス祭ではディオニュソス神の従者が山羊の耳をつけていた、②そこで悲劇のパロディとして上演されたサチュロス劇の名称は半人半獣（山羊）の神サチュロスに由来する、そして③ディオニュソス祭で勝者となった悲劇作家に贈られる賞は供物とされた山羊だった (Adler 14)。ジンマンは、山羊のシルヴィアがマーティンの異常な愛欲とスティーヴィーの血の復讐の犠牲になったスケープゴートだとし、スケープゴートの由来をユダヤ教の贖罪の日の儀式にたどり、旧約聖書第三の書レビ記の内容を次のように記している。

> 旧約聖書の第三の書レビ記では、二頭の雄山羊と雄牛が供犠に捧げられることを命じている。高僧がくじをひき、一頭の羊が選ばれ、雄牛とともに焼かれ、供えられた。二頭目の山羊が贖罪の山羊とされた。高僧は贖罪の山羊の頭に手をあて、イスラエルの民の罪を懺悔・告白した。そして山羊は人々の罪を背負って荒野に連れて行かれ、断崖から突き落とされ、堕落天使アザゼルのものとなり、国から邪悪な罪・不正が取り除かれた。
> (141)

山羊が民の罪を背負い、身代わりとなって殺されることで邪悪な罪・不正が浄化され、国家・共同体の安寧が回復する。厄難の除去による社会秩序の回復と安定という図式は、王が自ら気づくことなくタブーを犯し、その過ちが国家の災いとして取り除かれるソポクレスの『オイディプス王』に窺える。テーバイの王オイディプスは、都を突如襲った疫病が先王ライオス殺害の汚れであると知り、その殺害者を捕らえて追放せよというアポロンの神託にしたがう。しかし、最後には自分が父親ライオスを殺害し、母イオカステを妻にしていたことを知る。自ら災いの元凶だと悟ったオイディプスは、都を汚れから救うべく、自分で目をつき盲目となり、自身をテーバイから追放し、放浪の旅にでる。

問題は、このギリシア悲劇が社会不安の原因となる疫病の根絶を描いている点である。疫病の元凶となる人物が、邪悪な悪人ではなく、名家の優れた人間であり、その人物が意図せず犯した過ちのため疫病として社会から排除される対象となる。その過ちが社会の禁忌を犯す行為であるのは注目に値する。タブーを犯す人間が疫病の元凶として共同体浄化のために暴力的に犠牲にされる「身代わりの山羊」となるのである。興味深いことに、『オイディプス王』に描かれる状況の変奏が、俳優のキャスティングによって『山羊』で再現される。初演に続く一連の公演でのことである。

二〇〇二年三月一〇日、ニューヨーク、ゴールドマン劇場での『山羊』初演でマーティンを演じたビル・プルマン (Bill Pullman) は、一九九六年の映画『インデペンデンス・デイ』では大統領を演じていた。この映画で、人類を圧倒する宇宙人の巨大円盤に反撃すべく、大統領自らが戦闘機を率いて出撃する。その出撃の直前、大統領は民間人を含むアメリカ軍兵士を前に感動的なスピーチを行う。地球を侵略する宇宙人を撃退し、人類の独立を再び勝ち取る。奇しくもその日がアメリカ独立記念日となった。そう言ってプルマン演じる大統領は、アメリカ独立記念日の今日が世界の独立記念日になると宣言し、兵士たちは奮い立つ。アメリカ独立記念日を世界の独立記念日に同一化することで、『インデペンデンス・デイ』は世界を独立に導く国アメリカのイメージを鮮烈に前景化する。この映画と同様、『山羊』でマーティンが設計者に抜擢されたワールド・シティ建設は世界の盟主アメリカを表象するプロパガンダ効果を放つ。また、その効果を高めるようにオールビーは意図的に登場人物にワールド・シティ建設とマーティンの関係性を語らせている。しかし、それ以上に注目すべきは、映画『インデペンデンス・デイ』で勇敢な大統領を演じたプルマンが、『山羊』では山羊との獣姦に走り、家族とアメリカ的理想像を破壊し、自らに破滅を招き、絶望に喘ぐ著名な建築家を演じている点である。

この点で、マーヴィン・カールソンが演劇亡霊論のなかでゴーステイングと呼んだ現象は注目に値する。観客の目には、舞台で演じる俳優が、これまで演じてきた数々の役柄のゴースト的アウラを身に纏うように見える。言い換えれば、今演じている役の他に俳優がかつて演じた役のイメージが蘇り、今の役と重なって見える。これがカールソンの言うゴースティングである。カールソンによれば、記憶された人物・事象と同一のものでありながら、どことなく異なる属性が付与された人物・事象の出現、つまり亡霊もしくは亡霊的存在との遭遇を生む現象がゴースティングと解釈されるものである(6-7)。[2]

かつて映画『インデペンデンス・デイ』でプルマンが演じたアメリカの若き大統領は、『山羊』で獣姦を犯した男マーティンと二重写しのように重なって観客の目に映る（脳裏に浮かぶ）。アメリカの国家・社会を統治する合衆国大統領と国家・社会が疫病として排斥する異常者（獣姦男）が一人の人間の身体に可視化される。国家を統治する為政者が、国家が禁じるタブーを犯す潜在性を内在化する。『オイディプス』状況の二一世紀の変奏がここに見られる。

## 疫病のパラダイム――支配的イデオロギーとメディアの暴力

獣姦を犯すマーティンは、第一場冒頭から、最近顕著になった自身の物忘れをスティーヴィーに話す。さらには、味覚、聴覚、触覚を含め、五感も鈍くなってきたと訴え、五〇歳にしてアルツハイマーを疑い始める。マーティンの症状は、健忘症・記憶喪失・アルツハイマーの病名を連想させる。彼が山羊に恋したとスティーヴィーに打ち明けるのはこの直後である。ここでスティーヴィーは夫の告白を悪ふざけとして取り合わないが、マーティンの症状が山羊との獣姦に及ぶ彼の極度の動物性愛(zoophilia)の進行と連動して語られているのは注目に値する。記憶障害・感覚障害という心身の機能不全は医療機関で治療される、普通の人間がかかりうる疾患・病いである。一方、動物性愛という「パラフィリア」(paraphilia［性嗜好障害］)は、病理的な精神疾患でありながら、疾患・病いの範疇を超えて、まともな人間存在から根本的に逸脱した異常者＝変異体の記号に映る。記憶障害・感覚障害と

「パラフィリア」は、いずれも病いでありながら、正常と異常を差異化する社会通念・社会規範上の境界線を炙り出す。ここで差異化の決め手となるのがタブー侵犯行為にほかならない。

マーティンの「パラフィリア」の症状は別の形でも現れる。最終三場、彼は息子とのキスを目撃したロスに対して、自己弁護するかのように自分の赤ん坊を膝の上にのせて勃起した男の話をする。それが性欲と関係のないアクシデントだったと説明し、息子とのことも同様だと弁明するが、ロスには「やばいよ、君は病気だ」(105) としか思えない。この後、自分は「病んでる」とマーティンは連発し、最後にはロスに「間違ってる！ ひどく、破壊的に間違ってる！」と言い放たれる (107)。山羊への動物性愛に加え、小児性愛 (pedophilia) を口にするマーティンは、タブーを犯す病んだ人間、性的ミュータントから、社会に害をなす疫病としての記号性を纏っていく。

しかし、本作品は動物性愛の原因について一つのヒントを示している。第二場、マーティンはある動物セラピー療養所に行った話をする。療養者は、癒しを求めて、豚、犬、ガチョウ、あるいはジャーマン・シェパードなど、それぞれが特定の動物と性的に交わっていた。彼らはみな問題を抱え、恥辱を感じ、葛藤に苦しみ、動物と愛し合いながらも、あまりに不幸な人々だった。豚といる男は田舎育ちで、兄弟と子供の時にただ自然に豚と交わり、シェパードといた女性は、一二歳の時に父親と兄弟に犯された経験を持ち、ガチョウと一緒の男は、女も男も誰も自分とセックスするとは思っていなかった。マーティンは彼らがみな不幸だったから、自分も不幸だったと回想する (70–73)。彼らは社会に適応できず、不幸なトラウマ、あるいは生まれついての性的嗜好から、動物との性的交わりに癒しを求めながら癒されない人々である。動物との交わりは、いっそう彼らに異常者としての意識と恥辱、罪悪感を植え付け、彼らは出口の見いだせないまま療養所に留まるほかない。療養所は彼らを社会から隔離し、動物性愛という疫病の拡散を阻止する施設に映る。彼らは災い除去による社会保全のため追放・隔離される「身代わりの山羊」なのである。

獣姦を犯す動物性愛者や同性愛者を異常者・変質者と見る社会の目と態度を表象するのがロスである。テレビのパーソナリティーである彼は、二〇年来の友人マーティンの信頼を裏切り、山羊との関係をスティーヴィーに密告する。さらには、マーティンの息子ビリーの同性愛、近親相姦衝動をもマスコミ向けのスキャンダルに仕立てようとする。マーティンはロスを「ユダ！」(103, 105) と呼ぶ。ロスこそオールビーが非難するアメリカの国家的伝染病、本作が癒そうとする社会的病いと評されるゆえんである (Kuhn 28)。

ロスに表象される社会の態度・見方こそ、人種と性に関わる国家秩序保全を管理するアメリカの支配的イデオロギーとメディアの作用を表すものにほかならない。国家的パラダイムに反した言動・思想は、異常、異端、狂気、危険分子として国家の合法的暴力により排除される。この支配システムは人々が共有する「常識」という社会文化的にプログラムされた概念によって作動する。この点で、オールビー自身が興味深い体験談を伝えている。簡単に言えば、常識から逸脱した行動がもたらす憎悪と糾弾を検証する目的で構想された作品の企画そのものが、憎悪と非難を呼んだというエピソードである。

彼が着想した話はこうである。幸せな結婚生活を送り、キャリアの絶頂にある著名な医師が、患者の苦しみを理解しようとＨＩＶウィルスを自らに注射する。つまり間接的には合衆国で違法とされる自殺行為を行う医師の話である。オールビーはＡＩＤＳ禍の最中に本作を着想した。目的は医師の行動がどのような憎悪と糾弾をもたらすか、家族、友人にどんな効果をもたらし、人が許容できる行動とはどこまでか、それを問うものだった。

しかし、この作品構想を尊敬する知人たちに話したところ、即座に彼らの憎悪と非難をかい、オールビーはショックを受けた。そのような作品を考えること自体が、憎悪と非難を招いたのである。それでもこのテーマ追究の思いは強く、オールビーは一年の内に『山羊』の作品プランをまとめあげる。再び信頼できる知人らに話すと、またもや、そのような事柄を考え、書いているということだけで、憎悪と非難を浴び、再びショックを受けた (Albee 2005: 260)。これが『山羊』創作に至るエピソードである。オールビーによれば、友人に話した作品構想とは、「社会的、道徳的許容範囲を越えた、受け入れがたい他者の行動に対する寛容の限界」と「自分が受け入れがたい行動をとっているとは想像したくはないという拒絶感」、その二つが絡み合い、人間・社会の寛容性の限界を探る作品だった (Albee 2005: 259)。

『山羊』最終場でのマーティンが言う「僕はひとり……まったく……ひとりぼっちだ!」(109) は、社会の寛容の限界を越えた、受け入れがたい行動を取った者を襲う社会と同胞からの暴力的拒絶と非難に苛まれる孤独の叫びである。社会が共有する常識、正常・正気の範囲を越える行為は、憎悪と非難、排除、排斥、処罰を受ける。では、社会の常識からの逸脱者を決定づけるものとは何か。

## 「悲劇の定義に向けた覚書」——再定義の試み、寛容性の限界

本作のタイトルをめぐり山羊と悲劇の関係性とともに必ず指摘されるのが、副題「シルヴィアってだれ?」が前述したシェイクスピアの喜劇『ヴェローナの二紳士』の四幕二場の挿入歌から取られたものであるという点である。アドラーは、この喜劇が「欺瞞と裏切りののちの許しと再生」に終わるとしながらも、この挿入歌の終わりの歌詞「地上に暮らす/生きとし生けるものすべてに彼女は勝る」(IV. ii, 51–2) が示唆するのは、俗世間とシルヴィア

に示される理想像との間にある克服困難な違いであると指摘する (12)。オールビーの『山羊』で、マーティンは俗世間と彼が理想化する自然のエピトミーであるシルヴィアとの違いを越える行動をとる。しかし、彼の行為はタブー侵犯の反社会的行為として許されず、「復讐の女神」と化したスティーヴィーによってシルヴィアは惨殺され、彼自身も厳しい社会的非難と制裁の的になることが予期される。一方、『ヴェローナの二紳士』では、プローテュースによる欺瞞と裏切りがありながら、ヴァレンタインはシルヴィアと結ばれ、再生のテーマに至る。ジンマンは、贖い・救いの行為である赦しが『ヴェローナの二紳士』のテーマであるとし、『山羊』ではスティーヴィーがマーティンを赦せなかったことが破壊と悲劇をもたらしたと論じている (145)。しかし、見方を変えれば、友人の裏切りをも赦すヴァレンタインの寛容さがあったからこそ、欺瞞と裏切りは赦され、新たな友情と愛情が生まれた。寛容さが『ヴェローナの二紳士』と『山羊』の結末の違いを解く鍵となる。

オールビーの『山羊』創作の狙いは、人はどこまで他者の言動に寛容でいられるかを見極めることだった。ゆえに、同性愛、小児性愛を越えた、動物性愛と獣姦を作品の中心事件に据えたのである。ゲイの息子ビリーがマーティンに対してとった疑似近親相姦的同性愛の行動は、マーティンの獣姦と比べれば許容できるスケールは広がる。親子が示した疑似近親相姦行為は、一つには見る者の許容・寛容の基準のぶれを示すものだと言える。

オールビーは『ストレッチング・マイ・マインド』のなかで、本作が「獣姦ではなく、愛、喪失、寛容の限界、自分は誰であるのか」をテーマにし、登場人物と同じ状況に置かれたとき、観客にどうするのかを真剣に考えて欲しいと語っている (262, 284)。また、スティーヴン・ボトムズによるインタビューでは『山羊』の副題「悲劇の定義に向けた覚書」について、定義ではなく再定義を意図したものだと述べている (239)。これを受け、アドラーは本作の悲劇が、タブーを犯し高い地位から転落する個人の姿にあるのではなく、社会の規範から逸脱した行為を受け入れようとしない社会の偏狭さにあるとして、ここにオールビーが言う再定義の意味を見いだす(12)。アリストテレスが『詩学』で記した悲劇のあり方とは異なる悲劇観である。アリストテレスは次のように悲劇を定義している。

悲劇とは、一定の大きさを備え完結した高貴な行為、の再現(ミーメーシス)であり、快い効果を与える言葉を使用し、しかも作品の部分部分によってそれぞれの媒体を別々に用い、呪術によってではなく、行為する人物たちによっておこなわれ、あわれみとおそれを通じて、そのような感情の浄化(カタルシス)を達成するものである。(第六章　三四)

アリストテレスは、オイディプスのような名家の生まれの著名で優れた人物が、「卑劣さや邪悪さのゆえに［幸福から］不幸になるのではなく、なんらかのあやまちのゆえに不幸になる」のが、カタルシスに必要な「おそれとあわれみ」を引き起こす優れた悲劇の筋(ミュートス)であるとして、「あわれみは、不幸に値しないにもかかわらず不幸におちいる人に対して起こるのであり、おそれは、わたしたちに似た人が不幸になるときに生じる」と説いている(一三章　五二―五三)。アリストテレスが悲劇の筋とした「幸福から不幸への転落」のベクトルは『山羊』に認められはするものの、両作品には重要な違いがある。そのベクトルをもたらすものが『詩学』では個人の悲劇的あやまち(ハマルティアー[hamartia])[3]であるのに対し、『山羊』では欲望ゆえの獣姦というタブー侵犯行為とその問題性への個人の無自覚、そして社会秩序の保全の名の下で他者(タブー侵犯者)に振舞われる支配的イデオロギーの社会的暴力である。しかし、これでは主人公の姿にアリストテレスの言う憐れみも恐れも喚起されず、カタルシスも達成されるとは言いがたい。少なくとも、それが今の社会に暮らす大半の人々の自然なレスポンスである。『山羊』で再定義された悲劇性とは、アリストテレス的意味とは異なるシニフィエを持つ。それは欲望に駆られ獣姦を犯す個人が社会によって異常な疫病保菌者として破滅に追い込まれるカタルシスなき悲劇に見えなくはない。しかしそれ以上に、異常とされる他者をも受け入れる寛容な心の重要性を理解したとしても、舞台上の他者にさえ拒否反応を示してしまう大半の人々に見られる悲劇性である。社会通念が引き起こす様々な摩擦や矛盾、苦悩や痛みと不条理を感じながら、自ら社会通念の虜となり、どうすることもできない無力感。他者を嫌悪・拒絶し、他者排除を行う社会に迎合する自分への自己嫌悪。このフラストレーションの閉塞状況に恒常的に囚われる、あるいはそれすら感じられない個人と社会のあり方こそ、オールビーが『山羊』で問いかけた現代の悲劇性、再定義された悲劇性であると思われる。人間・社会の寛容性の限界を探るとするオールビーの意図がそこにある。

人は自覚的以上に無自覚的に幼い頃より社会の支配的イデオロギーを内在化していく。憐れみ、恐れ、カタルシス、そして悲劇性の概念は、生きる社会と時代の社会通念、支配的イデオロギーによって多分に影響される。善悪、正常・異常の判断基準をなす社会規範の偏狭性の強度と影響範囲は、社会と時代、文化によって恣意的に構築された支配的イデオロギーと同様に揺らぐ。その揺らぎによって規範からの逸脱者を識別・拒絶する基準も変動する。

オールビーは、観客に登場人物と同じ状況に置かれたとき、どうするのかを真剣に考えて欲しいと語る。それは他者の身になることで他者を理解するに留まらず、自らの中に異質な他者を見いだすことである。そのプロセスを経て、オールビーが語っていた本作品のテーマ「獣姦ではなく、愛、喪失、寛容の限界、自分は誰であるのか」が見えてくる。そのためにオールビーは他者への寛容の心を広げていくことを求める。

オールビーは自身の演劇観をこう語っている。自分自身をより深く見つめ直し、お決まりの態度で物事を判断するのでなく熟考する。そうすることで、より賢明な票を投じる、つまり、政治的行動をとることができる。それを促すゆえに「すべての演劇作品は政治的である」(2006: 284–85)。オールビーによれば、「いい演劇作品」とは「心理学的、哲学的、道徳的、政治的現状——という現状に対する侵犯・攻撃行為」であり、「わたしたちを目覚めさせ、物事について異なった考え方をする可能性について熟慮させるもの」である (Strong 318)。

動物性愛・獣姦に至ったマーティンの幸福の追求は、彼の幸福とスティーヴィー、ビリーの幸福の破壊に繋がる。それは、アメリカの幸福追求の夢＝アメリカン・ドリームの達成という支配的イデオロギーが生み出した幸福の図式をも覆す脅威ともなる。しかし、タブーを犯す行為以上に、幸福を深層から破壊するものがある。無意識理に内在化した支配的イデオロギーによる価値観・先入観・常識と、それに起因する他者への暴力である。それが他者を受け入れる心を蝕む潜在的疫病であることを本作は示唆する。獣姦というタブーを題材にしながら、本作は人の心・考えに影響を及ぼし、ある種のものを異常・病的として拒絶するイデオロギーの影響力を見極め、異質なものを寛容の眼で捉えることを促す。個人としての他者の幸福の追求と社会的規範の許容点、この両者のインターフェイスは、他者へのさらなる寛容性を持つことで広がりを見せる。その困難な道を本作は示唆しているように思われる。

＊本論考は二〇一五年一〇月一一日に京都大学で開催された日本アメリカ文学会第五四回全国大会のシンポジウム「アメリカ文学における幸福の追求とその行方」で発表された原稿に加筆・修正を加えたものである。なお、本論考は日本学術振興会科学研究費補助金基盤研究（C）「二〇—二一世紀アメリカ演劇の政治学研究——一九〇〇年からポスト九・一一」（課題番号 24520284）による研究成果の一部である。

## 注

1 Northrop Frye, *Anatomy of Criticism* (Princeton: Princeton UP, 1957), 182.
2 貴志（一三六―三七）を参照。
3 『詩学』第一三章（五二、一六五―六六注9）およびホジソン（三三八―三九）参照のこと。ハマルティアーとはギリシア語における「過ち」の意味。「何らかの人間の脆さ、判断の誤り、堕落を早める無知」で、「古代悲劇の形式では、過ちは神によって天上から課せられていた。ハマルティアーの概念は、心理学的世界観と神学的世界観とのあいだを行ききし、自由、責任、運命についての悲劇の中心的問題を生じさせる」（ホジソン　三三八―三九）。オイディプス王の場合は、自らの出生・素性の無知から生じた父殺しと母との結婚が彼の過ちと考えられる。

## 引用文献


Adler, Thomas P. "Edward Albee." *The Methuen Drama Guide to Contemporary American Playwrights*. Ed. Martin Middeke, Peter Paul Schnierer, Christopher Innes, and Matthew C. Roudané. London: Bloomsbury, 2014. 1–19.
Albee, Edward. *The Goat, or Who Is Sylvia?* (Notes toward a definition of tragedy). Woodstock: Overlook P, 2003.
——. *Stretching My Mind*. New York: Carroll & Graf, 2006.
Bottoms, Stephen. "Borrowed Time: An Interview with Edward Albee." *The Cambridge Companion to Edward Albee*. Ed. Stephen Bottoms. Cambridge: Cambridge UP, 2005. 231–250.
Carlson, Marvin. *The Haunted Stage: The Theatre as Memory Machine*. Ann Arbor: U of Michigan P, 2003.
Dircks, Phyllis. *Edward Albee: A Literary Companion*. Jefferson, NC.: McFarland, 2010.
Frye, Northrop. *Anatomy of Criticism: Four Essays*. Princeton: Princeton UP, 1957.
Gainor, J. Ellen. "Albee's *The Goat*: Rethinking tragedy for the 21st century." *The Cambridge Companion to Edward Albee*. Ed.

Stephen Bottoms. Cambridge: Cambridge UP, 2005. 199–216.
*Independence Day*. Dir. Roland Emmerich. 20th Century Fox, 1996. DVD.
Kuhn, John. "Getting Albee's *Goat*: 'Notes toward a Definition of Tragedy.'" *American Drama* 13.2 (Summer 2004): 1–32.
Shakespeare, William. *The Two Gentleman of Verona*. *The Complete Works of Shakespeare*. Revised Edition. Ed. Hardin Craig and David Bevington. Glenview, Ill.: 1973. 130–54.
Strong, Lester. "An Interview with Edward Albee: 'Aggressing Against the Status Quo.'" *The Best of the Harvard Gay and Lesbian Review*. Ed. Richard Schneider, Jr. Philadelphia: Temple UP, 1997. 314–19.
Zinman, Toby. *Edward Albee*. Ann Arbor: U of Michigan P, 2008.
アリストテレース『詩学』松本仁助、岡道男訳、『アリストテレース　詩学・ホラーティウス　詩論』松本仁助、岡道男訳、岩波書店、二〇一五年。七―二二二頁。
貴志雅之「テネシー・ウィリアムズ、亡霊のドラマトゥルギー――記憶、時間、エクリチュール」『英米研究』(大阪大学英米学会誌)第三八号、二〇一四年三月二五日。一二五―一四三頁。
ソポクレスの『オイディプス王』高津春繁訳、『ギリシャ悲劇全集　第二巻』呉茂一、高津春繁、田中美知太郎、松平千秋編、人文書院、一九八四年。二二三―二七〇頁。
ホジソン、テリー『西洋演劇用語辞典』鈴木龍一、真正節子、森美栄、佐藤雅子訳、研究社出版、一九九六年。

# 第十一章

# 幸福と寛容の表象

## ――ジョン・パトリック・シャンリィの『ダウト――疑いをめぐる寓話』

原　恵理子

### はじめに――「幸福の追求」と疑念の重要性

ジョン・パトリック・シャンリィの『ダウト――疑いをめぐる寓話』（以下、『ダウト』）は、二〇〇四年一一月にマンハッタン・シアター・クラブで初演された。同公演は二〇〇五年三月にはブロードウェイに進出し、作品は高い評価を受けて、二〇〇五年度のピュリッツアー賞やトニー賞などを受賞した。また、二〇〇八年に映画化された『ダウト～あるカトリック学校で～』はアカデミー賞五部門の候補にも選ばれた。[1] シャンリィは本作の映画化にあたり脚本を書くだけでなく、監督も務めたが、一九九七年には『月の輝く夜に』でアカデミー賞オリジナル脚本賞をすでに受賞するなど映画界での活躍も注目に値する。

アメリカ演劇界ではシャンリィは、主にオフ・ブロードウェイやオフ・オフ・ブロードウェイで着実な活動を続けてきた。『アメリカン・シアター』（二〇〇四年一一月号）の「ジョン・パトリック・シャンリィの進化」と題した特集記事は、ブロードウェイ初演作『ダニーと紺碧の海』（一九八三年）から『ダウト』まで、ほぼ二〇年にわたる彼のキャリアを再考し、本作を「シャンリィの長い劇作家人生において、詩的に抑えた精神と深い洞察力をもつ真摯さで展開する最も力強い戯曲」(Coe 22) と位置づけている。

この記事の明晰な分析によれば、シャンリィの登場人物は「超越性、絆、新しいアイデンティティ」を探求するために、コミュニケーションの現場でただ言葉というよりは身体表現も重視する (Coe 23)。シャンリィが劇作家として進化する一方で、持続的な関心は相互に密で、すべての人びとを包摂する関係性と「何でも話せる」コミュニケーションの模索である (Coe 98)。『ダウト』もこの関心の一環として書かれていると推測できる。本作は九場の構成で上演時間九〇分、四人の登場人物というミニマリズムに徹して、物語の結論を明示せずに観客の思考を促し、劇場全体を論争の場に変える。さらにシャンリィは劇場から社会へと繰り広げられる演劇コミュニケーションの潜在的可能性にも期待する。

では『ダウト』は論争をどのように展開し、観客を引き込むのだろうか。本作の重要な争点は劇の題名「疑念」である。時代背景は一九六四年、舞台はニューヨークのブロンクス地区のカトリック系の学校である。校長のシスター・アロイシスは、フリン神父と黒人男子生徒ドナルドの不適切な関係に疑いを払拭できずに、若いシスター・ジェームスや保護者のミラー夫人を巻き込み、行動に出るが、道徳的ジレンマに陥る。こうした物語はシャンリィがよく似た体験をしたという意味で自伝的戯曲ではあるが、アメリカ合衆国（以下、アメリカ）の「幸福の追求」と「その行方」にも問題提起すると思われる。シャンリィ劇の特徴である言葉の力は個々の人間の内実だけでなく、「アメリカが明らかな病状を呈して」(vii)[2] 幸福とは言い難い社会の深層も照らし出すからである。

さらに興味深いことに、シスターと神父、保護者の誰もが生徒の幸福を願うのだが、疑念の中心的存在で舞台上の不可視性を付与される黒人男子生徒の「生命、自由、幸福の追求」の権利をめぐり対立する。その結果、カトリック系の学校を舞台に緊張をはらむアイデンティティ・ポリティクスや権力構造が浮上し、『ダウト』は「幸福の追求」の諸相と「その行方」の現実を暴く。また、シャンリィの献辞は修道女に捧げられ、悪意や嘲笑の的になる不幸な状況でも行動をした彼女たちの寛大さを称える。本論はこれらの点に着目して、『ダウト』が疑念をめぐる二項思考の片方に軸足をおかずに、両者の側から検証することを考察したい。そのうえで、本作がこうした批判的まなざしの寛容表象である革新性を解明したい。

## 真実と虚構をめぐるせめぎあい――シスター・アロイシスの哲学

シャンリィは、序文で『ダウト』の基盤が議論で確信が揺らぐ感情にあったと述べている。こうした不確実性は彼が生きる時代や人生において表現不可能な「言葉のない存在」(viii) だという。シャンリィはこれに疑念と名づけ、その定義を語り始め、自己のアイデンティティについて言及する。〈自分は誰なのか〉の問いに不変の答があろうとも、虚構にすぎず、実際はもうひとりの自己が存在するために、疑念は表層に浮上するのだ。重要なことに、シャンリィは社会に新たな変化をもたらす「疑いは『現在《いま》』へ再突入するきっかけ以外の何ものでもありません」(viii) と強調する。

そのためシャンリィは、本作の時代背景をあえてケネディ大統領暗殺事件の翌年で、新公民権法が成立した一九六四年に設定する。そして彼は激動の六〇年代を「世界全体がある種の果てしない思春期を通り過ぎているような時期」(viii) だとの見方をする。たしかに第三世界では民族独立運動、アメリカ国内では公民権運動、学生運動、女性解放運動、さらに先住民やセクシャル・マイノリティの権利獲得に向けた運動、ヴェトナム反戦運動といったように、既成の社会秩序や古い価値観に批判的まなざしを向けて、見直しを図る気運が強まった時代である。また、シャンリィと同じくアイルランド移民に出自をもつジョン・F・ケネディは初めてWASPの家系以外で大統領候補となり、一九六一年「ニュー・フロンティア」理念や政策を掲げ、四三歳の若さで大統領選に勝利した。

ケネディ大統領は新しいアメリカン・ドリームや、国民に自発的な行動を促す若きアメリカン・ヒーローを表象する。だが、ケネディ大統領登場によるアメリカの「幸福の追求」の最中に「その行方」は悲劇に遭遇する。一九六三年一一月二二日、南部遊説中に起きた大統領暗殺事件である。『ダウト』冒頭のフリン神父による説教はこの事件について触れ、悲劇が引き起こす喪失体験におけるアメリカ人の絶望感が「共通の無力感」として「絆」になると語る。この場面が観客に想起させるのは、二〇〇一年九月一一日に起きた同時多発テロ発生による喪失体験からの不安や恐怖にちがいない。『プレイビル』は本作がブッシュ政権時代にふさわしく「テロへのキャンペーン」を再定義する完璧な作品だと評している (Jones 1)。

アメリカは二〇〇一年の一〇月にはテロの報復の大義のもとにアフガニスタンを攻撃。さらに二〇〇三年三月、ブッシュ政権はイラクが大量破壊兵器を保持すると見て、米軍主体の有志連合軍がイラクに侵攻した。シャンリィは、これらの出来事を二〇一七年四月、本作再演に向けたインタビュー「『ダウト』、あの時と今」のなかで振り返る。このインタビューによれば、シャンリィの『ダウト』執筆当時にイラク侵攻が最終段階を迎える。彼は大量兵器破壊の存在をめぐるメディア報道を注意深く検討したが、確証を得られなかった。いまや周知の事実であるように、大量破壊兵器の存在は虚偽の情報だったのだ。当時の彼はトーク・ショウでイラク侵攻の理由を自信ありげに議論する人びとを見て、これはむしろ信仰という行為にほかならないと実感したという (Dubov 3)。

それというのもシャンリィは一九六〇年代にカトリック系学校で過ごし、みんなが「共通の夢」「社会の掟」「同じ信仰」(ix) を基盤に年齢を超越したひとつの有機体として、暖かさや安全を求めて一団となり、確信を共有できた経験を懐古する。同時に彼はこうした幸福が無防備ゆえに「略奪者」「狩人たち」に奪われた行方を明かす。その結果、「幸福の追求」の文脈において、シャンリィは「古くから賢者たちが実践してきた手法」(ix) として疑念の重要性に鋭敏になる。だから『ダウト』の登場人物に疑念の追求こそ「幸福の追求」だと信じるセント・ニコラス・スクールの校長でシスターのアロイシスを創出したのだと思われる。では五〇代か六〇代のアロイシスはいかに疑念と対峙し、生徒の「幸福の追求」に妥協を許さないのであろうか。

第七場は、三〇代後半のフリン神父が疑念をめぐりアロイシスとの対立を深めていくなかで、二〇代のシスター・ジェームスと話す庭の場面である。フリン神父はジェームスが敵か、味方かを探るが、彼女は「シスター・アロイシスの問題です」(39) と明言する。そこでフリン神父はアロイシスが生徒に一度も手を差し伸べず「氷のかたまりのようだ！」(40) と批判し、「子供に必要なのは、暖かさ、優しさ、それに理解ですよ！」(40) と自らの教育哲学を披露する。そして彼はジェームスの哲学も「優しさ」にあると共感し、アロイシスの哲学に疑問を投げかける。

フリン神父　シスター・アロイシスの哲学はなんだと思いますか？
　　　　間
ジェームス　考えるまでもありません。ご自分から教えてくれました。……あの方は暖かさを奨励していません。私に、子供たちとの距離を置くよういわれました。(41)

ここではアロイシスの哲学は、フリン神父やジェームスの哲学とは対極にあると示唆される。しかし、アロイシスの暖かさを奨励しない教育が彼女自身の暖かさを否定するものではないと、賢い観客は気づくにちがいない。彼女は視力の衰えた同僚のシスターにたいして気遣いで接するようにとジェームスに願うのだから。ここで言及される「子供たちとの距離」とは、アロイシスが生徒を守る「幸福の追求」の文脈において、教育上の哲学としての批判的まなざしであり、シャンリィが見直す疑念の価値ではないだろうか。フリン神父とは対照的に、アロイシスにとっての良い教師とは「教育的・精神的・人間的な注意力」(12)をもつ人である。彼女がジェームスに求めるのも問題児ウィリアムの鼻血に注意を払うだけでなく、疑念を抱くことである。したがって生徒の「幸福の追求」における疑念の重要性とは、「子供たちとの距離」を重んじる教育の中核をなすものにほかならない。アロイシスの教育方針にもその特異性が示唆される。たとえば、美術やダンスのような芸術の時間は無駄であり、史実に忠実に教える歴史教育が大切であり、生徒の美しい筆跡のためにボールペンの使用は禁止である。

アロイシスは、ト書きによれば「用心深く、控えめで、感傷に左右されない」(7)のだが、その性格形成の過程も明かされず、個人の人生も戦争未亡人としか知らされずに謎のままである。しかし、ジェームスに疑念をめぐる確信の根源を訊ねられたアロイシスは「経験からです」(35)と、返答する。エリザベス・カリングフォードの緻密な分析によれば、こうした経験的事実認識に基づいた台詞から、アロイシスが修道会に入る前に結婚の経験があるので誰よりも性の知識があり、以前に児童虐待をする神父を扱った経験からも本能的行動への心構えができているのだという(257)。この指摘は説得力を持つ一方で、シャンリィは生徒の「幸福の追求」においては経験値にも限界があると示唆する。

だからシャンリィは、ジェームス同様に、フリン神父がアロイシスに確信の根源について問う場面を呈示する。

その答えは、学期初日に神父がウィリアムの手首に触れると、彼が手を引っ込めるのを目撃したからだという。これらの場面で明確になるのは、疑念の理由や証拠を検証せずに、一回限りの目撃や人生の経験だけで、疑念が絶対的確信にとって代わる不安や恐怖である。本作はアロイシスの言葉――「疑いを感じます！　重大な疑いを感じています！」(58) で幕が下り、疑念の真相はふたたび謎のままである。重要なことに『ダウト』は、観客の寛容な判断に委ねられる。したがってシャンリィは疑念を契機に「幸福の追求」と「その行方」の「現実《いま》」を捉え直す出発点として批判的まなざしと寛容の役割の重さを伝えている。シャンリィは「疑いは終わりがなく永久に続く――情熱のいる修練だからです」(ix) と訴えるように、真実と虚構のせめぎ合いにおいて、二項対立思考に支配されない「修練」を哲学に求めているといえる。

## 絆と排除の力学――フリン神父のもうひとつの顔

シャンリィが着目した一九六〇年代にはカトリック教会にも新たな動きがあった。一九六二年から六五年には教会の現代化に向けての課題「時代への適応」（アジョルナメント）を討議するべく第二ヴァチカン公会議（世界教会会議）が開催された。教会の定義や社会的姿勢や役割の根本的見直しが図られる。『ダウト』はこの第二ヴァチカン公会議の課題を視野に入れて、フリン神父に新しい教会の表象を託している。[3] フリン神父はもっと身近な教会の存在を目標として掲げ、ローマからの使者でなく家族の一員として、コミュニティに貢献するべく少年たちをキャンプに連れだす、世俗的な歌を歌わせ、アイスクリームを食べさせる提案などをする。

他方、アロイシスは、誓いを立てた修道女としてアイデンティティの差異化を望むのは教区の労働者階級の人たちだとの考えを明かす。アロイシスが固守する伝統的な古い教会と、フリン神父がジャージ姿でバスケットボールを男子生徒に指導する場面において描き出される「男らしさ」のジェンダー教育や進歩的な新しい教会との対比を通して、教会のアイデンティティをめぐる対立も見て取れる。『ダウト』は、こうしたアイデンティティの対立が「幸福の追求」の行方にも介入する。フリン神父は、第二ヴァチカン公会議のミッションを自分のものとして「あの子のことはとても気にかけているんだ」(55)と強調し、ドナルドの「幸福の追求」をする。しかしながら、アロイシスが「聖職者の恥」(56)だと見なすフリン神父の行為について、ペドフィリアか、ホモセクシュアリティか、児童虐待かの疑惑は検証されず、生徒の証言もなく、「その行方」は学校からのフリン神父追放となる。皮肉にも、彼は移動先の教会と学校で司祭に任命され、栄転となる。本作はジェンダーの観点から男性中心のカトリック教会の価値観や階層性秩序の問題を可視化する。

たしかにアロイシスが幾度となく教会内のジェンダー化された権力構造を仄めかし、修道女の無力さを力説する場面がある。シャンリィは自らの体験をもとにこうした修道女の立場を熟知しており、修道女と聖職者にまつわる権力とジェンダーの問題に関しても批判的なまなざしを向けている。[4] アロイシスの最終的な行動とは、神父の前職の教会に電話し、シスターから悪行の前歴を突き止めたと嘘をつくのだ。嘘の効き目は神父の退職願いであり、それは彼自身の告白にほかならないと、彼女はこう断言する。「私が思ったとおりの人間でした。そして彼は去っていきました」(58)と。しかし、この嘘は事の真偽の問題ではなく、疑いを信じるか、信じないかの問題に集約されるであろう。

そのために『ダウト』の疑念をめぐる対立はアイデンティティ・ポリティクスである点にも注意を払うべきであ

る。『アメリカの文化戦争』を著したトッド・ギトリンは、アイデンティティ・ポリティクスのあやうさを「標語《キャント》が思考をあやつり、深い価値判断に取って代わり、錯雑しか存在しないところに確実性の幻想を生み出し、流動的なはずの現実を固定化してしまう」（一五〇）と指摘して、次のように述べている。

アイデンティティを示すスローガンがアイデンティティ・ポリティクスを支えている。生まれ、身体的特徴、民族的出自、性別、身体障害等に視点を据えてはじめて主張や伝統、深い真理なるもの、生活様式の本質が見えてくるのが、アイデンティティ・ポリティクスである。これらの特徴が硬直化しスローガン化してアイデンティティを示していくのであるが、その始点には中間を認めない二項思考がある。（一五〇）

ギトリンの指摘のように、『ダウト』が疑念の重要性を訴えるのは、幻想の確信を生み出さず、「現実《いま》」を流動化させて、「幸福の追求」と「その行方」にも新たな解釈を介入させるためではないだろうか。したがって、本作は「幸福の追求」のために、どんな人のなかにもある疑念、真実を知りたい、誰かとつながりたいという欲望が絆をつくっていくことを見出す。フリン神父の説教は「疑惑というものは、確信と同じくらい強力で、長続きする絆に成り得るということです」(6) と強調する。

そのうえ『ダウト』の副題としての寓話は、こうした疑念や絆とあわせて、排除の力学を際立たせる。第一場の説教は貨物船沈没事故の寓話である。ひとりの船員を除いて全員が溺死、その船員が二〇日間大海原をさまよった挙句、設定した針路に疑念が生まれ、それを確かめる術がないまま「終わりが見えないさまよい旅」をすることになる。しかし、このような信仰心の危機に際して、フリン神父は「あなたが道に迷ったとき、あなたは独りではないのです」(6)と絆の意義を説く。

他方、第六場の説教では噂に関する寓話が紹介される。ある女性が「よく知りもしない男の噂」(36)をして懺悔に行き、老神父に赦しを乞う。だが、彼は噂の検証のために、女性に枕をナイフで切り開き、飛んで行った羽根の回収を試みるように教示する。しかし、当然の帰結として羽根を取り戻すことはできない。噂の流布は、その不確実性ゆえに偏見や固定観念、先入観やステレオタイプさえも生み出し、排除の力学が行使される。つまりこうした言葉の暴力はアイデンティティの危機や取り返しのつかない事態を招き、不安や恐怖に煽られることになる。

さらに「幸福の追求」の文脈で、このような個人の不幸が誰にも知られない孤独感や疎外感、そのうえ助けを求めた神も見放す行方、すなわち排除の力学について、『ダウト』は寓話の意味を深く掘り下げる。以下のジェームスとフリン神父の対話を見てみよう。

> ジェームス　あの枕の話は、フリン先生が考えだしたのですか?
> フリン神父　そう。物事をわかりやすく説明するために、ちょっとした話を作りだすんです。昔からよくある、たとえ話、寓話ですよ。
> ジェームス　作り話より、実際の生活のなかで起こった話のほうが、解釈のしがいがあるのではないですか?
> フリン神父　いや、実際に起こったことは解釈を超えています。真実はあまり良い説教にはならないんです。矛盾しがちで、はっきりした結論が出ない場合が多い。(38–39)

疑念の不確実性に直面する人びとが神さえも頼れない場合、「幸福の追求」は対立軸に阻まれ、時代や社会、歴史や文化、宗教、生命や自由のレトリックとも複雑に絡み合い、出口の見えない「その行方」は解釈を超え、明確な結論がでないままの「現実《いま》」を前景化する。

実際、ジェームスは「世の中がひっくり返ってしまったような気がして」(42) と戸惑うが、フリン神父は人生に迷いを感じるのはひとりではなく、多くの人の共通の経験であると諭し、ジェームスは「絆ですね」(42) と安堵する。フリン神父がジェームスの弟の体調を気遣う言葉を発した途端に、彼女はアロイシスの疑念を「信じません」(42) と言い切る。フリン神父はジェームスに感謝の言葉を言った途端にカラスが鳴き、それに怒鳴り散らす。こうしたフリン神父のもうひとつの顔は、アロイシスが追求の手を緩めない疑念以上に観客の二項思考に攪乱をもたらすにちがいない。しかもフリン神父個人の人生は謎のままである。『ニューヨーク・タイムズ』の記事「ジョン・パトリック・シャンリィの告白」は「本戯曲の力強さはいかに技巧的にシャンリィがあらゆる疑念を二つの側面から暴くかにある」(Witchel 5) と重要な指摘をする。たしかに『ダウト』は二項思考に対する批判的まなざしとあわせて、二項思考自体を両者の側から検証する寛容を求めることで、本作独自の革新性を照らし出すのだ。

## アウトサイダーの意味——批判的まなざしとしての寛容を表象する

『シャンリィによる一三の戯曲集』の冒頭で、シャンリィはアイデンティティこそが作家として、人間として、ひとつの中心的葛藤になり「劇を書くことは自分の人生を生きることだ」(Shanley 1992 7) と力説する。とくに「書くことは、シャンリィにとって、いつもアヽウヽトヽサヽイヽダヽーだった子ども時代をいかに意味あるものにするかを学ぶことだった」(Witchel 4、傍点筆者)。彼にとって一九五〇年、六〇年代、アイルランド系移民の息子として過ごした東ブロンクス地区は創作の源泉であると同時に、「すごく暴力の蔓延する場所」で「極端に反知性主義で極端に人種主義の場所で、そのどちらも自分にはふさわしくない」(Witchel 3) 空間と時間だったからである。

そのためにシャンリィはこうした環境に反抗して問題児になり、転校を余儀なくされる。『ダウト』を書く理由のひとつは、転校先のカトリック系学校にいた少数の人道にかなう教師の存在である (Witchel 5)。また、『アメリカン・シアター』のインタビューでも語られるように、シャンリィが修道女、聖職者のどちらの側にも立てないのは、学校での孤独感ゆえに求めた面倒を見てくれる人がたまたまホモセクシュアルの聖職者だったというだけで、その関わり方も複雑だったという (Coe 98)。

本作で生徒の「幸福の追求」はすべての登場人物の基盤であるにもかかわらず、生徒の姿が舞台に可視化されないのは、シャンリィの子ども時代を投影すると考えられる。また、先に言及したように、本作の献辞は「病院、学校、老人ホームなどで他人の奉仕に人生を捧げた多くのカトリック系修道女」(v) たち捧げられている。だから興味深いのは、アロイシスが生徒の幸福について確認する人物は、いつもジェームスなのである。彼女は「太陽のように明るい心」(7) をもつが控えめであり、「優しさ」の哲学に加えて、道徳的、倫理的意味合いでの寛容な態度でフリン神父とアロイシスの双方に対応することで、本作の精神的支柱になる登場人物と考えられる。というのも最後にジェームスは生徒の「幸福の追求」に関して意味深い指摘をすることになるからだ。

ジェームスは校長室でフリン神父とアロイシスに同席して、疑念の核心を問答する場面では、神父の釈明に納得し、疑念は誤解であり、彼の行動はドナルドを守る「幸福の追求」だと解釈し、最後にすべてを解明できたと納得する。それでも「その行方」はアロイシスの疑念が強化するばかりである。だが、ジェームスの指摘によれば、アロイシスの疑念は、フリン神父の爪が伸びている、紅茶に砂糖を入れすぎる、ボールペンを使用するなど、自分が嫌いなものから生み出され、遠回しに表現されてはいるものの、神父の意味深長な寓話、説教用にメモした「不寛容について」を許容しかねるというだけで強固になり、いわば彼女の憎悪《ヘイト》が疑念を確信に変えたという点を浮上させる。ジェームスはアロイシスに学校を刑務所のように運営をしないよう願うのだが、これは疑念をめぐり「私はもう、この件に関わりたくないんです」(35) と、アウトサイダーの立場を意味あるものとする批判的まなざしと考えられる。

また、もうひとり本作で重要な役割を担うのは、疑念の渦中の生徒ドナルドの母親のミラー夫人である。彼女は第八場の校長室にしか登場せず、宗教の世界からはアウトサイダーであると意識して、疑念をめぐり率直に発言する。ここでもシャンリィは宗教と世俗という両者の側からの検証を試みる。ミラー夫人は「三人の主役に囲まれた空間の気詰まりな宗教的雰囲気に遅れて登場するが、人種、階級、『生来の』性的指向といった複雑な問題を伝える」(Cullingford 259) 役を十分に果たすのだ。アロイシスとミラー夫人の校長室でのやり取りが問うのは、アメリカ独立宣言が謳う「生命、自由、幸福の追求」の基盤となる人権の「現在《いま》」を再考する新たな視角である。

ミラー夫人は労働者階級の黒人女性として、息子がアイルランド系とイタリア系が主流のブロンクス地区の学校で黒人生徒ひとりだけの厳しい環境に身を置く気持ちに寄り添う。ミラー夫人は息子の卒業と大学進学の権利を主張して、アロイシスに何を言われようとも、一貫した態度で息子の幸福を奪われない行方を求めて、疑念を否定し続ける。その一方で、アロイシスでさえもフリン神父が聖職界の仕事を停止されれば、すべてをなくすと反論するのに抗して、「ドナルドですよ、何もないのは」(55) といい、生徒の人権を一番に擁護する。本作の「幸福の追求」は人種、階級、セクシュアリティと、権力や暴力の問題が生命と自由を基盤にした権利とも絡み合い、「その行方」

として〈生〉の複雑さを照射する。

それというのもドナルドの父親が校長室に来室せず、母親の学校訪問にも反対したことから判明するのは、父親が息子を祭壇用のワインを飲んだ事件だけでなく、人種的な問題を起こすのではと恐れて殴った事実である。また、ドナルドが公立学校で殺されかけて転校した事実も明かされる。さらもミラー夫人が「うちの子には――そっちの傾向が。だから、うちの人があの子を殴るんです［……］」(48) というように、父親は息子の未確定なセクシュアリティさえも許容できず暴力を振るうのだ。他方、ミラー夫人は息子の性的アイデンティティの可能性を「神様から授かったもの」として受容する。こうしてシャンリィは暴力や権力さえも超越する寛容な態度を浮き彫りにする。

また、次のアロイシスとミラー夫人のやり取りに見られるように、本作の寛容は、疑念を契機にあらゆる「境界」の「現実《いま》」に再突入することにも表象される。この点に関して、ミラー夫人は「幸福の追求」に新たな解釈を求める。

アロイシス　私が気がかりなのは、フリン先生とあなたの息子さんとの関係なんです。
ミラー夫人　そんな。気がかり、って。どういう意味ですか、気がかりって?
アロイシス　つまり、まともでないかもしれないということです。
ミラー夫人　ははぁ。まあ、だれにでも何か変なところはありますよね。そうじゃないですか?　寛容でなくちゃ。(45)

しかし、アロイシスの「幸福の追求」はもはや疑念の追求にしかない。彼女が問題視するのは、神父と黒人生徒との不適切な「関係」だけである。フリン神父の性的アイデンティティにまつわる問題は深く検討もされずに、二項思考の片方だけが不確実性のもとに言葉にされる。その一方でミラー夫人によれば、ほかの生徒や父親からの憎悪《ヘイト》の孤独感のなかで息子に手を差し伸べたのがたまたまフリン神父だという「関係」でしかないという。こうした愛と憎悪の二項対立思考のように、ここで示唆されるセクシュアリティの境界は「どんな形態であろうとも、アイデンティティ・ポリティクスは仲間と外部との間に異常に明確な線を引く」（ギトリン　一五一）のを暴く。ミラー夫人が強調するように、二項思考を超越する寛容な言説にこそ、二項対立の図式化が隠蔽してきた枠組みにおける問題の所在を明らかにする鍵があるのではないだろうか。

重要なことに、『寛容の帝国』においてウェンディ・ブラウンが考察するように、「今日、寛容は広範囲の立場にまたがり、広範囲の目的のために無批判に普及されている」（ブラウン　五）。だが、「その意味において変幻自在であるだけでなく、その性質において歴史的、政治的に言説的なものであると認識されなければならない」（ブラウン　七）。『ダウト』が描く個人と社会双方の「幸福の追求」の文脈において、ブラウンが指摘するように、寛容をめぐる個人的態度と政治的なレトリックの複雑な絡み合いが「その行方」を左右するといっても過言ではない。シャンリィが着眼した二項対立の両者の側から等しく検証する批判的まなざしは、反寛容でも不寛容でもなく、「人間の苦しみを和らげ、暴力をなくし、二一世紀が嘆願する政治的正義を促進する」（ブラウン　二八〇）という大きな射程を捉えての「政治的な言論と実践を対抗させることができる」（ブラウン　二八〇）寛容のあり様を演劇的に問いかけるものである。この観点から本作は、二項対立思考の片方に軸足を置かずに、両者の側から検証する批判的まなざしとしての寛容表象だと考えられる。

## おわりに──「ポスト真実」の時代に向けての演劇による提言

二〇一六年、世界最大の『オックスフォード英語辞典』(*OED*) は「今年の言葉」として、英国のEU離脱決定やアメリカのトランプ大統領就任に関して多用され、広まったポスト・トゥルース (post-truth) を選んだ。辞書は「世論の形成において、客観的事実よりも感情や個人的信条のほうがより強い影響力をもつこと。受け入れがたい真実よりも個人の信条に合う虚偽が選択される状況」と解説する。「ポスト真実」の時代は信頼できない事実が出回り「あからさまな虚偽がまかり通るだけでなく、真偽か不確かな情報も数多く生み出され共有される」(津田　一九) 特徴が見られ、「感情の時代」として捉えられている。

シャンリィの『ダウト』は、二〇〇四年に書かれてはいるものの、こうした「ポスト真実」の時代の特徴がはらむ問題性を先見的に露わにする。本論で考察されるように、真実と虚構のせめぎあいが起きる境界的出来事は、当時のブッシュ政権によるテロとの戦争宣言を背景にして、疑念と確信をはじめにあらゆる二項対立の図式化を強化したと考えられる。ジュディス・バトラーはポスト九・一一の〈生〉の条件を考察した『生のあやうさ』において「不幸なことにブッシュが提唱した二つのポジションしか可能でないという二項対立──『われわれの側につくか、テロリストの側につくか』──が、その両方に反対し、そうした対立が作られている枠組みそのものを問題にする姿勢を不可能にしてしまっている」(バトラー　二〇〇七　二二) と指摘する。『ダウト』はこの二項対立思考の枠組みや言説それ自体に優れた演劇性で批判的まなざしを向ける表象である。

シャンリィが本作で疑念を駆使して明るみにだしたのは、真実と虚構がせめぎあう不確実な「ポスト真実」の「感情の時代」であり、それゆえ絆と排除の力学が行使される不寛容な「憎悪《ヘイト》」の時代の「現実《いま》」である。さらに建国の理念と「幸福の追求」が表裏一体のアメリカでこのような時代を生き抜くには、「その行方」が政治的に不可分であることにほかならない。たしかに〈生〉の複雑さや不確実さは、ジュディス・バトラーが浮き彫りにする人間の傷つきやすさの「あやうさ《プレキャリアスネス》」や政治的な観念である「不安定存在《プレカリティー》」と結びつくと考えられる。つまり「生の『存在』はそれ自体が選択的な手段をつうじて構成されており、したがって、この『存在』を権力のはたらきの外部に参照することはできない」（バトラー　二〇一一　一〇）。そのために『ダウト』が疑念に新たな意味を与えて、〈生〉の枠組みとしての権力について絶え間なく二項思考の両者の側から問い続け、言語と身体の双方で応答責任を果たす演劇コミュニケーションの意義は深いといえる。

シャンリィは観客にとって登場人物すべての「信頼できない事実」を描きだし、絶えず観客に「信じるか信じないかの抗争」を仕掛ける。特筆すべきは、先に言及した二〇一七年「『ダウト』、今とあのとき」のインタビューでシャンリィは最後にこう語るのである。

> すべての登場人物が各自のやり方で基本的には自分を信じてくれとお願いします。もしミラー夫人が実際、家で起きていることについて嘘をついたのならどうでしょうか。私たちにはわからないのです。それは確かにすべてを変えるでしょうね。そして、このことは四人の登場人物すべてにおいても真実です。かれら四人全員が秘密を抱えています。それについて私の心に疑問はありません。(Dubov 3)

ここでの嘘とは一般的な意味とは異なり、「ポスト真実」の時代が問題にする嘘であり、それは真実や事実を持たないし、むしろ事実自体が信頼性を弱める嘘といえる。

いいかえれば、事実の絶対的確信性があれば、真実か虚構かの決着はつきやすいが、嘘をついているか否かがわからない以上、ミラー夫人がいみじくも劇中で言葉にするように、疑念と確信の境界で白黒を付けるのは容易いことではない。実際、「ポスト真実」の時代には「信じるか信じないかの抗争は、白黒付けるのが困難である。もはやその世界では、事実は人を説得できないのである」（津田　二二）。したがってミラー夫人の「物事には、白黒つけられないこともあるもんですよ」(49)という示唆に富む言葉は「灰色の領域」が呈示する限界への挑戦であり、シャンリィによる疑念の瞬間こそ、変化の始まりであるという希望の哲学とも響き合うのである。だから本作は疑念にこそ社会的胎動があると明らかにして、希望を見出す幸福も表象するのだ。

しかも『ダウト』は、本論で考察されるように、二項対立思考の両者の側から検証することで、アメリカ独立宣言が謳うように、自らの生命と自由を確保したうえで各自が幸福を追求する「その行方」に多様な解釈や再解釈が可能な道筋を求めていると考えられる。本作は登場人物全員が生徒の「幸福の追求」にコミットするが、「その行方」にさらなる謎と深みを与えていくのは観客にほかならない。『ダウト』の批判的まなざしは、学校で唯一の黒人の生徒が祭壇のワインを飲んだ「事件の核心を明るみにだし、聖職者の不適切な行為に白黒をつけることにない。観客が劇場をあとにするとき、結論のあいまいさゆえに議論を呼び起こし、不確実性に目覚めねばならないという」（原　三二）疑念の重要性を浮かび上がらせることにある。したがってシャンリィの演劇戦略は、疑念と確信の二項思考の境界で白黒つかない、あるいはつけられないことにまつわる寛容の論争を呼び起こすことにも焦点化されている。重要なことに、シャンリィの『ダウト』は「ポスト真実」の時代に向けての演劇による提言であり、〈生〉の複雑さや不確実さとともに、「永久的な『現実《いま》』[5]を生きる意味について、絶え間なく問い続けている。

## 註

1 第八一回アカデミー賞の候補として主演女優賞、助演男優賞、助演女優賞二人のほか、シャンリィ自身が脚色賞の候補に選ばれている。

2 以下『ダウト』の訳文は『ダウト――疑いをめぐる寓話』、鈴木小百合+井澤眞知子訳、白水社、二〇〇五年を使用させていただき、引用ページ番号は原著を示す。

3 『ダウト』の背後にある執筆動機のひとつとしてシャンリィが挙げるのは、第二ヴァチカン公会議のメッセージの暗い面である。聖職者が「外に出てコミュニティに入れ」というメッセージと宗教上の独身主義との危険な結びつきがその後に続く問題（聖職者のスキャンダル）と大いに関係があったと、シャンリィは見て取る。しかし、彼の関心はこの問題にはなく、あくまで疑念を取り巻くカタルシス的かつ哲学的な力にある (Coe 26)。

4 二〇〇二年に『ボストン・グローブ』が報告し始めた聖職者による児童虐待が公になったとき、シャンリィが後に認識したのは、シスターが神父の多くを捕まえた事実である。彼女たちは子どもたちの正道をはずれた行為や悩み、成績低下に気づき、いくつかの場合、何が起きているかも発見もした。しかし、カトリックの教会の階層秩序では警察ではなく、司祭に報告せねばならなく、問題は隠蔽された。修道女たちはとても力強い苛立ちや道徳的ジレンマを感じ、その後まもなく大挙して教会を去り始めたという (Coe 26)。

5 『ダウト』は二〇〇八年四月に日本でも上演された。文学座アトリエの会による本邦初演に向けてシャンリィから以下のメッセージが寄せられている――「この戯曲で私は人間の中の絶え間なく判断を行っている部分、生きることの永久的な『現在《いま》』、に触れようとしました。日本の方々が『ダウト』にどのように参加してくださるか、知り得ないことを知らない状況にどう入り込んでくださるか、ニューヨークから期待して見守っています」（『文学座通信』五八四号　二〇〇八年　四月）。

## 引用文献

Butler, Judith. *Precarious Life: The Powers of Mourning and Violence*. London & New York: Verso, 2004.　本橋哲也訳『生のあやうさ――哀悼と暴力の政治学』衣文社　二〇〇七年。

――. *Frames of War: When Is Life Grievable?* London & New York: Verso, 2009.　清水晶子訳『戦争の枠組み――生はいつ嘆きうるものであるのか』筑摩書房　二〇一二年。

Coe, Robert. "The Evolution of John Patrick Shanley." *American Theatre* 21:9 (2004): 22–26, 97–99.

Cullingford, Elizabeth. "*Evil, Sin*, or *Doubt*?: The Dramas of Clerical Child Abuse." *Theatre Journal* 62 (2010) : 245–263.

Dubov, David. "Doubt, then and now: John Patrick Shanley in an exclusive inverview with Quotidian Thetre." 27 March 2017. Web. 22 August 2017.

Jones, Kenneth. "*Doubt*, Shanley's Play About Campaigns of Terror, Opens on Broadway." *Playbill*. 31 March. 2005. Web. 6 April. 2005.

Shanley, John Patrick. *13 by Shanley: Collected Plays・Volume 1*. New York: Applause Books, 1992.

――. *Doubt: A Parable*. New York: Theatre Communication Group, 2005.　鈴木小百合＋井澤眞知子訳『ダウト――疑いをめぐる寓話』白水社　二〇〇五年。

Witchel, Alex. "The Confessions of John Patrick Shanley." *The New York Times Magazine*. 7 Nov. 2004. Web.7 August 2017.

トッド・ギトリン『アメリカの文化戦争――たそがれゆく共通の夢』疋田三良・向井俊二訳　彩流社　二〇〇一年。

津田大介・日比嘉高『「ポスト真実」の時代』祥伝社　二〇一七年。

原恵理子「*Doubt*――新しい変化の始まり」『英語青年』第一五一巻／第七号　二〇〇五年　三二頁。

ウェンディ・ブラウン『寛容の帝国――現代リベラリズム批判』向山恭一訳　法政大学出版局　二〇一〇年。

# III

# 言語・歴史・イズム

# 第十二章

# ナンシー・ランドルフの幸福の追求

## ――歴史／小説にみるジェファソン周辺の「幸福の館」

白川　恵子

### はじめに――不幸なスキャンダル

「生命、自由、幸福追求の権利」を謳って植民地を独立に導いたトマス・ジェファソンが、不可侵の生得権から公的に除外された混血奴隷情婦一族を、モンティチェロの私邸内部に囲っていた事実が、一八〇二年、ジェイムズ・カレンダー（James Callender, 1758–1803）によって暴露されて以降、ジェファソン家、ウェイルズ家、ヘミングス家の複数世代に及ぶ複雑な人間関係について、多くが知るところとなった。ルシーア・スタントンの研究書のタイトルに倣えば、ジェファソン家の「幸福のために働く」農園奴隷たちの生活が明らかになる一方、建国の父一族の私的な幸福を血縁内部から支え続けた奴隷母娘の存在が知らしめられたのである。もちろん、サリーとジェファソンとの関係は、アメリカ文学の想像力生成にも一役買ってきた。ウィリアム・ウェルズ・ブラウン（William Wells Brown）、バーバラ・チェイス＝リボウ、スティーヴ・エリクソン（Steve Erickson）が、二人の関係を示す歴史小説を上梓してきたのは、周知であろう。

ところが、ジェファソンがサリーと関係を続けていた同時期に、彼の親族では、別の事件が発覚し、裁判沙汰となっていたことを知るものはあまり多くないだろう。大統領の混血情婦の噂がかすむほどの「一八世紀アメリカにおける最初の大スキャンダル」が、名門ランドルフ家にて起こっていたとあっては、この不幸に注目せざるを得ない。本稿では、近親相姦容疑と嬰児殺害遺棄容疑事件を紹介し、その中心となった人物、特にアン・ケアリー・ランドルフ (Ann Cary [Nancy] Randloph, 1774–1837) ——通称ナンシー・ランドフル——の生涯から、共和政期の個人の幸福——あるいは不幸——について、何が暗示的に読み取れるのかを考察したい。誘惑小説や感傷小説が華やかなりし折に、南部名家において、その実例と思しき事態が義兄妹間で起こったのは、それだけで十分に煽情的であった。不義の果ての殺人疑惑は、裁判にまで発展し、被告無罪で結審する。ところが二〇余年も経たのちに、当時の裁判証言が、当事者自らによって覆されたのだから、この事件が、歴史家や小説家の興味を引いて止まぬのも道理であろう。しかも、こんにちでも依然、事件の真相は藪の中なのだ。ランドルフ家の事件は、「幸福の追求」の社会的発展モデルの中枢概念を担ったヴァージニア(チェサピーク)を舞台として発覚しただけでなく(グリーン 第四章)、米独立・建国の政治史に貢献したジェファソンと同等の大建物が複数係わっていたという意味においても、建国期の個人による「幸福の追求」の一事例として考察するに値すると思われる。

本稿が目指すのは、従って、特定の文学作品を取り上げて、そのテクスト内に描かれている「幸福」ないしは「不幸」の要素を抽出し、文学的な読みを展開する作業ではない。むしろ、歴史に埋もれた一事件が、煽情的かつ感傷的な内容に関して、当世の文学流行との一致を示す一方で、それを転覆する契機をも有していた実態を示すことにある。もちろん、本件を物語化した文学テクストは存在するけれども、真相が闇に包まれている事件について文字化する場合、歴史的説明と文学的表象との弁別は、時に困難となり、その幸不幸の要素は、双方から暗示的に読み込まれうるはずである。共和政時代に、スキャンダルに翻弄されながらも、幸福を追求した女性とその周辺の「不幸な」農園の崩壊とを対比し、その過程で、キリスト教倫理導入のために作りだされた「幸福の館《マンション・オブ・ハピネス》」という名のボードゲーム（盤を使用する双六ゲーム）の多義性についても考えたい。

## 正当な法の手続き――一族の名誉のために

本件の事件概要を示す前に、まずはランドルフ一族について、述べておくべきだろう。ランドルフの祖は、ターキー・アイランドのウィリアム (William Randolph of Turkey Island, 1651–1711) で、孫のメアリは、ポウハタン (Powhatan)、ポカホンタス (Pocahontas) の血を引くと言われており、北米英領植民地の始まりとともに派生した由緒ある血統を一族は誇りにしていた。ジェファソンの母ジェイン・ランドルフ (Jane Randolph) は、一族の三世代目で、父のピーター・ジェファソン (Peter Jefferson) は、ナンシーの父トマス・マン・ランドフル・シニア (Colonel Thomas Mann Randolph, Sr. of Tuckahoe, 1741–1793) の後見人をつとめていた。名門一族にスキャンダルの汚名を残したナンシーおよびリチャードは、五世代目にあたる。ナンシーは、二歳違いの姉ジュディスとの関係が緊密であった。また、姉妹の兄であるトマス・マン・ランドルフ・ジュニア (Thomas Mann Randolph, Jr., 1768–1828) は、ジェファソンの娘婿で、後のヴァージニア州の知事である。ランドルフ一族は、その多くがいとこ同士で結婚する慣習を有しており、ナンシーの父母はもとより、ナンシーの姉ジュディスとその夫リチャードも、ジェファソンの娘マーサとトマス・マンもいとこ同士である。ナンシーの出産と嬰児殺害容疑の舞台となったグレンディヴァー農園のランドルフ・ハリソン夫妻 (Mary and Randolph Harrison of Glentiver) もいとこ同士で、かつこの夫婦は、ジェファソンのいとこでもある (Crawford 6–7)。奴隷一族を含めたモンティチェロの血縁のみならず、ランドルフ一族全体が、数世代にわたり親族間の深いつながりによって成立していたのである。

タッカホーの農園で幸福な少女時代を過ごしていたナンシーの暮らしが変化し始めたのは、母親の死によってであった。一七八九年に母のアン・ケアリーが亡くなると、翌年、父トマス・マンは四九歳で再婚する。一九歳で前妻が残した一三人の子供の義母となったガブリエラ・ハーヴィー (Gabriella Harvie) と義娘とは折り合いが悪く、追われるようにして実家を出た一七歳のナンシーは、新婚の姉ジュディスが暮らす人里離れたビザール農園に身を寄せる。ジュディスの夫リチャード・ランドルフ (Richard Randolph of Bizarre, 1770–1796) は、三人兄弟の長男で、知的である一方、不遜で怠惰な性質だったと言われている。学業を全うせず、プランター階級の貴族的プライドから、実際的な職業に従事するのを嫌っていた。次男セオドリック (Theodorick Randolph, 1771–1792) は、放蕩の末、病で早逝し、三男のジャック (John [Jack] Randolph of Roanoke, 1773–1833) は、のちにロアノーク農園に居を構え、断続的ながらも長期にわたって、上院、下院の国政の舞台で活躍し、ジェファソンにも重用された (Crawford 154–56)。だが彼は、後にナンシーを脅迫し苦しめる宿敵ともなる。

さて、ナンシーがビザール農園にて姉夫婦との同居を始めて、しばらくたった一七九二年、リチャードとジュディス夫婦は、それぞれの弟妹——ジャックとナンシー——を伴い、グレンティヴァー農園のいとこランドルフ・ハリソン邸を訪問する。このハリソンの屋敷で事件が起こる。ある日の深夜、ナンシーの具合が悪くなり、隣室にいたリチャードがメイドと共にこれに対応。若い女性の体調不良に対し、医者を呼びにやるでもなく、姉のジュディスやハリソン家の女性が世話するわけでもなく、義理の兄が対処するという不自然さに加え、夜中、奇妙な足音が響く。また枕カバー、廊下、屋敷の外に積まれた屋根板には、血痕が目撃された。これらから推察して、ハリソンの奴隷たちは、ある噂をささやき始める。近親相姦的不倫の果てに、妊娠を悟られぬように隠し続けてきたナンシーが、ここでにわかに産気づき、密かに産み落とされた嬰児を、その子の父親であろうリチャードが、始末したのではないかと言うのである。同時に、そもそもビザール農園において、リチャードとナンシーとが、過度に親しくし過ぎていたと指摘され、その日常のしぐさや態度が、改めて周囲から話題にされだした。もちろん、こうした噂を、グレンディヴァー屋敷の主人ハリソンも、リチャード自身も全面否定し、ナンシー一行は、何事もなかったかのように農園をあとにしたけれども、疑惑は深まるばかりだった。

感傷小説のプロットに精通していた共和政期の大衆にとって、これは、当時のベストセラー『親和力』(*The Power of Sympathy*, 1789) や『シャーロット・テンプル』(*Charlotte Temple*, 1791)、さらには『コケット』(*The Coquette*, 1797) を彷彿させる現実として、まさしく「時節に合った」不祥事であった。これらの小説は、いずれも若い女性が誘惑されて身を持ち崩し、産褥により命を落とすという点で一致している。殊に義兄との間の近親相姦的不義を描写した『親和力』は、まさしくナンシーの実話との親和性が極めて高い虚構であった (Kierner 81–83)。

一向に収まらぬ疑惑に対して、リチャードは、法律家である義父セント・ジョージ・タッカーに相談し、大胆な対策をとる。明らかに私的なスキャンダル処理のために、新聞紙上と法廷という公的な場を利用したのである。まず、『ヴァージニア・ガゼット・アンド・ジェネラル・アドヴァタイザー』紙上に「市民のみなさんへ」と題した弁明を掲載し、グレンティヴァー農園での噂を否定した上で、リチャード自らがカンヴァーランド郡裁判所に出向き、潔白を証明すると公言したのである。嬰児殺害容疑について係争した「ヴァージニア州対ランドルフ」事件裁判（一七九三）には、独立の英雄であったパトリック・ヘンリー (Patrick Henry) と、のちの第四代連邦最高裁判事ジョン・マーシャル (John Marshall) とが弁護人として雇い入れられて登場する。裁判には、ジェファソンの娘マーサといった親族をも含む多くの証人が召喚された。リチャードとナンシー側に不利な証言もなされたものの、ヘンリーの弁舌とマーシャルの理屈が、ことごとくこれに反駁すると、状況証拠しか存在しなかった本件は、リチャードによる嬰児殺害どころかナンシーの妊娠・出産の事実すらなかったとして、程なく結審する。いうなれば、ランドルフの全面勝利である。疑わしき点は残れども、マーシャルによる指摘——本来隠蔽するべきはずの不義の子の出産を、敢えて他所で行うこと不可思議や、遺体処理をしたと思しき痕跡の杜撰さは、常識的見地を超えるとの弁論——が功を奏した。また、被告およびナンシーに不利益になる窃視情報提供者を揶揄する弁論の名手ヘンリーの口舌も冴えていた (Crawford 91–97)。

だが、ゴシップの力を熟知していたタッカーは、さらなる用心として、裁判直後にも、再度『ヴァージニア・ガゼット』を利用した。「市民のみなさんへ」と付した記事内に、嫁であるジュディスの手紙を掲載し、義理の息子をいわれなき噂の被害者、その妻を無実の夫を支える健気な南部淑女として強調して見せた。シンシア・キエーナ曰く、ジェファソン級の要人ならばまだしも、ランドルフ家の一員であるとは言え、政治的に無名のリチャードの個人的なゴシップが、公的な新聞紙上で取り上げられることなど、通常はありえず、しかも、それがジャーナリズム側のすっぱ抜きではなく、当事者側からの公示によってなされるのは、極めて異例であった (77–80)。こうした一連の展開によって、かえって醜聞の真相が不明瞭となった。法廷や新聞紙上という、公的かつ政治的な場をいわば私的に活用したランドルフ家の「生命、自由、幸福追求の権利」は——各人の感情としての幸福はさておき——ひとまず遂行され、リチャードと義父タッカーの戦法によって、一族の名誉は辛くも守られた。しかしながら、驚くことに、本件には続きがある。一事不再理の原則に従えば、事件が問われ直すことはないにもかかわらず、しかも義兄妹の容疑は晴れたはずなのに、いま一人の当事者たるナンシーが、彼女自身の幸福の追求のためゆえに、のちに、このときの証言内容を覆し、偽証を告白した上で真相を公表したのである。本件は、まこと、奇怪な事件であったと言えるだろう。

## 相続権の確保——私的幸福追求のために

法の手続きにより、リチャードの無実が証明される一方で、では、ナンシーはその後、いかなる人生を歩んだのか。貞節を美徳とするジェンダー規範に基づくならば、醜聞がでた時点で、彼女に全うな将来がないと考えるのが「正しい」見方だろう。誘惑小説の道徳規範は、不貞には不幸を持って償うべしと教えていたはずである。だがナンシーの幸福の追求は、教訓物語の要請に沿ってはなされない。ナンシーは、フェデラリストの大物と結婚し、多くの南部農園が崩壊する中、その広大な家屋敷を守り抜き、最終的に、「勝ち組」となったのである。

裁判から三年後の一七九六年、リチャードが二六歳で夭折すると、奴隷解放を指示する遺言の影響もあって、ビザール農園の経済状況は悪化する。ナンシーは、その後も当地に留まっていたのだが、逼迫する生活の中で、次第に姉ジュディスや、農園管理を任された義弟ジャックとの折り合いが悪化していく。[1] 一八〇五年に、ビザールを後にした彼女は、実家を含め、親戚縁者を頼って短期逗留を繰り返しながら、各所を転々とする生活を送る。経済的困窮による金の無心が重なり、労働によって自活への道を余儀なくされたナンシーは、数年後、父の旧友であったガバヌーア・モリス (Gouverneur Morris, 1752–1816) を頼ってニューヨークへ向かう。この折、モリスは、すでに最高裁判所主席判事となっていた友人ジョン・マーシャルに問い合わせ、ナンシーの過去のスキャンダルと裁判について、調べていたことが分かっている (Carwford 196–97; Kierner 126)。個人的に没落したとはいえ、ナンシーは、南部きっての名家の女性である。一八〇八年、モリスは慎重かつ丁重に、屋敷での使用人職を提案すると、ナンシーはこれを受諾。翌年からモリス邸に入ったナンシーを、初老の主人はいたく気に入り、「私の幸せのために必要な資質と感情を備えた」女性と絶賛する (Kierner 126)。一八〇九年のクリスマスに、二人は結婚し、一八一三年には、息子ガバヌーア・モリス二世にも恵まれる。不幸のどん底にいたナンシーは、いったんは家政婦に身をやつすも、モリサニアの女主人、ニューヨーク名門一族の正当嫡男の母となったのである。結婚当時、ナンシーは三五歳、モリスは五七歳であった。[2]

ガバヌーア・モリスは、連合規約の署名者であり、憲法起草と批准にも貢献した建国期の要人で、フランクリンやジェファソンとも親しいフェデラリストの大物政治家兼資産家であった。ナンシーとの結婚は、モリスが駐仏大使 (1792–1794)、上院議員 (1800–1803) を経て、エリー運河設立委員会の長を務めていた時期 (1810–1813) になされ、その後、一八一一年には、碁盤目状街区とするマンハッタン都市計画を策定している。ちなみに、異母兄のルイス・モリス三世 (1726–1798) はニューヨーク植民地代表の独立宣言署名者であり、またニューヨーク南西部（こんにちのブロンクス周辺）にモリサニアを築き発展させた祖父のルイス・モリス一世 (1671–1746) ——ニューヨーク植民地主席判事を経て、ニュージャージー植民地総督となった——は、憲法修正第一条、すなわち出版・言論・表現の自由保障の前例となったゼンガー裁判時（一七三五）に被告側を擁護し、総督の権力濫用を批判した主要人物の一人であった (Hoffer 36–44; Lepore 25–26, 76–77)。ランドフル一族の一員であるジェファソンは、独立宣言で所与の生得権を明示し、国家の最高権力者となったが、モリス一族は、植民地の独立を支え、共和国の政治機構を整え、基本的人権を憲法によって補完した者たちであったと言える。だとすれば、ランドルフとモリスの両一族に深く係わったナンシーは、世紀的醜聞と言われた事件を乗り越え、民主共和党支持背景のヴァージニアから連邦党一族のニューヨークへ、ひいては南部農園主の娘から北部大物政治家の妻へと、地政学的越境を果たし得た幸運の持ち主であったと考えられる。

しかしながら、夫との、最高に幸せで、安堵でき、落ち着いた九年間の結婚生活にあっても、ナンシーは、自身の身内であるジャックやガバヌーアの遺産を狙っていた夫側の親族から中傷され、息子ともども正当な相続権を剥奪される危機に苛まれ続けた。過去のスキャンダルが掘り返され、根拠のない不貞を理由に、息子の嫡子としての正当性を疑われたのである。一八一四年、モリスの甥のデイヴィッド・バイアード・オグデン (David Bayard Ogden) と結託して書かれたと思しきジャックの手紙は、ナンシーの幸福な結婚を崩壊させんとする悪意に満ちていた。そこには、嬰児殺害やリチャードの早すぎる死をナンシーの仕業とし、ビザールでの彼女と奴隷男性との昵懇ぶりが語られ、その性的放埒さゆえにこそナンシーは姉のもとから去らねばならなかったと書かれていた。そしてモリスに向けて、「吸血鬼」の「毒牙」に留意されたしとの忠告も添えられていたのである (Crawford 228–40; Kierner 136–37)。

「私が胸に抱きしこの気の毒な家なき子［ナンシー］」に対してがなり立て、彼女が幸せだからといって、これを憎むような輩」には、高次の権威をもって応えるべし (Crawford 242) ——要するに、愛する妻の幸せを逆恨みするような相手は、無視せよとの夫の勧めにもかかわらず、ナンシーは、真っ向から対抗する。翌一八一五年、ジャックが送ってきた手紙の写しとともに、それに対する論理的な反駁をしたためた返信を、ワシントンとヴァージニアのジャックの政敵、少なくとも二〇人以上に送りつけたのである (Carwford 245–53; Kierner 139–40)。単なる私信ではなく、ジャックの性質を知らしめ、確実に政治的効果を与える手紙を、意図的に流布させるのは、大胆な行為だった。というのも、反駁の過程で、ナンシーは、かつての裁判での証言は虚偽であったこと、すなわちグレンティヴァー農園での出産は事実であったと暴露したからである。ただし、産み落としたのは、義兄リチャードのではなく、次男のセオドリックの子供であり、死産であったと明かした。ジャックの人格攻撃という確固たる目的意識の下に証言が覆されたわけだが、結局、物証はないのだから、ことの真偽は、より曖昧模糊と化す。そもそも当時、病床にあったセオドリックとの間に子を成せたのかどうかは、実際、かなり疑わしい。なるほど、婚姻以前の性的放埓の誹りは受けようとも、醜聞が立った際に、独身男性のセドリックとの関係を素直に吐露していたほうが、はるかに同情を得られたに相違ない。義弟への手紙の中で、ナンシーは、当時の不可避的状況を切々と訴えかける。継母によって実家を追われ、遺産相続を見込めぬセオドリックとではなく、別の男との結婚を父から言い渡された一六歳の娘は、姉を頼らざるを得なかったのだと。出産は、セオドリックとの愛を貫いたにもかかわらず、死が彼を奪い去った末の悲劇だったのだと情感をこめて綴ったのである。その上で、早世した姉の夫リチャードは、未婚女性の死産という醜聞を南部紳士の名誉にかけて隠し通してくれたのに、ジャックが今になってナンシーを誹謗中傷するとは、彼女ばかりか実兄の行為をも貶めることになると批判したのである (Crawford 247–48)。

こうした筆致は、彼女が確実に感傷小説のヒロインを意識していたためであると、キエーナーは指摘する (140)。実際、ナンシーが行っているのは、かなり高度な文学的、政治的策略である。誘惑小説の物語形式を逆手にとり、一方で、愛する男とのロマンスに無防備であった幼気な娘を装いつつ、他方では、産褥死や自死による断罪という物語上の約束事を覆し、誘惑に屈したことなど払拭されうるほどの完璧な結婚生活――物語とは反する幸福なる結末――を、自己演出しているのだ。本来的には、実母から与えられるべきであった女性教育が受けられず、継母からの愛情が得られぬ家族的不幸も、このジャンルの定番要素である。しかもこれよりのちの一八二八年、ナンシーの妹ヴァージニア・ランドルフ・ケアリー (Virginia Randolph Cary) が、『母親の死に際して若い淑女に宛てる女性の性質についての手紙』(*Letters on Female Character, Addressed to a Young Lady, on the Death of Her Mother*) を上梓し、男女間、夫婦間の関係を感傷的に描写し、女性の純潔と美徳、男性への服従を説いているのである (Kierner 120)。奇しくも不幸から得た教訓提示によって女性規範を完全に回復した様を、姉妹協働で誇示していると見なされても致し方あるまい。若かりし頃の誤りは、ナンシー自身の資質のためではなく、母親欠如という環境因子による不幸でしかない。当然、これは現在のナンシーの家庭性や母性が、夫によって賞賛され、社会的指導者夫人の地位が保持されている場合、より一層の効果を発揮する。感傷小説のフォーミュラを利用しつつ、かつて自らがついた嘘を暴露する一方で、恋人の死と子供の死産という悲劇を読み手に知らしめ、ジャックの人非人的批判を嘘と糾弾する戦略が、確実に効を奏すことをナンシーは熟知していたように思われる。

公的文書に家庭的な記録を挿入する技の有益性を知ったナンシーは、モリスの財産を狙う甥たちから息子を守るために、これ以外にも複数の対策を講じた。夫がいかに自分と息子を慈しみ、幸せな結婚生活を送っていたのかを世間に知らしめるべく、妻への愛を語っている彼の書簡や詩作を、コロンビア大学の卒業生新聞『コロンビアン』(*The Columbian*) に掲載するよう、送付したのである (Kierner 156)。さらに一八三二年、モリスの伝記を出版する際に、夫の日記から、あえて「家庭の幸福を説明する」部分を引用掲載するよう伝記作家に指示した。政治的・公的活動の記録に終始する当時の伝記の体裁に鑑みれば、これは特異なことだったが、未亡人は、夫モリスが「家庭関係において幸福を極めてはっきりと述べている」手紙の部分を伝記に含めることを、執筆者に約束させた (Kierner 160)。モリス家の家庭円満は、こうして世間に刻み込まれていく。最終的にナンシーは、感傷小説における犠牲者像を内在化させつつも転覆的に利用し、男性の権力に頼らずとも生きるだけの独立精神を身に着けたのだとキエーナーは喝破する (172)。

一八一六年、息子誕生からわずか三年後に夫が死して以降、モリサニアを管理し続けたのは、他ならぬナンシーであった。モリスの死後、甥による不法横領と、未回収の貸付金があることに気づいたナンシーは、モリサニアの経済状況を回復させるべく、あらゆる努力を重ね続け、最終的に、財産を無事、息子に相続させた (Carwford 263–66, 274–76)。モリサニアという「幸福の館」は、ナンシーの過去の不幸な放埒を、結婚による家庭的美徳に変化させしめる場としての機能を果たした。そしてまた、幸福の一形態としての財産は、モリスの正当な嫡男によって引き継がれ、彼女の幸福の追求は、こうして完結していったのである。

## 隠喩としての「幸福の館《マンション・オブ・ハピネス》」

ナンシーが息子のためにモリサニアの財産相続権を勝ち得た様は、我々にいくつかのことを、改めて思い出させてくれる。一つには、ダリン・M・マクマーンが指摘するように、アメリカにおいて「幸福の追求」の概念は、「安全」「生命」「自由」に加えて「財産」とも不可分に結びついていた事実である。独立宣言にこそ含まれなかったが、「財産」という語は、建国時に作成された九つの州の憲法で使用されるほど、必須の概念であった。[3] そもそもジョン・ロックが掲げた「生命、自由、財産」の三番目を、ジェファソンが「幸福の追求」に変更したことは、つとに有名である（マクマーン　317–19)。よって、モリスの資産を守り、「正当な法の手続きによらず、生命、自由、または財産を奪われることはない」と憲法修正第五条が定めところを自ら証明して見せたナンシーの行為は、夫が作成に尽力した憲法を、配偶者のレベルで遵守したのだと考えられるだろう。

「財産」を「幸福の追求」に内包させる時、そもそもジェファソンが信条としていたのは、ロック的な個人の利益追求による満足や喜びと、古典的共和主義的な市民道徳という公益性の美徳の共存であったとマクマーンは述べている(324)。だが「幸福の追求」には、当初から、相矛盾する方向に向かう潜在的可能性があった。同一の局面に、個人の快楽と公衆の繁栄とが混在していたからである。もちろん啓蒙主義時代の知識人ジェファソンにとって、私益と公益、私服と公福とは相反せず、両者が同時に存在するのは、何ら問題のない概念であった。一八世紀のジェファソンと彼の同時代人たちは、個人的な幸福の追求が公益という王道を外れることはないという前提に立っていたからである。マクマーンは、これに対して警鐘を発したハンナ・アーレントの見解を付け加えることを忘れてはいない。幸福の追求が有する公私の両側面は、外部からの緊張によって、ほどなく「私」に有利に働くように偏って解釈されるようになるだろうとアーレントは語っている。共和国の美徳と幸福の追求は、公私の幸福な一致を捨て、個人の利益のみが追求されだす危険性を、常に孕んでいるのである(330–31)。

アーレントによる懸念は、もしかすると、のちの時代どころか、同世代のランドルフ・スキャンダルにモリス家の相続事情を含めた、ナンシー周辺の絶え間ないお家騒動にも当てはまるのかもしれない。新聞紙上で虚偽の潔白を叫ぶにせよ、政治的要人に個人的脅迫状への反論書状を送りつけ、裁判証言を覆すにせよ、はたまた、息子の相続権を確保するために、夫の愛情証明を公的文書に入れ込むにせよ、一連の対処法は、個人の幸福が公益に直結する様を示しているとは言い難く、むしろ私的実利の獲得のために、市民的美徳の概念を最大限に利用しているに等しい。

アーレントの警鐘は、名門一族の「幸福の館」とボードゲームの「幸福の館」との間の相関にも見て取れる。ナンシー・ランドフル・モリスは、まさしく、この皮肉な矛盾の体現者たるを先取りしているかのように思われるのである。

娯楽ゲーム「幸福の館《マンション・オブ・ハピネス》」とは、もともと一八〇〇年以前、イギリスにてキリスト教倫理の訓育装置として編み出され、道徳的美徳と善行によって「幸福の館＝神の国」へと至る天路歴程双六ゲームを指す。このボードゲームは、一八四三年にアメリカに導入され、人気を博した。程なくして、これに基づきチェッカーゲーム（一八六〇）が考案されるのだが、この系譜がこんにちの人生ゲーム／モノポリーにつながっていることは、すぐに想像できるだろう。当然、ゲームの発展過程で、道徳や善行の意義も変化する。ゲームを遂行する場合、美徳それ自体が賞揚されるのではなく、美徳の文言獲得が個人の幸福実現のための実質的手段となり、現代版に至っては、公益よりも私有財産獲得の「富に至る道」にいかに効率よく向かうかが、勝者になるポイントとなるのだ。

ナンシー・モリスは、明らかにゲームの勝者となった。ランドルフ・スキャンダルに鑑みれば、キリスト教倫理や市民的美徳とは、にわかに関連が付け難いにもかかわらず、彼女は、モリサニアという「幸福の館」を入手し得たのだ。ビザール農園が火災に遭い、モンティチェロが破産崩壊し、ロアノーク農園が相続者を持たぬまま主を失ったのに対して、南部プランテーションの崩壊をよそに、結局、ニューヨークの土地邸宅の相続と継承を全うしえたのは、スキャンダルの元凶であった当のナンシーだったのである。[4]

「幸福」とは、人の手によって操作制御できるものではなく、神によって与えられし運命であるとの決定論的概念や、滅私奉公を是とする古典的幸福観とは一線を画し、その追求が所与の権利であると明確に規定された一八世紀末にあって、公的な美徳と私的な幸福追求とは、不可分に混ざり合う。と同時に、独立宣言起草者自身によって、その矛盾が前景化されてしまっているようにも思われる。その一例は、ジェファソン家の血縁内部に組み込まれてしまったヘミングス家によって表されるのかもしれない。もちろん、奴隷であるヘミングス一族は、白人主人の幸福追求のために所有される「財産」でしかないのだから、公私を問わず一方的に搾取されざるを得ない者たちである。しかしながら、バーバラ・チェイス＝リボウがサリーの視点から描くモンティチェロの日常は、ジェファソンが発明した排泄物トンネル滑車屋外移動式便器を、彼の奴隷息子が「地下鉄道」、「奴隷解放証明書」とあだ名するのみならず、こともあろうに「大統領就任演説」「一般教書演説」と並んで「独立宣言」とすら揶揄する有り様を映し出す(294–95)。大統領の所有物である息子の側が、主人の私的領域を、「幸福の追求」の概念から奴隷を除外した公的政治文書に結び付けてしまっている。サリーはまた、ジェファソンの娘マーサが嫁いだ先のランドルフの血筋を、「私の生活に悲劇をもたらすもの」と言い、トマス・マン・ランドフルを「完全なる狂人」と呼ぶ。加えて、その妹アン・ケアリー［ナンシー］――マーサの義理の妹――を、「いとこで愛人のリチャード・ランドフルとの間にできた嬰児を殺害した罪で裁判にかけられた」と、徹底的に断罪しているのである(295–96)。公益のために尽くすべき大統領やヴァージニア州知事の私的生活は、私有財産である奴隷によって、幸にも不幸にも言説操作されうる皮肉が、ここには存する。

こうした皮肉は、バーバラ・ベントレーによって小説化された『ミストレス・ナンシー』(一九八〇)のエンディングによって、さらに鮮烈に意識されることになるかもしれない。あらゆる係争が終わり、モリサニアでは、ナンシーと息子、そしてヴァージニアの実家からずっと付き添ってきた元奴隷アギーの三人が、静かに、幸せに暮らしている。息子の健やかな成長と父親似の体躯を喜ぶナンシーに、アギーは、かつて女主人が出産した、あの赤子についての真実を語る。ナンシーが産んだのは、実は、リチャードの子供であり、生まれた子供は死産ではなく、奴隷娘のアギーがナンシーのためにこそ殺害したとの驚くべき告白がなされるのである (391-92)。アギー自身が言うように、もしも不義の息子が生き永らえていたら、確かに、女主人は姉との間の修羅場を免れ得ない。だが、姉妹間の関係悪化などよりも、ナンシーにとってより大きな打撃になるのは、モリスとの結婚、ひいてはモリサニアという幸福の館での将来が閉ざされてしまう事態であったはずだ。グレンティヴァー農園での不義の子出産の噂の背後に、奴隷社会の情報伝達・拡散力、すなわち階級逆転の影響力を看破したのは、クリストファー・L・ドイルであるが (288)、作家ベントレーの物語的事実提示においても、奴隷の状況操作力は、斯様に示されている。嬰児殺しによって、最終的に幸福になったのは、その事実を全く知らずに来たナンシーであり、長らく罪の意識に苦しみ続けたのは、白人プランター階級ではなく、本質的に善良な奴隷娘の側だったのだ。「私の幸福のために立ち働いてくれる」のは、そして、公益のために尽くせるように主人の不都合を隠蔽し、幸福における公益性と私益性を矛盾なく示すよう立ち働くのは、ジェファソン家においても、ランドルフ家においても奴隷だったのだと物語は強調するのである。こうして農園の擬似家族的幸福の理想は、糊塗と暴露によって「幸福の館」に至る道をナンシーに与えたのである。

＊本稿執筆に際しては、JSPS 科研費 (JP16K02517) の助成を受けている。

注

1 クローフォードによると、姉ジュディスは、ナンシーを「私の幸福を粉々にする人」と呼び (133)、妹がビザール農園を出ていくことを望んだ (163)。

2 モリスの親族、特に叔父の財産を相続せんと考えていた甥や姪は、自分たちと同年代で、かつ単なる家政婦にすぎぬナンシーとの結婚に猛反対した (Crawford 200)。

3 九つの州とは、ヴァージニア（一七七六）、ペンシルバニア（一七七七）、バーモント（一七七七）、マサチューセッツ（一七八〇）、ニューハンプシャー（一七八四）、ジョージア（一七七七）、ノースカロライナ（一七七六）、ニュージャージー（一七七六）、ニューヨーク（一七七七）である。

4 姉夫婦ジュディスとリチャードの間に生まれた子供のうち、長男のセント・ジョージは、聾唖で、次男のテューダーは、一九歳で英国にて早逝している。モリスの甥のオグデンは、一八二六年に自殺。ジャックの晩年は、慢性的な病と精神病の発作で苦しみ一八三三年に没した。このように、ナンシー周辺の人物たちは、幸福な人生を送ったとは見なされ難いものが多い。

## 引用文献

Bentley, Barbara. *Mistress Nancy*. McGraw-Hill, 1980.
Chase-Riboud, Barbara. *Sally Hemings: A Novel*. 1979. Chicago Review Press, 2009.
Crawford, Alan Pell. *Unwise Passions: A True Story of a Remarkable woman and the First Great Scandal of Eighteenth-Century America*. Simon, 2000.
Doyle, Christopher L. "The Randolph Scandal in Early National Virginia, 1792–1815: New Voices in the 'Court of Honour.'" *Journal of Southern History*, Vol. 69, 2003, pp. 283–318.
Hoffer, Peter Charles. *The Great New York Conspiracy of 1741: Slavery, Crime, and Colonial Law*. UP of Kansas, 2003.
Kierner, Cynthia. *Scandal at Bizarre: Rumor and Reputation in Jefferson's America*. Palgrave, 2004. P
Lepore, Jill. *New York Burning: Liberty, Slavery, and Conspiracy in Eighteenth-Century Manhattan*. Vintage, 2005.
McMahon, Darrin M. *Happiness: A History*. Grove, 2006.
Stanton, Lucia. *"Those Who Labor for My Happiness": Slavery at Thomas Jefferson's Monticello*. U of Virginia P, 2012.
ジャック・P・グリーン『幸福の追求――イギリス領植民地期アメリカの社会史』大森雄太郎訳、慶応大学出版会、二〇一三年。

# 第十三章　エマソンにおける〈幸福〉の二つの意味
## ――ハンナ・アーレントからエマソンを見る

堀内　正規

ラルフ・ウォルドー・エマソンの思想において、〈幸福〉の問題はどのように現われるか――彼のエッセイにアメリカ的イデオロギーの反映を見るのではなく、エマソンの思想と表現に内在しているヴェクトルを、彼に寄り添って摑み出すことによって、自分なりの解釈を提示してみよう。その際、アメリカ独立宣言の「幸福の追求」について透徹した視点を打ち出したハンナ・アーレントの示唆を光源にしていきたいと思う。

### 瞬間の充溢と反所有・反競争

エマソンの祖父は独立戦争のとき、コンコードのノース・ブリッジの戦いに参加していた。エマソンにとって独立革命は人ごとではなかったし、それを誇りに思う気持ちも強かっただろう。だから独立宣言の前文にある「幸福の追求」の権利に、彼が無自覚だったとは思えない。だがエマソンの著作には、これはもちろん見方によるのだが、〈幸福〉の主題はそれほど前面に現れているわけではない。少なくともエマソンにとって、物質的な豊かさを求めるような幸福が、強く批判すべきものに映っていたことは、そもそも出発点である『ネイチャー』(*Nature* 1836) を読むだけで明らかだ。たとえばその第一章では、「多数の自然の事物」によって生み出される「印象の統一」が「はっきりとしてなおかつ詩的な感覚」として称揚され、詩人の目に映る世界の特性が語られるのだが、その意図は続く文章によって明らかになる。

……けさわたしが見たすばらしい眺めは、疑いなく二〇か三〇の農地から成り立っている。この畑はミラーが持っていて、あの畑はロックが、向こうの林地はマニングが所有している。地平線には、誰の所有でもない地所が在る。それを持っているのは己れの眼がすべての部分をひとつにすることができる者、すなわち詩人である。それこそがこれらの者たちの農地の中の、最良の部分である。だがこれに対しては、不動産譲渡証書はいかなる権利をも与えることができない。(CW 19)

ここでエマソンが詩人の眼の統一と対比するものは、「ミラー」や「ロック」や「マニング」といった個人による土地の所有である。私的所有による財産の蓄財を相対化する、ないしは論理的に無化するためのロジックとして、風景を一つながりの美的な統一体として眼差す「詩人」の統覚が称賛される。それを、地平線に存する別種の「財産」に擬えるエマソンを、われわれはやはり彼も資本主義のレトリックに毒されているじゃないかと言って批判すべきだろうか？　わたしはその見方を採らない。むしろ日頃金銭や財の蓄積に関心を奪われがちな当時の読者に対して、もう一つの財産があり、それは誰のものでもない、とあえて告げることで、説明を際立たせようとしたと受けとるべきなのだ。この箇所を初めとして、そのあと第三章で自然界を「美(Beauty)」として論じたりする『ネイチャー』の構想において、エマソンはただ美的なことを述べ立てているのではない。そこには、あくまで金銭や財産の多寡を至上の価値基準とするアメリカ社会に対抗・抵抗し、それを換骨奪胎する戦略があった。そして、当時のアメリカにおける豊かさの追求、福利的な意味での快の追求とは別の幸福が、見出されねばならなかった。

もともと独立宣言の「幸福の追求」の概念もまた、物質的な豊かさや快の追求でなかったことは常識に属するだろう。少なくともわれわれがハンナ・アーレントを信ずる限りはそう言える。あまりにも有名な議論なので、殊更紙幅を使って開陳するのがためらわれるけれど、アーレントは『革命について』において、トマス・ジェファソンの筆になる独立宣言のこの箇所について書いている。「[幸福の追求という]この用語は、独立宣言のなかでジェファソン自身が「生命、自由、財産」という古い定式のなかの「財産」という言葉のかわりに用いていたものである。……ジェファソンがこのように用語を置きかえたのがそれほど示唆的だというのは、彼が「公的幸福」という用語を用いなかったという点に表われている。」(126) アーレントによればこの「公的幸福」は、「公的領域に入る権利、公的権力に参加する市民の権利――ジェファソンの適切な言葉によれば、「統治参加者」となる権利――」のことだった(127)。「公的権力への参加を主張するために「幸福」という言葉が選ばれたという事実は、「公的幸福」というようなものが革命以前にすでにこの国に存在していたということ、そして、自分たちの幸福が、ただ私的生活のなかだけにあって、その範囲内で享受されているなら、全員がともに「幸福」ではありえないということを、人びとが知っていたことを強く示している。」(127) しかし、アーレントによれば、そこで「公的」という言葉を書き落としたことはジェファソン特有の「筆の冴え」のせいであり、結果的にこの言葉は「何よりも特殊なアメリカ的イデオロギーに貢献することに」なったと言う(127–28)。アーレントはまたそれを「公的幸福と私的福祉を混同するこの危険」とも呼んでいる(128)。つまりエマソンが生きて活動していた時代には、「公的幸福」、すなわち政治という「現われの空間」(『活動的生』257)に自らを登場させて、卓越した者になるという幸福感は薄れており、物質的金銭的な豊かさを他者との競争に打ち勝ちつつ獲得し続けてゆくようなタイプの幸福が、圧倒的に優位になっていたのだ。

アーレントが「公的」という語に肯定的な意義を見出す反面、「私的」という語にネガティヴなニュアンスを与えていることは、この文脈では明らかなことだ。そこで問題はエマソンなのだが、エマソンにもしもポジティヴな意味で「幸福」の問題があるとしたら、それはまず何よりも「私的」な領域において感じとられるものだったことを指摘せねばならない。過去のエマソン研究において、とりわけアメリカの研究者において「幸福」が特別な主題として、それも肯定的な意味で中心的に論じられた例は殆どないと思われるが、私の見るところ、すべての〈エマソンにおける幸福の問題〉の出発点は、エッセイ「自己信頼」("Self-Reliance" 1841)の中の、次の有名な箇所の引用から始まらねばならない。

いま人はおずおずとして弁解がましく、もう、すっくと立っていない。人は勇気を持って「わたしは考える」、「わたしは在る」と言わないで、ただどこかの聖者か賢者の言葉を引用する。彼は一枚の草の葉、一輪の薔薇の花を前にして、恥ずかしい思いがする。いまわたしの窓の下で咲いているこれらの薔薇は、これまであった薔薇とも、よりきれいな薔薇とも、何の関わりも持っていない。それらはいまそうであるがままに存在している。今日、神とともに在る。それらには時間というものは消え去る。ただ、この薔薇があるだけなのだ。薔薇は、存在するあらゆる瞬間に、完全である。葉芽がほころび出るより前に、持てるすべての生命はもう働いていて、満開の時にそれ以上のものが増えているわけではないし、葉を落としたときの根に何かがそれ以下に減っているわけでもない。薔薇の本性 (nature) は満たされていて、薔薇がどんな時もひとしく自然 (nature) を満たす。けれども人は先送りしたり振り返ったりしている。現在に生きているのではなく、後ろ向きの眼で過去を嘆き、でなければ自分を取り巻く豊かさに気づかないまま、爪先立ちして未来を推し量る。人は、自分もまたネイチャーとともに、時間をこえて、いまを生きるのでないかぎり、幸福で強くなれない (he cannot be happy and strong until he too lives with nature in the present, above time.)。(CW II 38–39)

エマソンはここで「幸福 (happiness)」という名詞を使っていない。彼にとっては「幸福」それ自体が独立した好ましい概念として持ち上げられることは殆どなく、being happy という現象ができごととして生じる。[1]「時間をこえる」という条件がそもそも存在するのかという常識ぶった対応をせず、引用文が文学的あるいは詩的な言語パフォーマンスであると見た上で、比喩的に「時間をこえて」と言われるような経験が存在することを、仮定して考えねばならない。エマソンはそれによって何を言いたかったのか。少なくとも、ここで問題にされているのは、〈比較〉というものを一切しないようなある種の存在の様態であり、瞬間の充溢である。もしここでエマソンが言うような在り方を人がすることができれば、その時その人はニーチェの言うようなルサンチマン (怨恨感情) を持たなくなる、と言うことができる。政治思想家ジョージ・ケイテブは、その優れたエマソン論において、この「薔薇のイメージ」をエマソンの思想において重視しながらも、それが政治思想的には使用可能な概念にならないことを批判的に考察している。

……しかし薔薇のイメージは彼の思想を最もよく代表するものではない。人間は決して薔薇のように存在できない。あるいは時おりは、われわれは薔薇のように見える在り方を、友人や恋人、または詩人に対しては、することができるかもしれない。だがそれもあくまでときどきのことにすぎない。そしてもしわれわれが薔薇の在り方のように存在しようと努めるならば、われわれは愚かになるか、無反応になるか、残酷になるか、狂った者になるか、あるいは単に無作法になるだけだろう。……そのときわれわれが持てる最高のものは、せいぜい瞬間的な活動であり、そのときわれわれは、現在の瞬間が永遠に続くにひとしいと感じ、自分のアイデンティティを獲得したか、取り戻したと感じるだろう。(27)

ケイテブは政治思想家らしく、人というものを専ら他者たちとの関係において、すなわち社会という文脈において考えるために、このような誤解が生じるのだ。「友人や恋人」に「薔薇のように見える」という視点には、〈人は誰にも見られないでひとりでいるときには、どう見えるかという視点そのものが問題にならない〉というポイントが見失われている。エマソンは「自己信頼」で自意識とは結局他者を意識することだと言っているが、彼が薔薇について言うのは、他者と比較しないまま、いかに人が自意識に捉われずに瞬間を充実させて生きるかということだ。この点では、ブランカ・アーシッチが、ここで問題になっているのは「薔薇にはいかなる自己への内省もないように、そもそも関係というものがまったく存在しないような自己との関係」(205) だと述べて反論していることが正しい。ケイテブが言うように、その状態は瞬間にしか成立し得ない。「時間をこえる」とはつまりいまという瞬間を前後のつながりと切り離して感じとるということだ。ケイテブによればそれは「すべてのわれわれの力が自己のコントロール下にある」ことで、自己の「アイデンティティ」を確立することだというのだが、無論それは誤解である。エマソンが言いたいのは、「自己のコントロール」ということ自体を一切意識しない主観の状態であり、そこでは「アイデンティティ」自体がすっかり忘れさられているからだ。そうなる瞬間を経験することが、必ず人の日々の生き方にプラスに作用する、というのがエマソンのポイントだった。

この薔薇のパッセージでエマソンが称揚している主観の、と言うより主客の別がなくなる心身の状態は、強く引き継げば講演「自然の方法」("The Method of Nature") で彼が「エクスタシー」(CW I 125) と呼ぶ状態だと言える。その一番明瞭な例は、あまりにも有名な『ネイチャー』における「透明な眼球」のパッセージに鮮明に打ち出されている。

森の中で、われわれは理想と信仰にもどる。そこでわたしは感じる。人生において、自然が償えないようなものは何も、どんな災厄も、(もしもわたしに眼だけでも残されていれば) 身にふりかかることはないと。剥き出しの地面の上に立って——頭を快い大気に浸して無限の空間にもたげていると——あらゆるけちくさいエゴイズムは消える。わたしは一つの透明な眼球になる。わたしは無だ。わたしはすべてを見る。普遍的な存在の流れがわたしの中をへめぐっていく。わたしは神の一部分になる。(CW I 10)

「眼球」はここではあくまでも比喩であって、それを物理的な視覚の問題と捉えればエマソンの意図は誤解される。この「眼球」の比喩は最初は存在していなかった。エマソンのエッセイには多くの部分で元になった日記の記載があり、彼は日記に書き記した文章をいわば切り張りするようにしてエッセイを作っていったのだが、右の一節の元型は、一八三五年三月一九日の日記にある。

森の中を歩いていてわたしはしばしば感じ続けてきたことを感じた。人生において、〈自然〉がここちよい慰めを与えてくれないようなどんなことも、どんな災いも、どんな恥辱も、（もしわたしに眼だけでも残されていれば）身にふりかかることはないと。剥き出しの地面の上に立って、頭を快い大気に浸して無限の空間にもたげていると、わたしは普遍的な関係の中で幸せになる。（I become happy in my universal relations.）

（JMN V 18）

つまり「透明な眼球になる」の代わりに最初は「普遍的な関係の中で幸せになる」があったことになる。わたしが『ネイチャー』の「透明な眼球」の一節を彼の幸福論として取り出す理由がここにある。日記ではすぐに続けて、「おおこの気分を（それは生涯で二度とは訪れないかもしれない）、お前の掌中の珠とせよ」と書かれていて、この瞬間の体験は日常にいつでも得られるようなものでなかったこともよく判る。それは森の自然との交流において身体の次元で感じられる類の、自己の主観性の開かれの体験であり、そこではユニバーサルなつながりの中で、自己のアイデンティティは消え去り、ゼロになっている。われわれはこうした思考を一種の神秘主義と呼ぶこともできるが、「主義」と言うよりそれは「ミスティーク」、すなわち一種の神秘感のかけらとでも言うべきものである。眼だけ残されていればルサンチマンに陥らないのはなぜか。感覚器官で世界の在りようを受容し、徹底した受動性の中ですべてがつながっているような世界の相こそがリアルなものだと深く感じとることができれば、人は自己一身のけちくさいエゴに悩まないと言いたいからだ。

エマソンが『ネイチャー』や「自己信頼」でわざわざこの瞬間体験の重要性を語っているのは、特権的な私的体験の誇示ではなく、そうした体験が誰にでもアクセス可能であると信じるからだし、それについて書くこと、それを読者に向けて表現するという行為が、他者および社会に対して、大きな意義を持つと考えたからである。エマソンにとってそれは〈詩人〉として活動することだった。この点こそが何よりも強調されねばならない。エマソンの日頃の活動の中心は、ライシーアムにおける講演だったが、孤独な私的領域における幸福を他者に向けて言い表すことはまさしく行為であり活動だった。その意味でその活動は無論、公的領域にエマソンがいかに入っていくかという問題の要だったのだ。エマソンにおいて薔薇のように時間をこえていまという時を他者との比較ぬきに満たす在り方は、そこから日常の生活を測るための参照点として存在し、自然の中で心身が透き通って、ユニバーサルなつながりの中でエゴを消すような体験の意義は、人びとの人生・生き方において、思想的な道具として用いられるべきものだった。競争による私的利益の追求とは別種の幸福がある、だからルサンチマンを持たずに生きよ、と人びとを励ますために。

## キャラクターとエウダイモーン

ハンナ・アーレントは主著『活動的生』(『人間の条件』のドイツ語版)において、アメリカ独立革命における「公的幸福」とは別の、もう一つの幸福の在り方に言及している。第五章「行為」第二十七節「行為にまつわる難問からのギリシア人の脱出法」でアーレントは古代ギリシアの箴言「何人も死ぬまでは *eudaimōn* とは呼べない」を引いて、「いかなる行為と言論も、思わず知らず、行為し語る人を担ぎ出しておきながら、そのように担ぎ出された当人は、自分自身どんな人格をさらけ出しそもそも何者であるか、知ることも予測することも絶対できない」と述

べる (247)。このギリシア語は「至福という意のラテン語 beatitudo」に近いがそれでも翻訳不可能だとアーレントは言う。

……エウダイモーンという語は、祝福されてある、という意味合いを響かせているが、宗教的な音調は一切おびていない。この語は字義どおりには、*daimōn* つまり神霊のつつがなき情態、という意味である。ダイモーンとは、人間一人一人に生涯寄り添って離れないものであり、他人から似れば当人の紛れなき同一性を形づくるのだが、当人自身だけはそれを見てとることがないのである。それゆえここで問題なのは、束の間の移ろいやすい気分、という意味での幸せではないし、時おり手に入るが人生のそれ以外の時にはまた消え失せてしまう、幸運でもない。むしろそれは、人生そのものと同じく、人間の実存のある種の恒常的な常態性 Befindlichkeit なのであり、それゆえ人生につきまとう変転に左右されることもなければ、人間によって直接影響されることもない。(247–48)

アーレントはこの「人格同一性」が開示されるのは「行為と言論に特有の摑みどころのなさにおいて」であり、それは「人生の物語」においてのみ、明確に立ち現われると言う (248)。「人格の本質――人間一般の自然本性でも（そんなものはわれわれにはどのみち存在しない）、個人の長所と欠点の最終総計でもなく、ある人が誰であるかの本質――が、そもそも成立し、持続し始めるのは、人生が、一個の物語以外の何も残さず消えてしまってはじめてなのである。」(248) この確認からアーレントはギリシアのポリスにおける政治空間の問題、ひいては彼女が「行為」と呼ぶものの重要性へと説き及んでいくのだが、わたしがエマソンとの関連で着目するのは、この自らのダイモーンを自意識で対象化せぬまま常に現実化しながら死へと向かって生きる生き方が、もう一つの幸福であり得るという示唆なのだ。

エマソンはハーヴァード大学在籍時に「ソクラテスの特徴」（一八二〇年）と「倫理哲学の現状」（一八二一年）と題する懸賞エッセイを書いており、彼にとって古代ギリシアのダイモーンの概念はとても親しいものだった。後者のエッセイではギリシア時代の倫理における幸福の概念についても言及している (Cromphout 19)。クロムファウトによれば、当時キリスト教神学を学んでいたエマソンは古代ギリシアの「幸福」の捉え方を「役に立たない」(20) と見なしていたし、一八二〇年代初頭の若きエマソンの思考が後にエッセイストとして活動するようになった時代までそのまま維持されたと想定することもできない。だが、見ようによっては彼が「ジーニアス（天賦の才）」とか「ギフト（才能）」と呼ぶものは、ソクラテス的な意味でのダイモーンと重なって見えてくる。たとえばエマソンは「自己信頼」で言う。

> ……自分のジーニアスがわたしを呼ぶとき、わたしは父や母や妻や兄弟を避ける。わたしはそんなとき、門柱の上の横木に「きまぐれ」とでも書いておこう。最終的にはそれが何かきまぐれよりもよいものであってほしいと願っているが、われわれは説明のために一日を費やしてはいられない。わたしがなぜ人づき合いを求めたり斥けたりするか、その理由を示すことをわたしに求めないでほしい。(CW II 30)

エマソンがなぜ「きまぐれ」とだけ記して平気でいられるのかと言えば、彼にはそれが個人の欲求を優先して他者を拒むようなエゴイズムでは絶対にないことが、確信できていたからだ。ただ彼を呼ぶ「ジーニアス」が本当には

〈何であるのか〉を「説明」することが不可能なので、とりあえず「きまぐれ」とでも呼んでいるのだ。それが同じエッセイで彼が「あなたの孤独は機械的なものでなく、精神的なものでなければならない、つまりそれは上昇でなければならない」(CW II 41) と言うときの真意だと言える。このラインから考えるとき、エマソンの「天才」論は必ずしもロマン主義の思潮からのみ来るものとは言えなくなるだろう。

今日のわれわれがこうしたダイモーンへの信を共有することは難しい。ただし、アーレントがエウダイモーンについて言う事柄を、エマソンに倣って「キャラクター」すなわち或る人間の「人となり」という別名で考えるなら、実は現在でもその理解は決して困難ではない。「自己信頼」でエマソンは唐突に思える文脈で「キャラクター」について語り始める。アーレントは「その人が誰であるかは、われわれが自分で勝手に行なうことのできる経験の埒外にある。要するに、誰であるかは、自分以外の人にしか見てとれないものなのだ」(320) と言うのだが、エマソンのキャラクターとはまさしくそのようなものとして在る。デイヴィッド・M・ロビンソンが指摘するように、キャラクター概念はエマソンの独創ではなく、ウィリアム・エラリー・チャニングにも見られ、ユニテリアニズム全般が共有していたタームであったと思われるし (14–16)、エマソンは牧師時代の説教において既にこの概念をきわめて重視している（たとえば説教第九〇番「自らを信じよ」CS 2 263–67)。だがそれでもエッセイストとして独り立ちしてからのエマソンの思想において、キャラクターは際立って彼らしい特性を示し始める。「自己信頼」では、彼はそれを船のジグザグの航跡に擬える。

……最高の船の航行は百もの上手回しによるジグザグの線をえがく。その線を充分な距離をとって見てみればよい。それは自ずから真っ直ぐになって平均的な傾向を示すことだろう。あなたの心からの行動はそれ自体で自らの説明を行なうだろうし、あなたの他の心からの行動の説明にもなるだろう。……偉大さは未来に向かって訴えかける。もしも今日わたしが正しいことを為し、他人の目を軽蔑するほどに確固としていられるとしたら、わたしはいまより以前に、自分を弁護できるほどに正しいことを為してきたに違いない。……キャラクターの力は蓄積して働く。(CW II 34)

「キャラクター」をめぐるこの一節の要諦は、自意識が行なう自己定義との距離の取り方にある。現にいま生きている個人には、自分のジグザグの航路を「充分な距離をとって」見ることができない。つまり自分の「傾向」を自分で把握することはできない。自分の「心からの」行為が自ずと説明をすると言われるのは、それ以外の説明は不可能だからだ。それゆえその人が誰であるかは「未来」において、他者たちによって知られる以外はない。

『エッセイ第二集』(一八四四年)の「キャラクター」("Character")と題するエッセイで、エマソンはこの問題を再び取り上げている。その冒頭は自分がある本を読んだ経験から始まる。「チャタム卿 (Lord Chatham) の演説を聴いた者たちは、この人物には実際に彼が発した言葉以上の何かもっとよいものがあると感じた、そう書かれた本を、わたしはかつて読んだことがある。」(CW III 53) チャタム卿(ウィリアム・ピット)は死者であり、おそらくはその伝記に類する書物、すなわち物語が伝えるものを、エマソンはここで重視している。実際に残された言葉(作品)より、生きていたときのその人が醸し出す感じの方に価値が置かれているのだ。人間の「力の最も大きな部分は隠れている。それがわれわれが「キャラクター」と呼んでいるものだ——それは現前することで直接に、どんな手段も用いずに働きかける蓄えられた力である。」(CW III 53) 特別に何かを言ったり行なったりせずに、ただその人がそこにいるだけで伝わるもの。そこからエマソンはいかにも政治家らしい政治家や商売に生まれつき適した人間の例を挙げていくので、読者はエマソンが「キャラクター」という語で言いたいのは、結局は職業的な適性の問題にすぎないのではないかと感じる。おそらくここにはエマソン自身にもやや思想的な混乱が見られるのだ。そうなれば、通俗的な性格判断のように、キャラクターとはアイテム化できる部分的な特質のことであり、それを統合する人格が言挙げされているという誤解も生まれる。しかし、そのあとエマソンが「キャラクターとは個人の性質 (nature) という媒体を通して見られた道徳的な秩序のことだ。個人とはそれを囲むものである。……そこで宇宙は一個の囲い地または囲い場になっている」(CW III 56) と言うのを読めば、彼が言いたいのは、個人が「キャラクター」を担うことは、普遍的で誰にも共通するものの分有の仕方のことだと判明する。「ひとはこうして、同じレベルにあるすべての個人に働く、最も高い影響力の媒体になる。かくしてキャラクターを持つ人々は彼らが属する社会の良心なのだ」(CW III 57) と言われるように、それは私的な事柄ではなく、社会をよく動かしていくための、普遍的な作用力の、人生における搬び方の問題なのである。それゆえにエマソンは「キャラクターは最高の形態をした自然＝本性 (nature) である」(CW III 61) と書くことになる。この場合、「自然は決して自分の子どもたちを使って韻を踏まないし、二人として同じ人間を造らない」(505) と言われるように、「キャラクター」は、一般化され不特定多数の者に適合できるカテゴリーではなく、あくまでも或る人が生まれて生きた、その個別性・特殊性、あえて言えば単独性の印として存在する。それをとりあえずエマソンは「プライベート」と呼称するが、「最もプライベートなものが最もパブリックなエネルギーであるということを、われわれはいつの日か知るだろう」(CW III 66) と述べるように、私的なものは必ず公的な平面に現れるというのが、彼の確信だった。

ユニバーサルなネイチャーはどういうわけか個人によって、初めて現われたかのごとく、形をとって世界に作用する。それはいわば、その人が生まれる前には潜在的にしか存在できなかったものが現勢化して力となることだ。

それを見てとり味わえる者が、エマソンにおいては「詩人」と呼ばれる。そして各人がそれを現勢化していると き、それぞれは意図・意識せずして普遍を表現しているという意味で、みな「詩人」だと言われる。エッセイ「詩人」において、エマソンは「ひとは自分の半分にすぎない。あとの半分は彼の表現である」(CW III 4) と言うが、その「表現」とは、意識的ではないその人の現前 (presence) が、自ずと外に表してしまう何かのことだ。それゆえに彼は「すべてのひとが自然の魅力の作用を受ける限りにおいてみな詩人なのだ。……自然とともに生きるのはただ詩人や暇と教養のある者たちだけだというのか？　いな、狩人も、農夫も、馬丁も、肉屋もそうなのだ、彼らが己れの感情を表すのは言葉の選択によってではなく生き方の選択によってであるとしても」(CW III 9–10) と言う。ここで問題なのは職業の適性ではなく、職業もたまたまその人が担う普遍性（ネイチャー）の結果的な形として存在している。

アーレントによれば、人のエウダイモーンは生きているとき、本人によっては把握できない。それが形をとって現われるのは他者がその人について物語を紡ぐときである。「あの人は実はこういう人だった」という形で、その個人のダイモーンが語られる。エマソンのキャラクター論では、死んだあとの物語化というファクターはそれほど重視されていないように見える。生きているうちにも或る人の「キャラクター」を看守できる能力が、詩人の力であると言っているように見える。しかし、「チャタム卿」の逸話が示すように、エマソンにおいても、人の「キャラクター」が本当にくっきりとした形をとるのが、死んだあとであることは間違いない。そしてそれをエマソン自身が「幸福」の形として対象化しなかったとしても、アーレントの示唆を真に受ければ、それは別種の幸福の形なのである。

この点でエマソンが近しい死者について書いたオビチュアリー（故人略伝）はとても重要だ。弟チャールズの許嫁だったエリザベス・ホアの父、法律家・政治家だったサミュエル・ホアが一八五六年に逝去したとき、エマソンは二つの短いテキストを書いて彼を偲んだ。いずれにおいても「キャラクター」は重要だが、とりわけ二つ目のエッセイはタイトルそのものが「サミュエル・ホアのキャラクター」だった（一八五七年一月発表）。「あれほど普通の土俵に立って働いた彼のキャラクターが、これほどまでに深い印象を残すのは稀なことである」(CW X 381) と紹介をし始めたこのエッセイは、農夫たちが自分らの一員であるかのようにホアに挨拶をしていた逸話も交え、この亡き人の特性を活写していく。「彼の慎みは心からのものだった。彼には子どものような無垢と生まれながらの自制があり、そのおかげで彼はいかなる誘惑も感じなかったし、おかげで彼はどんな場所でもとらわれぬ超然とした礼儀正しさでひとと会うことができた。」(CW X 382) 衒いや気どりのなさ、率直さと質実剛健とも言うべき堅固な正義感が象られていくのだが、とりわけ注目したいのは終わり近くの箇所である。

頭脳の水晶のような明晰さの他は、彼は読書においても趣味においても、どんな優雅さも示さなかった。彼はまったく詩を愛さなかったし、わたしの聞くかぎり、彼が引用したとされる唯一の韻文はインディアンのきまりを伝える言葉だけだった。

「オークの樹々が色褪せたら
そのときは、農夫たちよ、別のところに植えよ」

だがわたしは、彼に優雅さを見出す。関係する者すべてになんら明確な損害など与えずに、法廷のあらゆる仕事を辞め、静かに、しかしきっぱりと身を退いたやり方に。(CW X 383)

晩年すべての公職から退いたときにその人が現わした“elegance”——それがここでは言葉で書かれない「詩」として味わわれている。この物語り方に、サミュエル・ホアの「キャラクター」の「詩」が存在する。

エマソン自身もまた、自分が生を終えたあとに、彼を知る人びとによって望ましく物語られることを夢見たに違いない。しかしそれは彼自身によっては把握もされなければ語られることもない。ではエッセイで人間には「キャラクター」というものが在ると読者に告げることは、何を意味するのか。おそらくそれは、独特の〈自意識の扱い方〉を示唆しているのだ。各人は自分が何者であるか、何者になりたいかという自意識に縛られがちだ。そこに他者との比較や競争意識が付け入ることになる。だが意識するなと言っても自分が何であるかが気になってしまうことも否めない。実はエマソンの「キャラクター」論は、読者にそれを気にさせないためのストッパーの役割を果たしている。自意識を持たない大人はいない。だがそれに縛られず、自分が作り上げたイメージの上の幸福を追求しないでいられる限り、その人は自ずからその人の本質とも言うべき、人となりを顕わしていくことができる。自分には自分にしかない何かがいつも（ダイモーンのように）働いている、それが何かは判らないが、それがきっと在るということを信じて、他人のようになろうとせずに、ひたすら誠実に生きていけばよい、そう思いなすことが、社会においてきっと役立つ。われ知らず自分だけのキャラクターを、いま自分はきっと顕わし続けている、そういう思考によって、自意識をコントロールすること、そこからもう一つの「幸福」が始まる。それは、いまの自分があとから見れば必ずや幸福であったと見えるに違いないと信じて、それ以外には決して追求の対象にはしないような幸福なのだ。この考えの構え方は現代にあっても有効性を失っていない。

＊本稿は日本学術振興会科学研究費補助金基盤研究（C）「現代によみがえるエマソン」（課題番号 15K02373）による研究成果の一部である。

## 注

1　例外のひとつとしてエッセイ「経験」（"Experience"）における「いまというときを満たすこと――それが幸福である」（*CW* III 35）というよく知られた箇所がある。その幸福は『ネイチャー』や「自己信頼」の瞬間の充溢のモデルの名残りのようなものだが、最愛の息子を突然猩紅熱で喪った経験の乗り越えを目指して書かれた「経験」において、その「幸福」は弱々しく響く。

## 引用文献リスト

エマソンのテキストについては以下の版に拠る。

*CS*—*The Complete Sermons of Ralph Waldo Emerson*, edited by Albert von Frank et al. U of Missouri P, 1889–92. 4 vols.

*CW*—*The Collected Works of Ralph Waldo Emerson*, edited by Alfred R Furguson et al. Belknap P of Harvard UP, 1971–2013. 10 vols.

*JMN*—*The Journals and Miscellaneous Notebooks of Ralph Waldo Emerson*, edited by William Gilman et al. Belknap P of Harvard UP, 1960–82. 16 vols.

Arendt, Hannah. *On Revolution*. Penguin, 1990.（訳は『革命について』、志水速雄訳、ちくま学芸文庫を拝借させていただいた。）

Arsić, Branka. *On Leaving: A Reading in Emerson*. Harvard UP, 2010.

Cavell, Stanley. *Emerson's Transcendental Etudes*, edited by David Justin Hodge. Stanford UP, 2003.

Cromphout, Gustaaf Van. *Emerson's Ethics*. U of Missouri P, 1999.

Kateb, George. *Emerson and Self-Reliance: New Edition*. Rowan & Littlefield Publishers, INC, 2002.
Robinson, David M. *Apostle of Culture: Emerson as Preacher and Lecturer*. U of Pennsylvania P, 1982.
アーレント、ハンナ『活動的生』森一郎訳、みすず書房、二〇一五年。

# 第十四章
# アメリカン・ドリームの申し子
## ――フレム・スノープスと五〇年代のフォークナー

山本　裕子

一九五五年七月、ウィリアム・フォークナーは「プライヴァシーについて――アメリカの夢に何が起こったのか?」と題したエッセイを『ハーパーズ』誌上に発表した。本人の承諾なく『ライフ』誌が私生活に踏み込む特集記事を掲載したことへの憤りから本エッセイが書かれたという事実は、とみに知られている。だが、このエッセイを、突如として課せられた有名税に対するノーベル賞受賞作家の憤懣の証としてのみ捉えるのであれば、ことの本質を見誤ることになるだろう。なぜなら、五〇年代のフォークナーはアメリカン・ドリームの行方を大真面目に憂慮していたからである。

当時、フォークナーは、同エッセイを収めた講演集『アメリカの夢』(*The American Dream*) を出版する計画をもっており (Blotner 594)、小説においても「夢」への言及を繰り返し行っている。四〇年代から五〇年代にかけて出版された三部作――『村』(1940)、『町』(1957)、『館』(1959) ――では、南部の近代的発展と並行してフレム・スノープスの立身出世が描かれる。『村』と『町』との間に出版された『行け、モーセ』(*Go Down Moses*, 1942)、「付録――コンプソン一族」(1946)、『尼僧への鎮魂歌』(1951)、「ミシシッピ」("Mississippi," 1954) においても、人物や土地の来歴に焦点があてられ、過去から現在までの南部の発展が描かれる。後期作品群においてフォークナーは、新南部の夢から開拓時代の夢へ、起源を辿るかのように戻っていく。五〇年代のフォークナーは著作全体を通して「アメリカの夢に何が起こったのか?」という問題提起を行っていると思われるのだ。

この問いは、後期フォークナーの関心の中心にあった。ノーベル賞受賞を境に、著書が絶版になっている作家から世界的文豪へと華麗なる変身を遂げ(Schwartz)、作家としての立身出世を実現したのだから、それも自然の成り行きだったのかもしれない。本章は、『村』と『町』との間に出版された「付録——コンプソン一族」および『尼僧への鎮魂歌』と三部作との間テクスト性を手がかりに、スノープス三部作に描かれる、開拓時代の夢から新南部の夢へと向かうアメリカン・ドリームの行方を読み解いていく。五〇年代のフォークナーにとってアメリカン・ドリームは、変わりゆくアメリカを捉えるための鍵概念だったのだ。

## 三部作の起源と夢の行方

スノープス三部作の起源は、フォークナーが『父なるアブラハム』の執筆に着手した一九二六年に遡る。この二四頁の草稿からは、フレムをアメリカン・ドリームの申し子として描こうとする作者の明確な意図がうかがえる。草稿のタイトルについて、伝記作家ジョセフ・ブロットナーは、シャーウッド・アンダーソンが当時執筆していたリンカーン伝のタイトルからフォークナーが拝借したと推測するものの、フォークナー作品のアブラハムは、米国第一六代大統領ではなく、約束の地カナンを目指したユダヤ人の始祖を指すと主張する(192)。たしかに、ヘブライ語で「民衆の父」を意味するアブラハムは、際限なく増殖していくスノープス一族の長たるフレムを象徴するのに相応しい。だが、「丸太小屋からホワイトハウスへ」というフレーズであらわされる大統領《プレジデント》の立身出世と、「村」はずれの下宿から「町」の白い「館」へという銀行頭取《プレジデント》のそれとの、明らかな類似を見過ごすわけにはいかない。一九五五年のパリでのインタビューにおいて、フォークナーはフレムを大統領選に出馬させてもよかったと述べており(Blotner 611)、また、草稿においても、フレムをアメリカン・ドリームやデモクラシーを体現する大統領に倣う人物として造型していた——「彼は、実際に機能している、人々の理想郷への夢から生まれでた驚くべき私生児の生きた見本である。この場合、夢とは〈民主主義〉である」(3)。嫡出子ではないものの、フレムは、まぎれもなく共和国建設の夢と理念の申し子なのである。一五年後、自らの最大利益の獲得だけが「幸福追求」であるフレムの姿に、アメリカ建国以来の夢の行方が示されることとなる。

　スノープス三部作の第一巻『村』の冒頭に描かれるのは、南部開拓時代の夢のなれの果ての姿である。「そこは原初の土地譲渡地であり南北戦争前のとてつもなく広い大農園の敷地であったところで、その廃墟——崩れてしまった馬小屋と奴隷居住区と荒れ放題の庭と煉瓦敷きのテラスと遊歩道とともに、内部は略奪され荒廃してしまった巨大な館の骨組——は、今なお老フランス人屋敷として知られている」(3)。『村』の舞台となるフレンチマンズ・ベンドの地名の由来となった「老フランス人」の所有した大農園、すなわち「彼の夢、彼の広大な敷地」は、物語現在では小作用農地に分割されている。現所有者のウィル・ヴァーナーが大農園主のことを「ただ食べて寝るためだけに、これだけのものが必要だった馬鹿者」(7)と呼ぶように、あるいは、住民があと五〇年もすれば価値がつけられないほどになる家財に骨董的価値を見出さず薪がわりにくべているように(4)、旧南部の「生命、自由及び幸福追求」の価値は、新南部の経済合理性の観点からは理解しがたいものになっている。大農園主の本名が人々から忘れられてしまったように、「彼の夢と誇り」は跡形もなく消えてしまった。今でも残っているのは、南北戦争時に敷地のどこかに埋められたという「お金」の口承伝説だけである (4)。

このように、物語冒頭では、黒人奴隷の労働力を用いて森を切り拓き川の流れすら変えてしまった旧南部の大農園主のフロンティア精神と彼の敷地を分割して転売する新南部の銀行家の営利行為とが対置され、理想郷の建設を目指す夢が単なる土地投機の手段に成り下がってしまったことが描き出される。「廃墟」となった老フランス人屋敷が象徴するのは、理想の追求がいつの間にか金銭の追求になってしまった夢の変容である。ヨクナパトーファ最初の植民者三人のうちの一人であるルイ・グルニエの大農園跡地は、原初の夢が切り刻まれ矮小化した姿を後世に伝える。『村』の冒頭には「アメリカの夢に何が起こったのか?」という問いが提示されているのだ。

ここから展開されるフレムの立身出世は、冒頭場面への返答となる。一九三八年の編集者ロバート・ハース宛の手紙に記された三部作の構想によれば、第一巻はフレムが「小さな村を消費」してから「ジェファソンへの足掛かり」を得るまで、第二巻は「裏通りのレストランの共同所有者から〈中略〉銀行の頭取におさまるまで」、第三巻は「コロニアル様式の邸宅を買い込み取り壊し、分譲地に切り刻む」までを扱う（『ウィリアム・フォークナー書簡選集』107）。このプロットはスノープス三部作にほぼそのまま引き継がれることになるが、スノープスの立身出世の物語は、『村』の冒頭場面において象徴的に提示された南部の夢の変遷を辿るものなのである。フレムの興亡物語とそれを伝える語り手の操作に注目しながら、[1] フォークナーが「アメリカの夢に何が起こったのか?」という問いにどう答えを出しているのかを見ていこう。

## 夢の起源と語りの行方

物語時点のフレンチマンズ・ベンドは、ウィル・ヴァーナーが独占する小作農経済の支配下――彼は、雑貨店、綿繰り機、紡績工場、鍛冶屋等、ベンドにおける経済活動を全て独占している（『村』6）――にあり、白人小作農民の「生命、自由及び幸福追求」の権利は著しく制限されている。ベンドの経済学は、『村』の三人称の語り手によって、旧ヨーロッパの植民地政策に類するものと示唆される。ヴァーナーとフレムが一緒にいる様子は、前者が「白人の貿易商人」、後者が「オウムのように彼を真似るアフリカ辺境の植民地の酋長」とあらわされる。フレムは、「文明の美徳」をヴァーナーから会得するのだ(67)。ベンドの経済システムを旧世界の植民地支配に比するものとすることによって、語り手は、新南部がフロンティア精神やデモクラシーといったアメリカの理想とはほど遠いものとなってしまった現状を提示する。

だが、その実、フレンチマンズ・ベンドの小作農経済は、開拓時代の大農園経済と非常に似通ったものである。ピーター・アラン・フローリッヒは、「フロンティア経済」は「人種優越のレトリック」によって「アフリカ人奴隷」の労働力を搾取するが、小作農経済は「人種平等のレトリック」によって「白人（小作農の）賃金奴隷」のそれを搾取すると論じる(235)。新旧二つの経済システムの差は、人種レトリックの違いでしかないと指摘するのだ。この指摘は、短編「納屋は燃ゆ」(1939)の中で、フレムの父親アブナーがド・スペイン少佐の白い館を見上げて言う内容と同一である――「『白くて綺麗だろ?』〈中略〉『ありゃあ汗だぞ。黒んぼの汗だ。彼にとっちゃあ、まだ満足のいくほど白くないのかもな。白い汗も混ぜたいんだろう』」(11)。アブは、旧南部の地主階級による大農園経済の基盤が黒人奴隷の搾取にあり、新南部の資本家階級による小作農経済の基盤が白人小作農民の搾取にあることを、子供達に教えるのである。

『館』の三人の語り手のうちの一人であるミシンの行商人V・K・ラトリフは、このスノープス一族が体現する「スノープシズム」を、もう一人の語り手である弁護士ギャヴィン・スティーヴンズの言を借りて、以下のように定義する――「たくましく邪悪な力、勢力」(454)。ギャヴィンは、一族のことを「ネズミやシロアリの群れ」(36)と形容する。二人からすればスノープス一族は「南部」という館に外から侵入して巣食う害虫なのである。同様に、従来の批評も、ゲイル・モーティマーが総括するように、スノープス一族のことを農本主義から資本主義へと南部を変革させる外部勢力、つまり「北部的勢力の象徴」(187)とみなしてきた。しかし、スノープス一族は南北戦争時代からヨクナパトーファに住んでいる南部人であり、決してよそ者ではない。また、フローリッヒが論じるように、フレムは南部の「経済の指導者」を真似ることによって「権力の地位へ上る」(235)。フレムとトマス・サトペンとの類似をみるダン・H・ドイルは、フレムが「インディアンを騙し、土地と奴隷を容赦なく搾取する南北戦争前の先任者達と多くの共通点をもつ」(31)と指摘する。実際、フレムのキャリアは、これまで指摘されてきたサトペンよりも、スノープス三部作の語り手たちが黙して語らない、町の創設父祖の一人であるコンプソン一世のそれと酷似しているのである。

コンプソン一世の立身出世は、マルカム・カウリー編纂『ポータブル・フォークナー』(1946)のために書き下ろされた「付録――コンプソン一族」の人物来歴に簡潔にまとめられている。ジェイソン・ライカーガス・コンプソン一世は、半年のうちにチカソー族管理局の事務員、一年のうちに共同管理者に昇格して付属雑貨店の半分を所有するまでになり、一年後にはインディアンの酋長イケモタビーから馬と交換に「ジェファソンの町のほぼ中心となる平方マイルの土地」を手に入れる(634–35)。一方、フレムは、ベンドの雑貨店の店員からジェファソンの食堂の共同経営者となり、そこから「サートリス銀行」とド・スペイン邸を、さらにはジェイソン・コンプソン四世から「コンプソン・マイル」の残りを手に入れる。コンプソン一世との繋がりは顕著である。とりわけ、フレムの土地投機は、コンプソン一世の行為を繰り返すものである。[2]『尼僧への鎮魂歌』の第三幕プロローグ「監獄」にて、町が新郡庁舎を建てる際に「コンプソンの言い値で」彼の所有する土地を購入しなければならなかったことが明かされる (185)。このエピソードは、ジェファソンの町の創設自体が必ずしもコンプソン一世の金銭欲と無縁であったわけではないことを示唆する。安く土地を手に入れ、その土地の価値を高めてから高値で転売する土地投機は、フレムが老フランス人屋敷をラトリフらに転売するずっと以前に、コンプソン一世が実践しているのである。ノエル・ポークが論じるように、ジェファソンの郡庁舎が人間の「より良い生活への夢」の象徴であるなら、監獄は人間の「原罪」の象徴である (1981: 24)。町がその創設より先に監獄を必要としたように、コンプソン一世の立身出世もその始まりから決して無垢ではなかった。コンプソン一世の錬金術は、ヴァーナーを経て、フレムに受け継がれている。この意味において、フレムは、南部の夢の非嫡出子である。彼は、原初の罪を体現する〈内なる他者〉なのだ。スノープス三部作は、フレムがヴァーナーの足跡を辿りコンプソン一世の足跡まで遡る、その年代記である。

しかしながら、「スノープス伝承」(『町』146) をつむぐ三部作の語りは、この系譜を認識することを拒否する。三部作において主要登場人物兼語り手として重要な役割を果たすのはラトリフとギャヴィンである。スノープス一族との「ゲーム、競争、あるいは戦闘、戦争」(『町』106) は、『村』においてはフレムとラトリフとの間のウィル・ヴァーナーの後継者争いとして、『町』『館』においてはスノープス家の女性を守ろうとするギャヴィンによる騎士の戦いとして提示される。このラトリフとギャヴィンの介入については、フォークナーがヴァージニア大学での質疑応答において「戦いとなれば、いつだってローランを生むんだ」(34) と発言したために、二人が英雄的な役割を果たすのだと考えられてきた。[3] だが、二人の血筋を考慮にいれれば、介入には個人的な理由も見えてくる。ラトリフは、ジェファソンの町の創始者三人のうちの一人ラトクリフの末裔であり（『町』283)、ギャヴィンは植民地時代からつづく旧家の出である。ジェファソンの創設父祖たちの後継者を自負する二人にとって、フレムとコンプソン一世との間に類似を認めることは我慢のならないことである。二人のスノープスとの闘争は、ジェファソンの町の創設父祖たちの正統な後継者をめぐる戦いなのだ。

フレムをコンプソン一世の継承者と認めない三部作の語りは、彼を南部の貴族的伝統とは縁のない〈他者〉として提示する。だが、この起源を抑圧する語りの操作は、副産物としてスノープス・ジレンマを生むこととなる。

## 語りの操作とフレムの夢

スノープス三部作の語りにおいて、フレムは黒人と先住民に近い存在、人種的階級的他者として表象される。シャーメイン・エディが指摘するように、フレムの白いシャツは労働の汗とともに徐々に黒ずんでいく。彼は、『村』において、「人種的他者」(580) として記号化されるのだ。とりわけ、ギャヴィンの甥であるチャールズ・マリソンが語る、『町』の最後を飾るアパッチ族の混血児たちのエピソードは、スノープス一族の異化に効果的に機能する。暗闇でナイフを使い、ペットの犬を食らう「野蛮な」アパッチ族の混血児たちは、スノープス一族がジェファソンの住民を恐怖に陥れるであろう未来を予兆している。「レッドネック」の典型であるスノープス一族のいきつくところは、サトペン家の黒い混血児ジム・ボンドではなく、アパッチ族の「赤い」混血児なのである。レッドネックと先住民族とを赤の連想によって結びつけるチックの語りは、白人優越主義と階級主義の観点から、ラトリフとギャヴィンのフレムへの抵抗を正当なものとする。

この白人優越主義と階級主義の立場は、ギャヴィンの語りに最も顕著である。ギャヴィンには、フレムがリンダの親愛の情とユーラの不倫を利用して銀行のポストを手に入れることは、卑劣な行為とうつる。だがそれは手段とは関係なく、手に入れようとする目的自体が論外なのである。彼は、「特権を獲得した者」と「父や祖父から肩書を正当に受け継いだ者」（『町』121）とを明確に区別する。ギャヴィンにとって、階級の特権は血縁によって受け継ぐものであって、お金で獲得できるようなものではない。「レッドネック」は上流階級の一員になどなれないというのが、フレムの出自を問題視するギャヴィンの立場である。もちろん、ギャヴィンのフレムへの反感の裏に、ユーラとリンダへの抑圧した愛情があることは言うまでもない。彼のフレムへの対抗心には、彼が言う「ジェファソンのため」（『町』89）という公的な理由以上に、個人的な理由があるのである。

スノープシズムの脅威は、フレムがお金ではなく体面（respectability）を手に入れようとしている、とギャヴィンが認識したときに生まれる。フレムが銀行の副頭取となる時に購入した家の内装を見た時、彼は「文明化された魂への〈中略〉攻撃」と言うほどの衝撃を受ける。ギャヴィンは、ライフスタイル誌『タウン&カントリー』の「アメリカン・インテリア」とキャプションがついた写真どおりであるかのような家具や食器類を目のあたりにして、「そうか本気なんだな」と慄く。妻ユーラによれば、銀行の副頭取に適した家具を手に入れるために訪れたメンフィスの家具屋にて、フレムは、成功を誇示する成金趣味の家具にも、家系に箔をつけるアンティーク家具にも首を縦に振らない。結局、家具屋の妻が選んだ受注生産の量産家具は、まさに個人主義で没個性的なフレムに相応しい。ギャヴィンの怖れは、家具問屋のカタログに記載されている「説明文／伝説《レジェンド》」——「模造品でもリプロダクト製品でもありません。個人の必要性にあわせて調整した我々独自のモデルです」（『町』194）——を真に受けるフレムの純真さに対する怖れである。盲目的にアメリカの夢と理念を信じるフレムは、「誰も騙すつもりはない」（『町』195）と言うように、出自を偽る必要などない。銀行の副頭取として相応の家に住み相応の行動をすれば、ジェファソンの上流階級の一員になることができると信じている。それこそが、ギャヴィンの感じる脅威である。[4]

　結局、ギャヴィンが怖れるようにフレムは社会的地位を自助努力によって手に入れることになる。フレムが頭取となりマンフレッド・ド・スペインの館に移り住んだ時、ラトリフは以下のように理解を示す。「財産と家名に生まれついた」サートリス大佐やド・スペイン少佐とは異なり、フレムは「いうならば固くて辛抱強く抗う岩から〈中略〉両方を自力で獲得しなければならなかった」（『館』469）。[5] フレムの成功は、階級は先天的に血縁によって決定するのではなく、後天的に不断の努力によって獲得するものだということを証明するのである。

　そうして頭取に上り詰めたフレムは、ジェファソンの中心地である「コンプソン・マイル」を分割して、新たな分譲地「ユーラ・エイカーズ」を創設する。分譲地は、「すべての男たちの夢と望み」（『村』164）であった地母神ユーラのように、アメリカン・ドリームを約束するのだ。宅地に整然と並ぶ画一的で没個性的なミニ戸建——お菓子の箱のように「見分けのつかない、小さく素朴に明るく塗られた新しいウサギ小屋」（『館』629）——は、戦後の若い世代に、住宅ローンで購入可能な家族空間を提供する。核家族のための個人主義で民主主義的なアメリカン・インテリアを。フレムによる分譲地建設は、ユーラの自殺を始めとする様々な犠牲のうえに、アメリカン・ドリームとデモクラシーを達成することとなる。コンプソン・マイルの跡地に敷かれた「ユーラ・エイカーズ」は、まさにコンプソン一世の大農園、ひいては開拓父祖たちの入植地に匹敵するものなのである。

皮肉なことに、フレムは、血縁をあくまでも最重要視するミンクに殺されることによって、ジェファソンの町の承認を得る。彼の死は「町の尊敬と同情」を引き起こし、フレムを「白く浄化する《ホワイトウォッシュ》」(Nichol 503)。『館』の三人称の語り手は、「高名な銀行家であり資本家」の盛大な葬儀を次のように報告する。「彼（故人）には後援も無かった〈中略〉ただ資本だけだ。経済ではない——ヨクナパトーファ郡やミシシッピが造られ今でもそれによって動かされている綿花や牛やその他ではなく、金銭にのみ属している」(706)。小作農民の家系に生まれたフレムは、南部の農本経済から自由になり、資本主義経済による成功をおさめるのだ。三部作の完結時、フレムは、何人にも社会上昇を約束するアメリカン・ドリームの申し子となる。そして、その夢の起源は、北部にあるのではなく、南部の開拓時代に遡るのである。

## スノープス・ジレンマ　アメリカの夢と原罪

こうしてフレムが夢路を辿るうちに、彼を人種的階級的他者とする語りは「スノープス状態あるいは窮地」(『館』619) に陥っている。フレムを黒人あるいは先住民に異化する語りは、白人優越主義者であり階級主義者であるギャヴィンのような南部白人の密かなる恐怖を現実のものにしてしまう。つまり、フレムは、白人小作農民よりも少ない元手でより勤勉に働くことで成功する黒人の姿を、あるいは不当に奪われた土地の返還を要求する先住民の姿を、まざまざと見せつける。彼を〈他者〉として提示する語りは、それによって彼を南部白人たちの恐怖を実現する存在にしてしまうのだ。スノープシズムとは、南部白人の内なる恐怖が投影されたものである。だがその一方で、語りの操作なくば、フレムの経済活動は町の創始者コンプソン一世のそれとの類似を思い起こさせる。彼は、ジェファソンの町の原罪を呼び覚ます存在なのだ。ギャヴィン自身、スノープス一族の出現と「ジェファソンが過去に犯した罪」とを結びつける――「いいや、我々は今やつらを手に入れてしまった。やつらは今、我々のものだ。こんな罰を勝ち取り、こんな権利を得て、こんな特権を獲得するなんて、いったいジェファソンがいつだかの昔にどんな罪を犯したのかわからない。でも、我々はやってしまったのだ」(『町』89–90)。原初の罪を想起させるために、フレムはジェファソンの脅威なのである。彼は、「土地の古い諸悪を映し出す」(Willson III 442)。いかに抑圧しようとも、フレムの南北戦争前の邸宅をめぐる土地投機は、開拓時代における町の父祖たちの先住民と黒人に対する搾取と蹂躙の記憶を想起させてしまうのである。

『町』において、丘の上からヨクナパトーファ全体を俯瞰するギャヴィンは、眼下の光景から「故郷の記録と年代記」を読みとる。それは「人間の情熱、希望、災難の縮図」であり、人が「貪欲」の網に絡めとられながらも「自分の夢に打ち込む」(277) その営為を描き出す。ギャヴィンが土地から拾いあげる名前は、はじめに「野蛮なチカソーの王」イッシティベハー、それからコンプソンやスティーヴンズを含む「誇り高く消えゆく白人大農園の名称」、おわりにスノープスである (278)。『尼僧への鎮魂歌』において、ジェファソンの町の歴史がチカソー族の足跡を土地から完全に消し去る行為であったと説明されるように (188)、ギャヴィン自身、ヨクナパトーファの歴史が先住民の土地を奪うことから始まったことを認識しているのである。

スノープス三部作の間に出版された作品群で共通して語られるのは、開拓時代、白人が先住民から土地を奪い黒人奴隷の労働力を搾取して大農園を築き、ジェファソンの町を建設したという創世記である。むろん、ジェファソンの創設は、アメリカ建国のアナロジーである――「ジェファソンおよびヨクナパトーファ郡が創建されたまさにその状況は〈中略〉アメリカの建設、蹂躙、再建の寓話となる」(Polk 2001: 50)。三部作についても同じことが言えよう。三部作は、フレムの立身出世を通して、アメリカ建国の夢と罪との表裏一体の関係を告げる。この意味において、スノープシズムは、その起源から矛盾を抱え込んでいるアメリカの国家的トラウマである。アメリカの夢と理念を信じたいという願望と、その夢と理想からはかけ離れた現実を認識してしまう理性との狭間で揺れるアメリカ的想像力は、スノープス・ジレンマとして三部作に表出する。[6] フレム・スノープスは、アメリカ建国の夢と原罪から生まれ落ちた〈アメリカン・ドリームの申し子〉なのである。

## 五〇年代のフォークナーとアメリカの夢

一九五五年の「プライヴァシーについて――アメリカン・ドリームに何が起こったのか?」において、フォークナーはアメリカン・ドリームを次のように規定する。

それこそが〈夢〉だったのだ。黒や白や茶や黄に創られたためにその肌色に残りの日々ずっと取り消せないかたちで運命づけられているという意味で、人は平等に創られたというのではない。あるいは、自分自身は手をあげることなく、まだ生まれでぬ子宮のなかの胎児のように温かく空気のない湯船のなかで丸まって眠っているというように、平等に運命づけられているのではなく平等によって恩恵を受けているのでもない。そうではなく、ほかの皆と同様に、平等の出発をもてる自由のことである。それから、その平等を個人の勇気と誠実な

仕事ぶりと相互責任のもとで守り保持する自由のことである。(65)

アメリカン・ドリームは、一般的に、「人種・階級・性にかかわらず努力さえすれば誰でも成功することができる」という趣旨だと解されている。フォークナーは、人種と階級の差異の存在を認めつつも、誰もが平等に同じ出発地点に並ぶことができる権利が与えられていること、また、その平等の権利は、「個人の勇気と誠実な仕事ぶりと相互責任」によって保たれること、その自由と平等こそがアメリカン・ドリームだと述べる。当時、時に矛盾する立場をとりながらも人種問題に積極的に発言していた彼の、このエッセイからうかがえる立場は、クリアンス・ブルックスに言わせれば、個人の自由権をすべての民に保障し、教育を受ける権利や経済的独立が可能な土地を与えようと夢見るジェファソン的アメリカン・ドリームと同じである (142)。現代におけるアメリカの夢の変容を嘆くフォークナーは、夢の起源を求めて、アメリカ独立宣言を起草した建国の父トマス・ジェファソンに立ち返るのである。

しかし、ヴァージニアの大農園主でもある第三代大統領が掲げる理想のアメリカ――独立自営農民を中核とする農本主義共和国「自由の帝国」――が、奴隷制度を保持して先住民を駆逐したことは紛れもない事実である。夢の行方を追うために夢の起源を辿るフォークナーは、否が応でも、このアメリカの理想と現実との矛盾に目を向けざるを得ない。後期作品において、ジェファソン大統領からジャクソン大統領へとデモクラシーの系譜を追うフォークナーは、その政策の裏に隠された先住民に対する国家的犯罪を意識しないわけにはいかなかった。「コンプソン一族――付録」では、ジェファソンの大農園主を代表するコンプソン一族の系図よりも先に、コンプソン家の血筋とは直接関係のない二人の父祖の略歴がおかれる。「土地を奪われたアメリカの王」イケモタビーと「剣をもった偉大なる白い父」ジャクソン大統領である(632)。『尼僧への鎮魂歌』では、ジェファソンの市名がジェファソン大統領にちなんで名づけられたトマス・ジェファソン・ペティグルーに由来すること(25)、ミシシッピの州都ジャクソンがジェファソン大統領の計画に沿って作られアンドリュー・ジャクソンにちなんで名づけられたこと(93)が語られる。この南部の発展を尻目に、女酋長モハタハー率いる部族はインディアン居留地へ追いやられるのである。「ナッチェスかニューオーリンズの高級売春宿の女主人の晴着のように見えた」(186)と表象されるモハタハーの姿は、スノープス三部作のフレム同様、白人父祖たちの商業主義に毒された真の姿を鏡のように映している。

「アメリカの夢に何が起こったのか?」という問いは、たしかに五〇年代のフォークナーの関心の中心にあった。その問いに対するフォークナーの答えは、スノープス三部作を含む後期作品を読むかぎり、アメリカの夢の変容はすでにその起源から始まっていたというものだ。冷戦の只中、政府親善大使として「自由の国」を標榜するアメリカのプロパガンダ活動の一翼を担っていたフォークナーは、日本とマニラの講演において、執筆中の『アメリカの夢』からの抜粋を読んだという(Blotner 604, 609)。日本において、彼は、世界にむけて自由を謳っておきながら自国では黒人差別がまかり通るアメリカの欺瞞は恥ずべきことだと発言した(Blotner 604)。一九二六年から三四年をかけて完成したスノープス三部作は、アメリカの自由と平等の理念が孕む矛盾に気づきながらも、アメリカン・ドリームという儚い夢をいまいちど信じたいというフォークナーのジレンマから生み出された作品ではなかったか。

＊本稿は二〇一〇年十月九日に開催された日本アメリカ文学会全国大会（於立正大学）で行った研究発表における原稿に、大幅な加筆修正を施したものである。本研究はＪＳＰＳ科研費15K02346の助成を受けた。

## 註

1 三部作の複雑な語りの構造については、オーウェン・ロビンソンの論考が詳しい。

2 ジョセフ・アーゴは、フレムの土地投機とフォークナーのモダニスト美学とが相似であると論じる。

3 ジョセフ・F・トリマーは、ギャヴィンではなく、三部作において最も影響力のある「観察と解釈」(453) を提供するラトリフが英雄的な役割を果たすと論じる。

4 モーティマーは、ギャヴィンとフレムの異なるアイデンティティの感覚をダーウィンの進化論を援用して説明する。ギャヴィンのそれは血縁関係に、フレムのそれは環境適応によっている (195)。ギャヴィンは世襲の貴族制を支持する立場であるが、フレムは適者が社会上昇するというアメリカ的立場を支持する。モウリ・スキンフィルは、ギャヴィンの「部屋への不快感」は、アメリカ的な社会上昇神話に挑戦するフォークナーのモダニスト的立場を示している (141–43) と論じる。

5 フレム・スノープスの描出が、作家フォークナーによる「俗っぽい商業主義や非人間的な野心」への批判のあらわれである (Renner 69) とする批評は多い。ヴァージニア大学での質疑応答でのフォークナー自身の発言——「スノープスの目的はかなり下劣なものだった——彼は、ただ金持ちになりたかっただけで、どのようにかは気にしなかった」(97) ——に鑑みても、こうした解釈には一定の妥当性があるだろう。だが一方で、ここでフォークナーは、ラトリフの口を借りて、個人のたゆまぬ努力によって成功を獲得したフレムに対して賛辞を贈っているようにも思える。『町』におけるラトリフのロシア起源の付け足しについては、ギャヴィンの体現する立場へのアンチテーゼとなると思われるが、これについては稿を改めたい。

6 ジェームズ・グレイ・ワトソンは、スノープス・ジレンマを、登場人物が悩まされる道徳性と非道徳性との板挟みであるとする (13)。

## 引用文献

Blotner, Joseph. *Faulkner: A Biography*. Random, 1984.

Brooks, Cleanth. *On the Prejudices, Predictions, and Firm Beliefs of William Faulkner*. Louisiana State UP, 1987.

Doyle, Don H. *Faulkner's County: The Historical Roots of Yoknapatawpha*. U of North Carolina P, 2001.

Eddy, Charmaine. "Labor, Economy, and Desire: Rethinking American Nationhood through Yoknapatawpha." *Mississippi Quarterly*, vol. 57, no. 4, 2004, pp. 569–91.

Faulkner, William. "Appendix: The Compsons." *The Portable Faulkner*. Edited by Malcolm Cowley, Viking, 1946.

——. "Barn Burning." *Collected Stories of William Faulkner*. 1950. Vintage, 1977, pp. 3–25.

——. *Father Abraham*. Edited by James B. Meriwether, Random, 1983.

——. *Faulkner in the University: Class Conferences at the University of Virginia, 1957–1958*. Edited by Frederick L. Gwynn and Joseph L. Blotner, U of Virginia P, 1959.

——. "On Privacy: What Had Happened to the American Dream?" *Essays, Speeches, and Public Letters*. Edited by James B. Meriwether, Random, 1965, pp. 62–75.

——. *Requiem for a Nun*. 1951. Vintage, 1975.

——. *Selected Letters of William Faulkner*. Edited by Joseph Blotner, Random, 1977.

——. *The Hamlet*. 1940. *The Corrected Text*. Vintage, 1991.

——. *The Mansion*. 1959. *William Faulkner: Novels 1957–1962*. Library of America, 1999, pp. 327–721.

——. *The Town*. 1957. *William Faulkner: Novels 1957–1962*. Library of America, 1999, pp. 1–326.

Froehlich, Peter Alan. "Faulkner and the Frontier Grotesque: *The Hamlet* as Southwestern Humor." *Faulkner in Cultural Context*, edited by Donald M. Kartiganer and Ann J. Abadie, UP of Mississippi, 1997, pp. 218–40.

Mortimer, Gail. "Evolutionary Theory in Faulkner's Snopes Trilogy." *Rocky Mountain Review of Language and Literature*, vol. 40, no. 4, 1986, pp. 187–202.

Polk, Noel. "'The Force that through the Green Fuse Drives': Faulkner and the Greening of American History." *Faulkner in America*, edited by Joseph R. Urgo and Ann J. Abadie, UP of Mississippi, 2001, pp. 45–63.

——. *Faulkner's "Requiem for a Nun": A Critical Study*. Indiana UP, 1981.

Renner, Charlotte. "Talking and Writing in Faulkner's Snopes Trilogy." *Southern Literary Journal*, vol. 15, no. 1, 1982, pp. 61–73.

Robinson, Owen. "Interested Parties and Theorems to Prove: Narrative and Identity in Faulkner's Snopes Trilogy." *The Southern Literary Journal*, vol. 36, no. 1, 2003, pp. 58–73.

Schwartz, Lawrence H. *Creating Faulkner's Reputation: The Politics of Modern Literary Criticism*. U of Tennessee P, 1988.

Skinfill, Mauri. ""The American Interior: Identity and Commercial Culture in Faulkner's Late Novels." *The Faulkner Journal*, vol. 21, no. 1–2, 2005, pp. 133–44.

Trimmer, Joseph F. "V. K. Ratliff: A Portrait of the Artist in Motion." *Modern Fiction Studies*, vol. 20, no.4, 1975, pp. 451–67.

Watson, James Gray. *The Snopes Dilemma: Faulkner's Trilogy*. U of Miami P, 1968.

Wilson III, Raymond J. "Imitative Flem Snopes and Faulkner's Causal Sequence in *The Town*." *Twentieth Century Literature*, vol. 26, no. 4, 1980, pp. 432–44.

# 第十五章　幸福のレトリック
## ――ハミルトン／『ハミルトン』が描いたアメリカ

森　瑞樹

### 序

二〇一六年六月に開催された第七〇回トニー賞の一六部門でノミネートされ、最優秀作品賞（ミュージカル部門）を含む過去最多の一一部門で賞を獲得し、文字通りアメリカ演劇の歴史を塗り替えたプエルトリコ系アメリカ人のリン＝マニュエル・ミランダ作・主演のミュージカル『ハミルトン』（二〇一五）。本作はさらに同年のピューリッツァー賞（戯曲部門）及びグラミー賞（最優秀ミュージカルアルバム賞）にも輝き、アメリカ文学界のみならず、多岐にわたる方面にはなはだ鮮烈な印象を刻み込んだ。そしてなにより世界を驚嘆させたのは、作家、作詞家、作曲家、さらには役者という多彩な才能を同時に具えるミランダの姿そのものであった。

全編を通じてヒップホップの楽曲とライムスキームに彩られる『ハミルトン』は、その名を冠したタイトルから自明のように、合衆国初代財務長官アレクサンダー・ハミルトンの生涯をドラマタイズした作品である。A・ハミルトン[1]は、初代大統領ジョージ・ワシントンの腹心として独立革命戦争に従事し、その後はアメリカ金融経済の骨子を整備したのみならず、コモン・ロー精神によって同国の立憲主義を確立するなど、今来のアメリカの礎を築いた歴史的人物である。また合衆国憲法批准促進のために上梓された『ザ・フェデラリスト』(*The Federalist Papers*, 1788) の八五編の論文のうちの五一編をわずか二年足らずで単独で書き上げた稀有な速筆家としても知られている。

アメリカ建国の父のひとりであるこの偉人を物語化した『ハミルトン』の構想は二〇〇八年にまで遡る。ミュージカル『イン・ザ・ハイツ』(*In the Heights*, 2005) で二〇〇八年のトニー賞最優秀作品賞（ミュージカル部門）を獲得後、メキシコで休暇中だったミランダは、歴史家ロン・チャーナウが積年の粒々辛苦の末に擱筆した伝記『アレクサンダー・ハミルトン』（二〇〇四）を頑読した。カリブ海出身の移民孤児でありながら「言葉と叡智の力によって何者でもない者から国家の頂にまで上り詰めた」(Piepenburg par. 9) A・ハミルトンの姿に、アメリカ・ヒップホップ界のイコンのひとりジェイ・Z[2]の姿を垣間見 (Weinert-Kendt par. 4)、言論、執筆及び出版を通して政治的応酬を交わした其節の政治家たちの姿にラップバトルの様相を重ね合わせた (Piepenburg par. 10) ミランダは、A・ハミルトンをライトモチーフに据えたラップ・コンセプト・アルバムの制作に着手する。

翌二〇〇九年、合衆国第四四代大統領バラク・オバマがホストとなり開催されたホワイトハウス・ポエトリー・ジャムに招かれたミランダは、その場で同アルバムのオープニング・ナンバーを披露する。その当時から注がれはじめた本作への熱いまなざしは、数年を経てミュージカル作品としての初演を迎えた後も衰えることはなく、オバマ家はもちろんのこと、クリントン家をはじめとするそうそうたる政治家が多数観劇に訪れたことでも、本作はその注目度の高さを明らかにしてみせた。

その中でも特筆すべきものは、二〇一六年一一月当時、ドナルド・トランプ次期政権で副大統領に就任予定であったマイク・ペンス一行が同作の観劇に訪れた際での出来事である。終幕後、キャスト一同[3]がペンスに向けて、アメリカの多様性を尊重するよう求めるミランダからのメッセージを代読した。これはひとえに白人至上主義の政治的スタンスから移民排斥を標榜していたトランプの口吻に対して為されたものに他ならない。古くから幾度となく繰り返されているこのような文学と政治との緊張関係は、合衆国第三代大統領トマス・ジェファソンによって独立宣言書に記された「アメリカのセルフ・イメージに他ならない」(McMahon 314) 幸福の追求が「私益と公益が同時共存する位相において潜在的に矛盾を抱えたもの」(McMahon 330) であり、さらにはその矛盾が未だ解消されてはいないことを如実に物語っている。

遥か古典古代より幾多の哲学者が「幸福とは何か」という命題に挑み続けたものの、当の幸福自体は歴史的及び文化的文脈によってその姿を千変万化させてきた。しかしそのなかでも、ショーペンハウアー流の幸福はアメリカ的幸福と文学とを同じ俎上に載せるうえでの試金石となる。ショーペンハウアーが思弁する幸福とは「近づけば消える蜃気楼」(一八九) であり、人は外部から与えられた幸福という物語を舞台上で演じている喜劇役者にすぎない(一二三)。すなわち幸福とは、コンテンツが通時的に書き換えられてゆく物語なのであるが、人々を理想に誘うというレトリックを一定の特性として内包している。

もとより『ハミルトン』構想に臨むミランダの所懐は、建国期のアメリカを今のアメリカの姿から語り直すことで、それを今のアメリカの物語として提示し (Weinert-Kendt par. 18)、内部に分断のないひとつのアメリカになる仕方を模索するところにあった (Piepenburg par. 11)。つまり彼は、幸福の追求が誘う白人至上主義的国家イメージから溢れ落ちてきた者たちをアメリカに迎え入れる方策を追求したのである。

ここで、幸福という概念、そして時を隔てたA・ハミルトンとミランダの三つが、物語の力という一点において奇妙に交錯しはじめる。すなわち、幸福の追求はアメリカのひとつの理想像を物語り、またA・ハミルトンは言葉の力（執筆と出版）を通してアメリカの青写真を描くことで国家をそこへ向かわせた。一方、ミランダはミュージカル『ハミルトン』においてその青写真を描き直し、新たなアメリカへと国家を向かわせる。

そこで本小論では、物語執筆行為という見地からアメリカ建国の父のひとりであるアレクサンダー・ハミルトンを措定しつつ、その歴史的営為をヒップホップ・ミュージカルとして異化した『ハミルトン』をメタシアトリカルに読み解いてゆく。そして幸福のレトリックを軸として成り立つ物語と国家とのシミュラークル的共振関係を浮き彫りにし、同作及び作家リン゠マニュエル・ミランダが夢想させる新たなアメリカの有り様を抽出しようと試みる。

## 語る／語られるハミルトン

夥しい数が残されたA・ハミルトンの書簡等を蒐集及び編纂した歴史家ヘンリー・カボット・ロッジによれば、「ハミルトンの底意は国民世論を創出することであり、それゆえそれは衝突し合う一三の不調和な州から偉大で強靭な国家を樹立することでもあった。この目的を果たすために公人として彼が為し、陳述した全ては、極めて慎重に取り仕切られた」(“Preface” par. 2)。さらにロッジは、初代大統領政権下での国家樹立におけるA・ハミルトンの功績を次のように言い表している。

> 我々のこの偉大な国家の樹立と繁栄に関して、ワシントン政権策の影響は看過できない。その政策の大半はハミルトンただひとりによるものであり、その全てにハミルトンは自身の痕跡を深く刻み込んでいる。（中略）

> ハミルトンの秀でた功績は、国家システムの支柱という側面において、強力な民意を創出し、組織し、導くことにあった。そしてそれゆえ、生み出された世論は、政敵全てを説き伏せるまで、増大し続ける影響力を伴い着実に高まっていった。国民意識に対して行使した甚大な影響力をもって、ハミルトンは目的を遂行した。ハミルトンほど、多くの指導者も含めた同時代の人々の意見を動かした人物は未だかつて存在しない。それに加えて、彼はその時代の圧倒的多数の一般聴衆にペンを持って訴えた。(“Preface” par. 2)

さらに付言しておくと、A・ハミルトンは、合衆国大統領制における「大統領『意識』」(a president’s “consciousness”)(Smith 24)、つまり大統領としての在り方までをも言論により規定しようと試みている(Smith 23–26)。これらはA・ハミルトンの歴史的偉業を単に書き記したものではないことは明らかである。ここからはすなわち、国家の青写真を描き出す物書きとしての、またそれを完遂させるための演出家としてのA・ハミルトンのペルソナが躍然と輪郭を現しはじめる。

　しかしミュージカル『ハミルトン』において注目すべきは、このようなある意味で作家及び演出家であるA・ハミルトンが、一見それとは逆に、語られる客体として舞台上に登場するところにある。例えばオープニング・ナンバー『アレクサンダー・ハミルトン』(“Alexander Hamilton”)[4]では、訪米直後までのハミルトンの生い立ちがキャスト総出で歌い上げられると共に、それぞれが楽曲終盤に物語の結末に至るまでのハミルトンとの関わりを明らかにしてゆく。

全員　ニューヨークでは生まれ変われる――

（中略）

全員　（中略）アレクサンダー・ハミルトンよ、／さぁ、お前の出番だ。／決して諦めなかった。／決して無駄な時を過ごそうとしなかった。／アレクサンダー・ハミルトンよ、／アメリカがお前に歌い掛けるとき、人々はお前が乗り越えてきたことを知るのだろうか？／人々はお前がルールを書き換えたことを知るのだろうか？／世界は決して元のままではいられない。

バー　さぁ、港に船がやってきた。あいつを見つけることができるかい？／どん底からやってきた移民を。／あいつの仇敵がその名声をぶち壊しにして、／アメリカはあいつを忘れ去った。

マリガン＆ラファイエット　俺らはあいつと共に戦った。

ローレンス　俺？　俺はあいつのために命を賭した。

ワシントン　私かね？　私はあいつを信じた。

イライザ、アンジェリカ＆マリア・レイノルズ　わたし？　わたしは彼を愛した。

バー　で俺か？　俺はあいつを撃ち殺したどうしようもないバカ野郎だ。

全員　やってないことは山ほどある。／でも、まぁ見てなって。

バー　おい、名前は？

ハミルトン　アレクサンダー・ハミルトン！(17)

そして後の物語は彼らの記憶に沿って展開してゆくことになり、この視座から臨めば『ハミルトン』は他者視点のメモワール的様相を纏ったもののようにも見える。しかしここで目を留めるべきは、主として過去時制でなされる語りの中に、時折現在時制の語り（主にハミルトンのもの）が挿入されていることである。このように次元が複雑に交錯する舞台上は、語られる客体となったハミルトンが作られた物語を単にひとりのキャラクターとして演じるのではなく、彼がその物語を内側から「書き換え」(17)、自らを「生まれ変わ」(17) らせる場へとその姿を変えてゆく。

そもそもアメリカにおけるA・ハミルトンは、公益のために奉じた建国の父のひとりとして、しかしまたそれ以上にマリア・レイノルズとの不貞関係とそれに付随した横領疑惑に代表されるような私益を貪る人物として、畏怖と嘲笑というふたつの相反する感情を引き受けている。そしてこのような、特にネガティブなA・ハミルトン像を作り上げたのは、紛れもなく合衆国第三代副大統領アーロン・バーやT・ジェファソンといった当時の政敵等の言論によるものであり、彼らは、アメリカが真のハミルトンを「忘れ去った」(17) 要因に他ならない。『ハミルトン』においては、バーが中心的な語り部（兼演出家）として据えられており、二曲目『アーロン・バー』("Aaron Burr, Sir") において彼は、「口数は少なく」(24)、「もっと笑って」(24)、「人に本心を知られてはいけない」(24) と出会った直後のハミルトンにアドバイスを送る。これはすなわち、単に語られた物語を演じる自我のない傀儡としての姿をハミルトンに求める身振りとなっている。

しかしバーの意に反し、まさに独立革命戦争に突入せんとするなか、ハミルトンは怒涛の言論によって「子供達が我らの物語を語るとき」(35) を夢見て「自由にグラスを掲げ」(35)、バーの描くハミルトン像を内側から書き換え初め、それが再び誰かに語られることを夢想する。つまり、妻イライザが「あなたの心にいることができるのなら／わたしを物語に入れてください／いつの日か人々が描くお話の中に。／この瞬間を最初の章にしてください／あなたが留まると決めた章／そしてあなたがいれば十分／私たちがいれば十分／それだけで十分」(110) と哀願するように、語られる客体としてのハミルトンは、自ら物語る主体としてのペルソナを回復させてゆくのである。

ここで思い返さなければならないことは、アメリカがハミルトンを「忘れ去った」(17) ということである。建国の父たちを、そしてアメリカ建国神話をそのアイデンティティの根幹に据えるアメリカにとって、A・ハミルトンの不在は危機的状況を引き起こす。つまり、白人至上主義的国家イメージから溢れ落ちた者たちだけではなく、そこに既に含まれていた者たちにとっても同様に、A・ハミルトンの不在はアイデンティティの危機を誘発する。そうであれば、物語る主体としてのハミルトンの生まれ変わりは、さらに敷衍すると、ミュージカル『ハミルトン』自体は、マイノリティだけではなく、マジョリティも含めたアメリカの生まれ変わりとして読まれるべきものへと変貌を遂げてゆく。

## 歴史へのまなざし

ジョン・H・アーノルドは、歴史記述と言語の関係性に内在するアイロニーについて言及している (103–104)。それを敷衍すれば、大文字の歴史、もしくは正史という追求すべきテーゼを前にして、歴史家はその過程において決して解決されることのない言語仕様の葛藤に苛まれる、と言うことになるだろう。言い換えれば、何を題材に、何を取捨選択し、どのような言語で、どのような形式で歴史を書くのかという行為そのものは、歴史の書き手の恣意性に委ねられているということである。つまりこの意味において、歴史の真性に懐疑的な歴史観や新歴史主義などの台頭により、歴史記述に付与されていた権威は消え去り、歴史を書くという行為は書き手自身のイデオロギー的なまなざしの反映として捉えられるようになった。本節では、このような歴史記述の恣意性を布石に、ハミルトンとバーというふたりのキャラクターによって浮き彫りにされてゆく『ハミルトン』の歴史へのまなざしを検証してゆく。

バーの物語内部で物語る主体としての自我に目覚めたハミルトンの言論の勢いは、バー曰く「留まることを知らない」(137)。一幕終盤の楽曲『ノンストップ』(*"Non-Stop"*)において、ついにハミルトンは語り部バーと肩を並べて、もしくはそれ以上の存在として自らを物語りはじめ、バーを脅かしてゆく。

バー　戦後、俺はニューヨークに帰った。
ハミルトン　戦後、俺はニューヨークに帰った。
バー　研鑽を積み、俺は弁護士になった。
ハミルトン　俺は弁護士になった。バーは隣で働いていた。
バー　全く同じ時にはじめたとしても、アレクサンダー・ハミルトンは一歩先を歩んでいた。
バー　あいつがどうやって頂に上り詰めたかって？　そうだな……あいつは止まることを知らない。
（中略）
バー　ここで一番賢いと思っていやがるだろ？／ここで一番賢いと思っていやがるだろ？／その横柄さが／お前の破滅を招くかもな！
アンサンブル　アァァァァ！
バー　どうして時間がないかのように書きやがる？／朝も夜も時間がないかのように書きやがる？／時間がな

いかのようにお前は毎日戦っている。／せいぜい戦い続けておけ。そのうち――（137）

ここでも過去と現在というふたつが交錯してはいるものの、前節であげた場面とは異なり、ハミルトンの語りは過去時制によっておこなわれる。しかし、やはり注目すべきは、ここにおいてバーが未来を予見するような口吻で、物語のイニシアチブを再び奪還しようと目論んでいる点である。そしてこの両者の主導権争いは目まぐるしく終幕まで続いてゆく。然してここで浮上してくるものは、物語としての歴史及びその記述に向けられた、本質の不在を露呈させる脱構築的まなざしに他ならない。すなわち、語る／語られる者は、際限なく続く物語の入れ子のなかに陥っているのであり、その入れ子はそれぞれが他を書き換える力を潜在的に常に有しているのである。ここでワシントンの「歴史はいつも私を見ている」(120) という歌詞が一際異彩を放ち始める。

フレデリック・ジェイムソンは、まなざしが持つ権力を次のように説く。

〈まなざし〉は要するに権力の手段だということです。私が他人を、他者と決めつけ、その他者を物体と見なす、つまり、〈物象化〉したりして、主体の私が客体の他者を支配する権力状況を作り上げるのは〈まなざし〉によってなのです。これは言葉通りでもあり、また比喩的でもあります。私たちが何かしら見つめられるときはいつも、相手が何を考えているかわからないために脅迫されているような感じを受ける、という意味で言葉通りであり、私たちが他人に評価をくだしたり他人のことを考えたりするときはいつも、ある意味で他者にたいして、その他者の側ではほとんどないしは、全く変えようのないイメージをその人に対して作り上げてしまうという意味で、比喩的なのです。（九）

歴史及び歴史的偉人へ向けられたまなざしは、常にその対象を観念論的に見つめてしまう。その結果は、まさにアメリカ建国物語といった神話化を被り、大文字の歴史として普遍的様相を帯びたナラティヴの誕生に他ならない。しかもそれは、T・ジェファソン的な幸福な国家、つまり女性や黒人奴隷を不可視の存在として扱っていた時代(Arnold 104–105)の理想的国家像にすぎないながらも、神話として後の世へと引き継がれ、白いアメリカという偉大な国家のアイデンティティを担保してきた。

しかしこの作られた、言い換えれば本質の存在しないシミュラークル的な蜃気楼のごとき神話は、ハミルトンとバーの主導権争いから浮き彫りにされたように、決して静的ではない常に書き換え可能な流動的なものである。『ハミルトン』のラスト・ナンバー『誰が生きて、誰が死んで、誰があなたの物語を語るのでしょう?』(“*Who Lives, Who Dies, Who Tells Your Story?*”)で、「人々はあなたのことを語るのでしょうか?」(281)、「誰があなたの物語を語るのでしょう?」(281)と歌われるように、『ハミルトン』／ハミルトンの物語は恣意性を含みもちながらも反復されることで、その姿を千変万化させながら、新たなアメリカの物語を紡ぎ、新しい幸福へとアメリカを誘うテクストとなる。

## ヒップホップと虚空

ミュージカル『ハミルトン』が、アメリカで社会現象にまでなっているひとつの理由は、ブロードウェイ・ミュージカルにおいてほぼ類を見ないヒップホップの楽曲を利用したことにある。そしてもうひとつは、人種やジェンダーに囚われない大胆な配役をアメリカ建国の父たちと絡めたことである。例えば本ミュージカルでは、歴史的イコンとなっている人物をアフリカ系アメリカ人の役者やヒスパニック系の役者が演じるよう指定されており、例えば、ハミルトンはもちろんのこと、ワシントンやジェファソンといったキャラクターでさえその例外ではない。(唯一の例外は英国の王ジョージ三世であり、このキャラクターは白人が演じることになっている。)

「アメリカのアイデンティティと文化にミュージカルが深く関わっていることを勘案すれば、ミュージカルの歴史はアメリカの白人性の物語と切り離すことができない」(Hoffman 24) 状況下において、このような人種横断的な配役は極めて興味深いものとなっている。ポストモダン理論等の隆盛により、人種やジェンダー等の大きな物語が疑問に付され、同時にそれらが脱構築されるべき対象として認識されるようになって久しく、これらのような主題は文学、及び文学批評という俎上においても盛んに追求され続けてきた。しかしながら、文学でありながらも視覚に頼らざるを得ない芸術でもある演劇及びミュージカルにおいて、舞台上で演じる役者個々人のアイデンティティ、つまり人種やジェンダーといった表層のシニフィアンが作品としての完成形を求めるうえでの大きな足枷となっていることは論を俟たない。つまり、例えば人種横断的、また同時に性差横断的な作品を劇作家が志向したとしても、それが舞台上で可視化された瞬間に崩壊したはずの大きな物語が甦り、亡霊のように役者の身体に取り憑いてしまうのである。そこで本節及び次節においては、『ハミルトン』のナラティブというよりもむしろ、ヒップホップの利用や人種横断的配役といったシアトリカリティに目を向け、そこで描かれる歴史とそれが物語として誘う幸福の姿への検証を進めてゆく。

ヒップホップは、一九七〇年代のニューヨークを起点に、アフリカ系アメリカ人やヒスパニック系アメリカ人のコミュニティーの中から誕生し、それは文化的側面においても、そして社会的側面においても同様に、ワスプに対する対抗言説として力を蓄え、今では政治にまで影響を及ぼすソフトパワーとなっている。歴史を持たない、もしくは歴史を奪われたとされるアフリカ系アメリカ人は、権威化された歴史、つまり白人の「大文字の歴史」に対して、先に述べたような歴史のポストモダニズムな側面から人種的抵抗のレトリックを展開してきた。しかし、アフリカ系アメリカ人の政治的抵抗手段のひとつともなっているヒップホップは、シミュラークルという一点で歴史記述に関する問題と理論的一致を見ることになる。例えば、歴史記述とは、ルドミラ・ジョルダノヴァの言うように、歴史的出来事の解釈であり、物語形式への翻訳に他ならない（83–85）。それゆえに、歴史の真性には何層ものヴェールがかけられ、正史というシミュラークルに化してしまうことは先でも述べたとおりである。

一方、社会学者S・クレイグ・ワトキンスの考察は、ヒップホップとシミュラークルを接続させるものである。

ストリートの威信を確立しようとする企ては、ピップホップのマーケティングの一部である。（中略）世界的な有名性、ポップ界での名声、そして文化的影響と引き換えに、ヒップホップのトップ・パフォーマーたちは、新世紀までにポップ・ライフとリアル・ライフの境界線が見えなくなった都市部の暴力的世界に身を投じなければならなかった。(2)

ヒップホップは、当初ギャング的で反社会的なメッセージを打ち出すための形式であったが、次第にその側面を強調するあまりに、ヒップホップ・スターたちは、その求められるイメージに応じるかたちで、実際にギャング社会へと足を踏み入れ始めた（Watkins 108）。これは、「リアルであり続ける」（Keep it real）（Watkins 108）というヒップホップのテーゼに忠実に従うがあまりの結果なのだが、このようなヒップホップ・スター達の行為は、幻想と現実が限りなく近接した状態を形成するのであって、幻想的リアリティのシミュラークルを反復的に生み出してゆくことになる。

真の歴史というものがアプリオリに存在し、それを理想像として求めて歴史を記述しようとする行為は、取りも直さずシミュラークルを生み出す。この視座から臨めば、黒人性を表現しようとするヒップホップも、その黒人性の本質というものをアプリオリに捉えながら、シミュラークルという陥穽に陥ってしまっているのであり、本質的な参照項を欠いた表現形式となっているのである。その視座から臨めば、ミュージカル『ハミルトン』で演じるアフリカ系アメリカ人及びヒスパニック系の役者の身体は、虚空を湛えた身体として舞台上に現前しているのである。

## るつぼとしての身体

虚空を抱えた役者の身体にまつわり、特に重要になるものが、この作品を特徴付けるシアトリカリティのもうひとつである人種横断的な配役という点である。先述のように、アフリカ系アメリカ人やヒスパニック系の役者がヒップホップの楽曲とともにアメリカ建国の父たちを歌いあげ、演じあげるさまは、独特の異化効果を生み出してゆく。アリストテレス的なミメーシスという現実の完全な模倣を追求し、舞台上と現実とを同一視させるような演劇を権威主義的だと批判したドイツの劇作家ベルトルト・ブレヒト (Bertolt Brecht) は、観客が舞台上のナラティブに同化することを阻害する異化効果というドラマツルギーを生み出した。あからさまに作り物であることを前景化させるこのような効果を前にした観客は、観劇している自己に意識的になり、舞台上で展開しているナラティブを批判的に観ることで、その物語と対置させられた現実を認識するように仕組まれる。

またこれは、マーヴィン・カールソンがインター・テクステュアリティの観点から思弁し、世界中のあらゆる年代の演劇を具体的に検証した結果道聞き出したゴースティングという演劇理論とも密接に関わりあうものである。[5] ゴースティングとは、観客が舞台上の物語と役者の身体というシニフィアンから観るものはそれらそのものではなく、それらに取り憑いた亡霊、言い換えれば伝統や遺産や言説など様々な過去の記憶であるとする理論である。

そしてこのゴースティングは、『ハミルトン』の舞台上で、その異化効果を支えるもうひとつの重要なドラマツルギーとして機能している。この作品ではダブリング、つまりひとりの役者がふたつの役を演じる手法が採用されており、例えば、一幕で独立戦争時からのハミルトンの盟友ラファイエットを演じた役者は、二幕ではハミルトンの政敵ジェファソンを演じることになる。またそれ以外にも、ハーキュリーズ・マリガンを演じた役者がジェームズ・マディソンを、ジョン・ローレンスを演じた役者がハミルトンの息子フィリップをといったように、『ハミルトン』では様々なダブリングが駆使されることになる。それによって、観客は、二幕で役を変えた役者たちの身体に一幕でのキャラクターを垣間見てしまう。

これをカールソンのゴースティング理論のまさに教科書どおりの実践と見ることもできるだろうが、何よりここで再び重要となってくる点は、『ハミルトン』がアーロン・バーを語り手に据え、さらにそれがハミルトンに取って代わられ、それを繰り返すという物語の構造である。人種横断的なキャスティング、さらにはダブリングというドラマトゥルギーに、語り部としてのふたりの入れ替わりが乗算されることによって、舞台上で観客が読み取る物語の数は爆発的に増殖してゆく。多種多様な思想、人種意識などの物語がそれぞれ折り重なって生成される、雑多なアメリカの物語＝幸福の物語は、『ハミルトン』の舞台上の役者の身体における虚空という一点において、るつぼのように境界を失い溶け合ってゆくのである。

## 幸福の未来図

本小論ではまず、幸福が恣意的に語られ、追求の対象とされる物語であると措定した。その後、アメリカ建国の父たちであるハミルトンとバーが作中で繰り広げる、語る／語られるという物語執筆行為の主導権争いが、建国以来のアメリカ的白い幸福という、ワスプ的アイデンティティの根幹をなす物語を脱構築し書き換えてゆくプロセスを検証し、物語執筆に取り付くアイロニカルな恣意性、すなわちシミュラークル性を認め、引き受けながら分断の無いひとつのアメリカの幸福の物語を更新してゆくテクスト『ハミルトン』の在り方に光を当てた。さらに、本作の特異なドラマトゥルギーのひとつであるヒップポップに焦点を当て、アフリカ系アメリカ人のアイデンティティともなっているヒップホップですらも、シミュラークル的様相を帯びていることを浮き彫りにし、『ハミルトン』の舞台に上がる役者の身体に修辞的な意味において虚空が穿たれていることを確認し、別のドラマトゥルギーであるダブリング等により、舞台上で相乗的に増殖する物語がその虚空において混ざり合い、その身体はひとつのアメリカ的幸福の物語が投影されるメディアとなることを論じた。

フレデリック・ジェイムソンは、アメリカ的文学の有り様を次のように論じる。

アメリカはつねに国民国家ではない位置にあって、大衆文化の経済学を持って、古くからの貴族的な国民国家が示すことのできたような文化の物語の代替物、文学状況の物語の代替物としてきたからです。それにまた、偉大なアメリカの作品がこの歴史に同化されないのは、ある意味でそれらの作品が相も変わらず同じ状況を生み出しているからです。つまり〈初めから国民文学を想像することが可能ですか？〉（中略）偉大なアメリカ作品は、アメリカ大陸が言ってもらいたがっていながらも自らで言えない深遠なことを言いつつ、同時にそれを言い損なうために、作品はどれも、全作品を別のレベルで繰り返すような、いわば状況の繰り返しとなるのです。（一八六、一八七）

言わずもがな、アメリカ文学はマイノリティのためにその想像力を遺憾無く発揮し、それぞれが置かれた状況の先に存在するユートピア的で幸福な未来図を描き続けてきた。それに対して倫理的及び道徳的な反駁を加えることは難しいとしても、ジェイムソンの言うようにそれら文学は言い損なってきた。これは、二一世紀現在も消えることのないアメリカ社会内部における分断の構図を見れば画然たることである。

これら文学の失敗の所以は、マイノリティの幸福を描く物語であるがゆえに、パフォーマティブに自己規定してしまうところに、つまりそこから溢れ落ちてしまう者が必然的に現れてしまうところにあるのではないだろうか。新たなアメリカの幸福の物語を「再―想像」(Mead) するためのストラテジーをも描き出すミュージカル『ハミルトン』は、今後幾度となく反復されることによってその真髄を表し、この失敗と「戦い続けて」(Hamilton 137) ひとつのアメリカの幸福の物語を紡ぎ続けてゆくだろう。

## 注

1 本小論において、実在の人物の場合はファーストネーム（もしくはその頭文字）を付け、物語のキャラクターの場合ラストネームのみとする。
2 ジェイ・Zは、貧困地域の出身ながらアメリカ音楽界のセレブリティにまで上り詰めたラッパーであり、銃犯罪歴もあるという点において、A・ハミルトンの姿を彷彿とさせる。
3 同公演においてオリジナル・キャストは既に降板しており、新キャストでの公演であった。
4 『ハミルトン』においては、各楽曲にコーラス部や対位法的旋律がちりばめられているものの、本小論においては表記の都合上それらは割愛した。
5 カールソンのゴースティング理論に関しては、*The Haunted Stage: The Theatre as Memory Machine* (2003) を参照のこと。

## 参考文献

Arnold, John H. *History: A Very Short Introduction*. New York: Oxford UP, 2000.
Carlson, Marvin. *The Haunted Stage: The Theatre as Memory Machine*. Ann Arbor: U of Michigan P, 2004.
Chernow, Ron. *Alexander Hamilton*. New York: Penguin, 2004.
Hoffman, Warren. *The Great White Way: Race and the Broadway Musical*. New Brunswick, New Jersey and London: Rutgers UP, 2014.
Jordanova, Ludmilla. *History in Practice*. London: Arnold, 2000.
Lodge, Cabot Henry. *The Works of Alexander Hamilton*. Federal Edition. Long Beach: Lexicos, 2012. Kindle Edition.
McMahon, Drrin M. *Happiness: A History*. New York: Grove, 2006.
Mead, Rebecca. "All about the Hamiltons: A New Musical Brings the Founding Fathers Back to Life—with a Lot of Hip-Hop." *The*

*New Yorker*. Feb. 9, 2015. <https://www.newyorker.com/magazine/2015/02/09/hamiltons>

Miranda, Lin-Manuel and Jeremy McCarther. *Hamilton: The Revolution*. New York: Grand Central and Melcher Media, 2016.

Piepenburg, Erick. "He's Talking the 'Hood to the 1700's." *Hamilton: The History-Making Musical*. English Edition. Ed. New York Times Company. New York: New York Times, 2016. Kindle Edition.

Smith, Jeff. *The Presidents We Imagine: Two Centuries of White House Fictions on the Page, on the Stage, Onscreen, and Online*. Wisconsin: U of Wisconsin P, 2009.

Watkins, S. Craig. *Hip Hop Matters: Politics, Pop Cultures, and the Struggle for the Soul of a Movement*. Boston: Beacon, 2005.

Weinert-Kendt, Rob. "Rapping a Revolution: Lin-Manuel Miranda and Others from 'Hamilton' Talk History." *Hamilton: The History-Making Musical*. English Edition. Ed. New York Times Company. New York: New York Times, 2016. Kindle Edition.

ジェイムソン、フレデリック『文学＝イメージの変容』後藤昭次訳、世織書房、二〇〇〇年。

ショーペンハウアー『幸福について――人生論』五三刷、橋本文夫訳、新潮文庫、二〇一二年。

# IV

# メディア・科学・テクノロジー

# 第十六章

# 文化装置による意識の変容
## ——ジェイムズの『使者たち』における幸福の行方

中村　善雄

### 異質なる世界の予感

『使者たち』(*The Ambassadors*, 1903) はピューリタニズムの影響が濃厚なマサチューセッツ州のウーレットに住むランバート・ストレザーが、フィアンセである事業家アベル・ニューサム夫人の命を受けて、夫人の息子チャド・ニューサムをアメリカに連れ帰るために、「使者」としてパリ再訪を果たす物語である。五五歳になったストレザーは一八六〇年代の最初の訪問から数十年を経たパリ再訪を、「すべては幻影(ファンタズマゴリック)だったのです」(22: 301) と回顧する。[1] 彼はまた、「パリへ来て、僕は新しい事実を知ったのです——ぼくたちの古い考え方ではますます応じることのできなくなるような事実を知ったのです」(22: 43) という感想を漏らす。これらの言葉から一八六〇年代には経験しなかった「新しいパリ」と「新しい事実」の存在が浮上すると共に、その新奇さに対して適応できないストレザーの姿が想起される。「新しい」パリの誕生とストレザーが知り得た「新しい事実」、それらを繋ぐ一九世紀末の諸相とはどういったものだろうか。

古い事実と新しい事実、この作品はその着想段階から、この二つの存在に適したパースペクティヴの複数化を前提としている。ジェイムズはハンス・ホルバイン（子）を偉大な肖像画家と見なし、彼の絵「レディマーガレットバッツの肖像」をモチーフにした短編「ホルバイン」("The Beldonald Holbein")を一九〇一年に執筆した。『使者たち』の作品名もホルバインが一五三三年に描いた「使者たち」("The Ambassadors")に由来している(Tintner 89)（図1）。この「使者たち」はホルバインの代表作であるが、なによりその絵の特徴的な点は、前方中央に描かれた長細い物体の存在であろう。これは左下からの視線によって髑髏の形姿であると確認できるアナモルフォーシス（歪像）として有名である。ゆえに「使者たち」の鑑賞には、正面からの視線で確認できる「使者たち」の全身像と、斜めからの視線によって浮かび上がる「髑髏」を見るための、正面と斜めからの、同時に共存し／共存しえない、二つの視線が要求されるのである。ホルバインのこの騙し絵との共振関係から、ジェイムズの『使者たち』にも同様に二つの見方が存在するのは想像に難くない。ストレザーの背後に位置し、彼の眼差しと意識の道程を丹念に綴るジェイムズは、従来とは異なる新しい視点とそこから現出する新しい世界を主人公に用意しているのである。では、ストレザーが複数の視点／世界を知った時、いかなる反応をするのであろうか。本論では「新たな」文化装置との接触によって獲得した彼の「新た

図1
"The Ambassadors" by Hans Holbein the Younger.
The National Gallery, London

な」視点／世界の内実を探求すると共に、その発見が最終的に彼の人生の選択にいかなる影響を与えたのかを考察してみたい。

## 光が織りなす近代都市

先述したように、ストレザーはパリでの体験を「ファンタズマゴリック」という表象に込めたが、当時のパリはどのような世界であろうか。それを知る手がかりとして、ジェイムズが一八九八年二月二五日にエドワード・ウォレンに宛てた手紙の一部に着目してみる。

この特異なパリ、そこには途方もなく贅沢な広がり、威風、全般にわたる慢性的な博覧主義を体現する新しい――つまりますます増加していく――様相が備わっている。（中略）パリは風変わりで広大な現象であり、外へと対象形を描いて世界を広げながら美を――そして何ともすごい光の美を――有している。(Edel 1969: 262)

この手紙でジェイムズはパリの象徴として、「慢性的な博覧主義」と「光の美」を挙げている。エドモンド・デショームも、「パリはフランス全体の中で真に永続的な博覧会である」と述べている (84)。実際、「博覧主義」の象徴である万国博覧会は、世界初の栄誉こそ一八五一年開催のロンドン水晶宮に譲ったが、その後五〇年の間に五回パリで開催され、最多の万博会場となった（具体的には一八五五年、六七年、七八年、八九年、そして世紀末の一九〇〇年の万博がパリにて開催)。そして各々の万博は同時に「光の美」の展覧会の様相を呈していた。ロザリンド・H・ウィリアムズもパリが光の都市へ変貌する系譜を歴代のパリ万博にみている。七八年の万博では万博会場付近のカフェの電気照明がセンセーションを巻き起こし、八九年の万博では泉水ショーに施されたイルミネーションが観客を魅了し、記念碑的高層建築物エッフェル塔天辺のスポットライトがパリ全体を照らし出した。ジェイムズが『使者たち』を執筆していた一九〇〇年のパリ万国博覧会では電気照明の大規模な使用があり、電気は「光の美」の最大の表現として、最も注目を集めたのである(85)。[2]

万博という局所的、暫時的空間だけなく、電気は世紀末パリ全体をも恒常的に照らした。ヴォルフガング・シヴェルブシュは街灯用として、電気アーク灯の設置実験が始まった一八五〇年以降、ガス灯は一挙に時代遅れになったと述べている(124)。ウィリアムズは一八九〇年代の都市における夜間照明のガス灯から白熱灯やアーク灯への変更を(85)、シュワルツは一八八〇年代の電気使用の増加を指摘している(21)。エドウィン・S・フュセルは、『使者たち』では当時の状況が巧妙に隠蔽され、電気も例外ではないと説明づけている(183)。そのため、作品中で文字通り電気の光という言葉が使用されることはないが、「涼しくて明るいスタジオのようなパリの強い光」(22: 76)や「輝かしい都市の偉大な光」(22: 210)といった電気と思しき光が存在する。

また、パリと光の親和性は次のようにも描写されている。

> パリは、広大華麗なバビロンの都であり、巨大な虹色の物体、まばゆく輝く固い宝石にも似て、その細部を見とどけたり、見分けたりするのは容易ではなかった。それはきらめき、震え、溶け合って、一瞬表層とばかり思えたものが、次の瞬間には全く深層と思われた。(21: 89)

引用文中の、「虹色の物体」「まばゆく輝く宝石」といった語句はパリと光の結びつきを強調している。また、偉大なる彫刻家グロリアーニが催す園遊会でバラス嬢が言った、「パリの光のなかでは、物の外観だけが見えるのです。パリの光がいつも示すのは、それなのです」(21: 207) という言葉は、パリと光の慢性的な親和性を物語っている。一方で、この二つの引用文は、光が「外観」を照らし、逆に内実を閉ざすこと、また光によって「表層」と「深層」が不断に入れ替わる可能性を語っている。つまり、このパリでは、光によって事物の表面しか見えない、あるいは目に見えるものが「表層」か「深層」か、その判断が困難なのである。先述したように、ストレザーは「すべては幻影（ファンタズマゴリック）だったのです」という感想を漏らすが、光によって「表層」と「深層」の交換を繰り返すパリは、同じく光によってスクリーン上に投影されるイメージの出現と消滅が反復するファンタズマゴリアの世界として表象されよう。

しかしながら、同じ光であっても、ストレザーを取り囲む光源として「電気」が言及される箇所は作品中にはない。代替として「ランプ」や「ガス灯」がストレザーを照射するだけである。ストレザーとアメリカ人の友人ウェイマーシュの再会を「ガス灯の光」(21: 25, 27) が演出し、チャドの帰りを待つストレザーを「この上なく柔らかなランプの光」(22: 209) が包み込み、「ガス灯に照らされた寝室」(21: 26) に彼は身を横たえるのである。フュセルは隠蔽の理由に触れなかったが、ガス灯から電気へ転換した世紀末にガス灯の光でストレザーの周囲を照射することで、前時代的なアウラを彼に纏わせているのである。レオン・エデルもジェイムズにとって、「電気の新たな時代のなかで、過去は記憶にとどめられるランプの光や蝋燭の光の魅力を有している」(Edel 1969: 312–13) と述べ、電気以前の光源と過去とを結びつけている。特に、ストレザーを照らす小さな「一つのランプの光」(22: 210) とその「ランプの光」を取り巻く電気と思しき「輝かしい都市の偉大な光」の新旧の照明の対照は、「ランプの光」が及ぶストレザーの私的空間の前時代性と彼を取り巻く都市空間の近代性の対比を照らし出している。

## スペクタクルと消費の論理

万博が暫時的かつ局地的なスペクタクル空間であるのに対し、街路を舞台にした商品とガラスの結合関係から生じるショーウィンドウは卑近で恒常的なスペクタクル空間を形成した。その契機となる出来事がジョルジュ・ウジェーヌ・オスマン (Georges-Eugène Haussmann) によるパリの大都市改造計画、いわゆる「オスマン化」(Haussmannisation) である (Schwartz 16–26)。第二帝政時のパリにおいてセーヌ県の知事であったオスマンは、中世以来の狭小で不衛生で複雑に入り組んだパリの旧道を整備された道路へと変貌させ、広場から放射状に延びる大通りを建設し、パリを近代都市に生まれ変わらせた。この一大計画によって、新たな空間、つまり「並木道」(21: 77) が生まれ、通り沿いには数々の店やカフェが出店し、またショッピング・センターが形成され (Schwartz 16–26)、貧富を問わぬスペクタクルの民主化がそこに実現したのである。

その長細いスペクタクル空間は、それに対応して流動する傍観者フラヌール（遊歩者）を生み出した。チュイルリー公園からセーヌ川を越え、リュクサンブール公園へと至る小一時間のストレザーの散歩にも、「店々のショーウィンドウ」(21: 79) との遭遇が待っている。レイチェル・ボウルビーは一九世紀後半におけるフラヌールとガラスのショーウィンドウの組み合わせによるウィンドウ・ショッピングの誕生を指摘したが (6)、それは単なる視覚的娯楽に留まらない。[3] ガラス窓を介した商品ディスプレイは入店せずとも商品を概観できる利便性を逆手にとり、ボウルビーの著書名そのままに「ちょっと見るだけ」(just looking) とフラヌールを気軽に誘い込み、消費者に変換する誘惑を孕む。実際、同国の友人ウェイマーシュは、ストレザー曰く、「我慢が出来ずに」「全てを買う」(21: 42) 勢いで、飾り立てた安物の宝石店へ突然飛び込み、商品を購入している。一方、ストレザーはこのショーウィンドウが仕掛ける誘いを、「店の飾り窓からまともに彼を見つめていて、使い方も分からぬ品物を彼に買わせようとしているようだった」(21: 40) とその誘惑を感知している。

ストレザーは商品購入に至らなかったが、彼とてそのスペクタクルの論理とは無縁ではない。ショーウィンドウ越しの陳列台の書物は、ストレザーの眼を通して、「木に実った果物のように新鮮なレモン色の本」(21: 86) と表され、ヴィオネ夫人の居間にある『両世界評論』は「サーモンピンクの表紙」(22: 143) と称され、それらの中身は問題にされず、本の「表層」のみが強調されている。また、ヨーロッパの人々を「あたかもテーブルに置かれたガラスのケースを覗いてメダルからメダル、銅貨から金貨へと次々に鑑賞している気持ち」(21: 53) で観察するストレザーの眼差しに、スペクタクルな消費文化の影響を容易に見て取ることが出来るであろう。ストレザーは、「飢えるような眼差し」(21: 86) を有した過度な「視覚的消費者」(Salmon 43) に変換させられるのである。

しかし、ストレザーの眼差しは基本的に前世紀に関連する絵画の隠喩体系と結びついている。若き友人であるジョン・リトル・ビラムによって、「前世紀の人」(21: 201) や「ロココの見本」(21: 201) と形容されたストレザーは一八世紀絵画を連想させる隠喩を帯びている。ロココは周知のごとく一八世紀フランス、特にルイ一五世の治世時(一七一五—六五) に隆盛を極めた美術様式だが、*OED* の定義にもあるように、「旧式な、古風な」("[O]ld-fashioned, antiquated") という意味があり、ストレザーの眼差しの前時代性が強調されている。彼が、「いつも探していた古いパリ」(21: 243) と称するヴィオネ夫人の家も、「大きく高くすっきりと広がっている、あの絵のような場所」(22:

271）に喩えられている。ストレザーの中で新しいパリがスペクタクルな消費文化と結びつくように、古いパリは絵画的世界と接合するのである。

## 文学／広告言説の親和性と相剋

『創作ノート』によれば、ジェイムズは作品の構想段階から、「私は彼（ストレザー）を高潔で、利発で、なかなかの文学通にしたい」(Edel 1987: 141）と考え、文学へのストレザーの関与を運命づけている。その着想はストレザーをニューサム夫人の経済的支援に基づく評論雑誌の編集者に、同時に書物をパリの「洗練された趣味へのけなげな入門」(21: 87）と見なす文学愛好者に仕立て上げた。ストレザーの文学嗜好はチャドの形容にも反映されている。リトル・ビラムとストレザーの会話のなかで、チャドのことを、「好きだった古い本の新版みたいですね――改訂増補されて、現代的になっている」(21: 177）と表し、「その改訂者は誰なのですか」(21: 178）と語っている。

一方、ニューサム夫人の息子チャドは、パリにて「広告の技術についての情報を手に入れつつある」(22: 315）広告人である。歴史的にもチャドがアメリカに帰国した後、広告に携わる必要性は十分あった。一九世紀末、広告は二つの点で転換期にあったからである。一つは、製造業者商標（ナショナルブランド）の付与された消費財の広告が新聞や雑誌に掲載され始めた点である。個々のブランド名を冠した商品は宣伝広告に氾濫し、消費財は同業者の商品との差異を図る必要に迫られた。その様相は商品自体よりも、商品の包装やパッケージという表層の差別化をもたらした。消費者に対する魅力ある広告が製造業者の命運を大きく左右したのである。二番目は、製造業者による全国的で大規模な広告展開の開始である。広告の大規模化、全国化は二〇世紀の市場における消費財の大量流通の原型的戦略であった (Bronner 353–55)。ニューサム一家の事業も広告の全国化に伴い、「独占事業に発展する」(21: 59) か否かの岐路に立つ状態である。特に一家が産み出す消費財は、「下品」で「小さな、つまらない、どちらかと言えば、馬鹿らしいような、ごく普通の家庭用品」(21: 60) と形容されている。その「下品」な製品は下品さの隠蔽と同時に、美的で魅力的な表層を纏うアウラを必要とした。チャドが担うことになる広告はニューサム一家の事業全体の命運を左右する「偉大な新しい力」(22: 315) となりうるのである。また、その製品の正体は最後まで不明であるが、逆に言えばその不明瞭さは今後広告によって宣伝する余地とその必要性があることを裏書きしている。

このように、ストレザーとチャドは各々文学と広告の代表者といえる。ストレザーは編集者として、チャドは広告作家として、共に「書き手」でもある。前者はニューサム夫人の「慈善的目的」(21: 63) に基づく採算度外視型の「書き手」であり、後者は利潤追求型の「書き手」である。しかしながら、ストレザーの雑誌もチャドの広告もいずれも、その経済的根拠はニューサム夫人の資金的援助に基づく。事業の発展に不可欠な商業的文章形態から利益を得るのがチャドであり、チャドが書くであろう広告によって発生する利益を補償するのがストレザーの雑誌である (Wicke 106)。一見正反対の書き手であるチャドとストレザーはニューサム夫人を母とする双生児の「書き手」といえよう。

文学と広告のこの密接な血縁関係は広告の成り立ちからも窺える。広告は既存の文学的形態、つまり新聞、詩、挿絵本、パンフレットなどの模倣から出発した。一九世紀後半の広告王フィニアス・T・バーナム (Phineas T. Barnum) はこの初期の広告形態を複雑化、巧妙化し、あらゆる種類の言説、つまり宗教、科学、政治等を取り込み、一種のメタ広告を創り上げ (Wicke 66)、広告を「他の芸術と同じ一種の芸術」(22: 316) にした。[4] これがプロフエッショナルな広告作家誕生の由来である。彼らは文学テクストやニュースなどを戦略的に援用した多様な文章形態が織り成す重層的な言語空間を生み出し、「科学的に行われる広告」(22: 315) に発展させた。巧妙、巧緻なる文体の掛け合せは「言葉の幻燈ショー」(Wicke 72) であり、文学との血縁関係を維持しつつも、独自の美的な言語体系で読者を幻惑するのである。広告を読むことは、同時に「目に訴える幻燈ショー」を見ることでもあるだろう。ジャン・ボードリヤールは、広告の神話とはファンタズマゴリアの画面を幻覚だと思わせ、消費者の消費機能を無意識に働かせる神話だと主張する (147)。言葉と視覚の、巧緻で魔術的な相互作用に基づく広告は、強力な幻惑装置として機能するのである。

こうした広告の魔術的特質をチャド自身が体現しており、彼はテアトル・フランセでのストレザーとの再会から広告言説に取り込まれた人間として振舞う。「舞台の幕が再び上がった」(21: 135) と同時に、チャドは演者のごとく、自らの「この上ない変貌の実例」(21: 137) を演劇空間のなかでストレザーに見せつけ、彼に「一生を左右するような驚き」(21: 135) を与える。しかしチャドは、「どこでどのように手に入れたのか分からぬ謎のような新しい顔」(21: 138) を見せる一方で、ストレザーが想像したように、彼の変貌には「人の眼に見える以上のものが隠されている」(21: 167)。あるいはチャドは、ヴィオネ夫人を親友としてストレザーに紹介し、彼女の魅力を宣伝する一方、夫人と彼との本当の関係 (「深層」) を隠蔽している。サモンは広告の「表層」と「深層」の開示と隠蔽の巧緻なる操作が作品に重要な影響を与えていることを指摘しているが (45–46)、広告人チャドが「表層」と「深層」を巧みに使い分けていることをも示すであろう。その結果、光によって「表層」と「深層」の不断の交換を繰り返すパリのファンタズマゴリックな空間がストレザーを包囲したように、広告人チャドが行う「表層」と「深層」の巧妙なる操作によるファンタズマゴリックな広告的世界が彼を取り囲み、重層的に幻惑するのである。

## 使者失格とストレザーの世界の崩壊

人工の光と広告の世界がストレザーを包囲する一方で、彼が依拠した文学や絵画の領域は、資本主義下の更なるメディアのもとに動揺させられる。文学への侵害は、広告だけでなく、アメリカ、ヨーロッパ間を海底ケーブルで結ぶ「大西洋横断の海外電報」(21: 141) によって齎される。ニューサム夫人とストレザーのトランスナショナルな情報交換は作品前半では「長い手紙」(21: 80) に依っていた。一方、後半では「手紙ではなく、海底電報」(22: 38) が頻出している。「海外電報」は言語を信号化し、情報の即時的伝達を促進し、メディアのグローバル化を導く原初的形態である。そのリアルタイムの情報媒体は、否応なくストレザーに現在性を認識させ、彼の置かれた現状を露わにする。特に、ニューサム夫人の命に背き、チャドのアメリカ帰還に反対したストレザーの後任として、夫人の娘サラ・ポコックと娘婿ジム・ポコックを新たな「使者」として派遣することを告げる「決定的な海外電報」(22: 45) は、ストレザーに使者失格の最後通牒を突き付け、彼の置かれた危機的状況を物語る。この危機に重なり合って、ストレザーは自らの書く行為に次のような疑問を抱く。

彼はしばしばこの頃の緊張の中で見え透いたごまかしと人を信じさせるもっともらしい術の一つを得たのではないかと思ったぐらいである。アメリカ向けの郵便でこれほどしげしげと発送された手紙は、言葉を捏ね回し文章をでっち上げる大きな新しい術に通じた者に相応しいのではないか。(22: 45–46)

「人を信じさせるもっともらしい術の一つ」や「言葉を捏ね回し文章をでっち上げる大きな新しい術に通じた者」

とは、広告の詐欺的特性ならびに広告業者の特徴を的確に言い当てた表現でもある。ストレザーの書く行為に広告の詐欺性が混入し、自らが広告作家へと転身する錯覚は、生来の文学と広告の親密な血縁関係を裏付けると同時に、広告言説が文学領域を侵食していく広告優位の時代趨勢を物語る。広告は魔術的な言語使用によってストレザーの純粋なる種類の言語空間を犯すのである。また手紙の代替としての「海外電報」は言語の信号化、簡便な文章形態、情報の同時性によって「長い手紙」に代表されるストレザーの文学形態を揺さぶり、当時の新しい視覚／通信メディアはストレザーの文学的世界を重層的に侵害することになるのである。

ストレザーの絵画的な世界も無傷ではいられない。いわゆる「認識の場」として知られる場面で彼の眼差しは決定的な影響を蒙ることになる。パリが生み出すスペクタクル空間から離れ、郊外を小旅行するストレザーは、目の前の田園風景を「長方形の金色の額縁」(22: 252) という想像上の枠組みで囲み、彼が元来有している前時代的な世界観が反映されている。その想像の「額縁」に囲まれた光景は、「ランビネーの小品」(22: 245) に例えられている。この風景画家が描いた絵図はストレザーがボストンのトレモント街の画廊で眼にし、以後彼の心を捉えて離さないものであり、記憶の中の絵と目前の仮想の風景画は、ニューイングランドと（古い）パリ、芸術と現実、過去と現在を結びつけ、その場面には彼の郷愁と平静が投影されている (Hutchison 46)。加えて、その絵の中に、彼が唯一欠落していると考えたボートが加わり、ランビネーの絵画的場面が完成されるのである。しかし、この想像上の絵画が完璧になったと同時に、それがチャドとヴィオネ夫人を乗せたボートだと分かり、二人の様子から、彼らの間柄がストレザーの期待したプラトニックなものでなく、愛人関係であることを感知し、二人が「偽り、ごまかし、ぼろを出すまいと」(22: 261)、「目を欺く外観」(22: 287) をストレザーに突き付けていたことを直感する。ストレザーが先に絵画的隠喩で捉えた、「高くすっきりした絵」(22: 273) の中のヴィオネ夫人が、「夫人を言いなりにし、正すことなく嘘をつかせる」(22: 264) チャドのファンタズマゴリックな広告世界の住人だと彼は知るのである。ストレザーは、その「表層」的な幻惑空間が隠蔽した二人の秘密（「深層」）を垣間見ると同時に、その流動的世界に対する、彼の前近代的かつ絵画的な眼差しの不適性を実感するのである。と同時に、アメリカと（古い）パリ、過去と現在、芸術と現実の間の調和的な連続性が切断され、ジェイムズが『序文』にて位置付けた「誤った立場」(false position) (21: xi) に自身が置かれていることをストレザーは認識するのである。またジェイムズは『使者たち』の序文において、ストレザーの役割を次のように表現している。

> 彼［ストレザー］の魅力的な役割は、作家の広範囲の視野——それは子供が幻燈（マジック・ランターン）遊びをするために吊り下げられた白い布のように、いつも適切なところに広げられているのだが——の上に、幻燈の影よりもなお幻想的で、さらによく動く影を投じることに過ぎなかった。(21: ix)

作家の視野を白いスクリーンに喩え、ストレザーをスクリーン上に映し出された影と称するのである。ファンタズマゴリックな世界を目にするストレザー自身もファンタズマゴリアの一部と化し、ここから入れ子式のメタ世界の構図が浮かび上がってくる。言い換えれば、ストレザーは新たな文化装置が生み出すファンタズマゴリックなパリの観察者であると同時に、自らもその空間のなかで右往左往するスペクタクルの対象となるのである。

以上のように『使者たち』を考察すると、一九世紀末パリを再訪したストレザーにとって「新しい事実」の全貌が浮かび上がってくる。ガス灯から電気、旧来の矮小、煩雑な道路から幅広の清潔な並木道への置換、それによって生じるショーウィンドウの出現とそれを視覚的に消費するウィンドウ・ショッピングの誕生はパリの外観を近代都市へと変換する文化装置である。一方、文学の片割れとして出発した広告が、文学体系を糧にしながらも、文学と一線を画す独自の美的体系を構築し、消費の欲望を掻き立てるスペクタクルとしての価値を顕在化させた。また、ストレザーの「長い手紙」に代表される文学的空間は言語を信号へと変換する海外電信によって侵食され、緩やかなる時間の経過を奪い、即時性を要求する。こうした様々な位相の文化装置が共存し、蔓延する一九世紀末のパリにあって、ストレザーが「私を取り囲む世界と調和していない」(22: 320) という感想を洩らすことは当然であろう。絵画の「額縁」に嵌め込まれたストレザーの静的かつ前時代的な眼差しは、彼の周囲に展開する変幻極まりない「新しい事実」に対して「翻弄されている」(22: 320) のである。

## ホルバインの絵が語る視線の複数化と流動性

想像上のランビネーの絵はストレザーにチャドとヴィオネ夫人の秘密（「深層」）を知らしめ、彼の意識に決定的な役割を果たしたが、ホルバインの「使者たち」は様々な位相にてジェイムズの『使者たち』と間テクスト的関係を取り結んでいる。まずこの絵はストレザーの運命を物語っていよう。メアリー・ハーヴェイは一九〇〇年出版の『ホルバインの「使者たち」』にて、絵の中の使者たちのモデルはかつて考えられたイギリス詩人ジョン・ルランドとトーマス・ワイヤットではなく、フランスの大使ジャン・ド・ダントヴィルとその友人たる司教のジョルジュ・ド・セルヴであることを解明した (5–17)。この二つのテクストの親和性を考慮すれば、ハーヴェイによって明白となった絵の中の使者たちの「交代」は、文学テクスト内のストレザーからサラとジムへの使者交代を反映していると考えられる。また、絵のモデルが、文学者から大使へと変更したことは、文芸誌の編集長であったストレザーの使者への転向とも同調するであろう。ホルバインの絵は、ホーソーンの短編「予言の肖像画」同様に、ストレザーの運命を予定調和的に語っているのである。

一方、ホルバインの絵を有名ならしめたアナモルフォーシスの存在を無視するわけにはいかない。先述したように、歪像の存在によって、この絵は正面／斜めの、二つの視点を要求し、この視点の複数化は、小説『使者たち』のストレザーの視点の複数性と共振している。正視によって捕捉されるストレザーがニューサム夫人の命に背き、使者の地位を解任され、一元的な視点への抵抗を試みた時に、そこにもう一つの視点、つまり斜めからの視点が生じるのである。『使者たち』の序文の中で、この小説がなすべきことは、「物の見方の、この変化の過程」(22: vi) であるとするジェイムズの言葉は、ストレザーのオルタナティヴな視点の獲得を裏書きしている。また、この複数の眼差しの存在は作品初期から別の用語でもって予想されている。ジェイムズはすでに作品の第一部にてヨーロッパに降り立ったストレザーの心境を代弁し、彼が「二重の意識の奇妙さ」(the oddity of a double consciousness) (21: 5) に捉われていることを早々と予告している。「奇妙さ」が示すように、ストレザー自身はその段階ではその二重性の要因を理解していない。しかし、ウーレットとは異なる、また数十年前のパリとも異なる、空間と時間を超越した世紀末パリでの経験を通して、「二重の意識」が獲得されていくのである。逆に、ストレザーは、最後にウーレットのことを「確かに、大きく変わった」(23: 325) と見なすが、ウーレット自体より、パリでの「新しい事実」を通じて彼の眼差しそのものが異化作用を蒙り、既知なるアメリカの町を異質なものに見せるのである。

しかしながら、その「二重の意識」から、またオルタナティヴな視点から、ストレザーがそこに眼にしたものは、ホルバインの絵との類似性から「髑髏」であり、その歪像が誘発するのは「メメント・モリ」(死を忘れるな)

というメッセージである。つまり、彼は新しい文化装置が生み出すパリの「新しい事実」に接触することで、自分が「生きずに」死に向かっていたというもう一つの「新しい事実」を知るに至るのである。ジェイムズは『使者たち』の序文のなかで、リトル・ビラムに対してストレザーが語る、「出来る限り、生きたまえ。そうしないのは間違いだ。（中略）今の僕みたいにその自由の幻想すらない人間になってはいけない」(21: v–vi) というメッセージが、この作品の主眼だと説明している。この生への積極的な提言はストレザーのこれまでの生きなかった人生とその終着である死に対する反転として考えられるであろう。

しかし、死の存在を意識し、そこから自らの人生を逆転させ、残りの人生を幸福に生きるという単純なハッピー・エンディングをジェイムズは用意していない。ストレザーは、フィアンセたるニューサム夫人との結婚とそれに伴う経済的安寧を得る選択をしないどころか、ヴィオネ夫人によるパリへの引き留めも意に介さない。また、彼のパリでの案内役であり、「彼の余生に対してこの上ない奉仕」(22: 325–26) を申し出たマライア・ゴストリーからの求婚に対しても、この「出来事」(happening) を受け入れ、happening と同根の「幸福」(happiness) への礎を築くこともしない。ヴィオネ夫人はストレザーに対して、「結局、受け取るということは (to take)、幸福ではございません」(22: 282–83) と語っているが、ストレザーも「正しくあるために」(22:326)、また「自分のために、全ての事から何も手にいれてはいけないのです」(22:326) と語り、結婚の申し出を断る。むしろ、「けれども、私は何とか暮らしてみます」(“Yet I shall we see what I can make of it.”)(22: 325) という言葉をストレザーはゴストリー嬢に語っており、これまでの他者から「受け取る」(take) 人生から、自らが作り出す (make) 人生を志向している (Peat 80)。彼は使者の地位から解放されることで、象徴的に額縁の外枠へと抜け出し、「受け取る／与える」、「見る／見られる」、「所有する／所有される」といった、他者との権力関係から脱した、いわば第三の選択をするのである。

しかし、その後ニューサム夫人との不和によって、アイデンティティを喪失したストレザーが、人生において、何を「作り出す」のかは定かではない。[5]『ある婦人の肖像』におけるイザベルのローマへの帰国の目的が明白でないのと同様、ストレザーはマサチューセッツのウーレットへの帰還を表明するだけで、その理由を明らかにしていない。正視と斜めの視点を求めるホルバインの絵が、その同時的行使の不可能さゆえに、永遠の留保を余儀なくされるのと同様に、どの視点から捉えようと、ストレザーの、迎える者も居ない「ホーム」なき「ホーム」での行く末も、保留状態のまま据え置かれるのである。

＊本稿は「ファンタズマゴリア世界の諸相――ヘンリー・ジェイムズの『使者たち』にみるスペクタル装置の変遷――」(『フォーラム』第八号所収、二〇〇二年、日本ナサニエル・ホーソーン協会) に大幅な加筆修正を施したものである。

## 注

1 『ニューヨーク版全集』第二一巻及び第二二巻に所収された『使者たち』からの引用は、括弧内にてページ数を示す。なお、日本語訳に関しては、工藤好美、青木次生訳『ヘンリー・ジェイムズ作品集4』を参照した。

2 一九〇〇年のパリ万博の様子を、フランツ・ジョーダンは「多彩な色を放つ光のシンフォニー」が夢と化したパリの夜を輝かせ、見物人はパリに「一九〇〇年の空想の世界」を求めると表している (245)。マイケル・コーデイは三千個の白熱灯の輝きが色ガラスを照らし、「巨大な光輝く宝石」と化し、「電気宮」の正面は光のステンドグラス窓といった様相を呈すると述べている (438–39)。

3 ウィンドウ・ショッピングにおいて、百貨店が果たす役割は大きかった。百貨店登場以前、商品に正札はなく、価格の決定は客と小売り業者との駆け引きによって成立した。小売店への客の入店は、業者と駆け引きをし、店の商品を買うことを意味していたのである。しかし、百貨店においては、各商品群には予め価格が設定され、客から価格を決定する余地を剥奪する代替として、客が購買義務を負わず商品と接する自由を容認したのである。客はこの自由を最大限に利用し、商品を眺める事を満喫し、ウィンドウ・ショッピングという視覚的娯楽が誕生した。

4 ジェイムズ自身、少年期にバーナムの広告のなかでその魔術性との原初的遭遇を果たしている。幼きジェイムズはバーナムが主宰する「アメリカ博物館」の視覚と言葉の織りなす広告を、次のように語っている。「これらの広告はそういうものとしては驚異と言っていいほどの魅力的な構図であったにちがいない。張り紙は上から下まで『情景と出来事のあらまし』でいっぱいだった。その各場面のあらましが、霞のような網を投げかけ、その言葉までも呪文の趣があった」(James 1941: 156)。

5 ストレザーのアイデンティティは、「雑誌の表紙に名前があるがゆえ、彼はランバート・ストレザーであった」(21: 84) と記されているように、雑誌上に刻印された名前に基づいている。しかし、ニューサム夫人との不和によって彼の名前は象徴的に抹消され、使者失格と併せて、二重にアイデンティティの揺らぎが生じている。

## 引用・参考文献

Anderson, Charles R. *Person, Place, and Thing in Henry James's Novels.* Durham: Duke UP, 1977.
Baudrillard, Jean. *The Consumer Society: Myths and Structures.* London: Sage Publications, 1998.
Borsi, Franco, and Ezion Godoli. *Paris, 1900.* London: Granada Publisher, 1978.
Bowlby, Rachel. *Just Looking: Consumer Culture in Dreiser, Gissing and Zola.* New York: Methuen, 1985.
Bronner, Simon J. *Consuming Visions: Accumulation and Display of Goods in America, 1880–1920.* New York: W. W. Norton, 1989.
Clark, T. J. *The Painting of Modern Life: Paris in the Art of Manet and His Followers.* New York: Alfred A. Knopf, 1985.
Corday, Michel, "À l'Exposition.—La Force à l'Exposition," *Revue de Paris* 1 (1900): 438–39.

De Biasio, Anna, Anna Despotopoulou, and Donatella Izzo, eds. *Transforming Henry James*. Newcastle upon Tyne: Cambridge Scholars Publishing, 2013.

Deschaumes, Edmond. *Pour bien voir Paris*. Paris: Maurice Dreyfous, 1889.

Edel, Leon. *Henry James: The Treacherous Years, 1895–1901*. London: Rupert Hart-Davis, 1969.

——. and Lyall H. Powers, eds. *The Complete Notebooks of Henry James*. New York: Oxford UP, 1987.

Fussell, Edwin S. *The French Side of Henry James*. New York: Columbia UP, 1990.

Harvey, Mary F. S. *Holbein's "Ambassadors": The Picture and the Men; an Historical Study*. London: G. Bell & Sons, 1900.

Hutchison, Hazel. "James's Spectacles: Distorted Vision in *The Ambassadors*." *The Henry James Review* 26.1 (2005): 39–51.

James, Henry. *The Ambassadors*. *The New York Editions of Henry James*. Vol. 21. New York: Augustus M. Kelly, 1971.［工藤好美、青木次生訳『使者たち』『ヘンリー・ジェイムズ作品集４』東京：国書刊行会、一九八四。］

——. *The Ambassadors*. *The New York Editions of Henry James*. Vol. 22. New York: Augustus M. Kelly, 1971.

——. *A Small Boy and Others*. New York: Charles Scribner's Sons, 1941.

Jourdan Frantz, "L'Architecture à l'Exposition universelle, Promenade à bâtons rompus." *Revus des Arts Décoratif* 20 (1900): 245–51.

Peat Alexandra. *Travel and Modernist Literature: Sacred and Ethical Journeys*. New York: Routledge, 2010.

Richards, Thomas. *The Commodity Culture of Victorian England: Advertising and Spectacle, 1851–1914*. Stanford: Stanford UP, 1990.

Rivkin, Julie. *False positions: The Representational Logics of Henry James's Fiction*. Stanford UP, 1996.

Salmon, Richard. "The Secret of the Spectacle: Epistemology and Commodity Display in *The Ambassadors*." *The Henry James Review* 14 (1993): 43–54.

Schwartz, Vanessa R. *Spectacular Realities: Early Mass Culture in Fin-de-Siècle Paris*. Berkeley: U of California P, 1998.

Tintner, Adeline R. *Henry James and the Lust of the Eyes: Thirteen Artists in His Work*. Baton Rouge: Louisiana State UP, 1993.

Wicke, Jennifer. *Advertising Fictions: Literature, Advertisement, and Social Reading*. New York: Columbia UP, 1988.

Williams, Rosalind H. *Dream Worlds: Mass Consumption in Late Nineteenth-Century France*. Berkeley: U of California P, 1982.

シヴェルブシュ、ヴォルフガング『闇をひらく光——19世紀における照明の歴史』小川さくえ訳、東京：法政大学出版局、一九八八年。

中村善雄「ファンタズマゴリア世界の諸相——ヘンリー・ジェイムズの『使者たち』にみるスペクタクル装置の変遷」『フォーラム』第8号（二〇〇二）：二七—四三。

——「メディア論者としてのジェイムズ——光と電気のイメジャリーを読み解く」『水と光——アメリカの文学の原点を探る』東京：開文社、二〇一三年。

ベンヤミン、ヴァルター『パサージュ論Ⅲ——都市の遊歩者』今村仁司他訳、東京：岩波書店、一九九四年。

# 第十七章

# リアリティTV時代の幸福

## ――クロス・メディア的視点による考察

岡本　太助

### 幸福とリアリティTV

合田正人による研究のタイトルが示す通り、西洋思想史において、幸福とはつねづね「わからない」ものであり、それが「何であるか」という定義が困難なものであった。幸福に関する言説やイメージが様々なメディアに溢れかえっている現在、幸福についての批判的考察もまたメディア横断的なものとならざるを得ず、幸福の定義から、そのイメージが伝達・流布され受容・消費されるプロセスの方へと考察の重点をシフトする必要がある。さらに、高度メディア社会においては、単に幸福が人々にとって追求の対象であるだけでなく、そうした追求の行為そのものが一種の義務と化し、強制されるという事態が深刻化する。本論では、近年の小説を題にとり、複数のメディアを横断しながら幸福とリアリティTVの関係を探る。そして結論では、様々な意味において古臭いメディアである小説をなぜ今あえて読むのかという疑問に一つの答えを提示したい。

リアリティTVと幸福はとても相性がよい。まず、幸福と同じように、リアリティTVも定義しにくく捉えどころのないものである。アネット・ヒルによれば、リアリティTVは「実際に観るよりもそれについて語ることの方が多い」(11) ものであり、「みんなが話題にする「あの瞬間」」、あるいは、はっきりと定義できない「現象」(5) である。「あの」や「例の」という言葉で指し示されるだけの不在の対象物について語り、またそれを追い求める行為によって、事後的にその対象が具現化するという点で、両者は共通している。

さらに、両者はともに身体的な反応あるいは情動のレベルで作用するものである。伊藤守は、高度メディア社会において人が自分についての「イメージ」を持つためには、自己を「対象化あるいは意識化」するプロセスが必要であると述べるが、そのプロセスを「起動させる時間的余裕すら与えず、一気に運動へと身体を巻き込んでしまう空間」においては、そうした身体イメージが立ち現れることがないと指摘する（一三〇)。このように即時的かつ直接に身体に影響を与えるというリアリティTVの特性は、近年の科学的研究が明らかにするように、幸福という経験あるいは現象についても当てはまる。

あるいは、幸福とリアリティTVという二つの経験は、空間的特徴の点でも似通っている。フィリップ・アウスランダーによれば、テレビはもはや特定のメディアではなく、文化のあらゆるところに「テレビジュアルなもの」として存在し、その文化のあり方を否応なく規定している (2)。つまりテレビの受像機やそこに生じる視聴覚的刺激といった物質性ではなく、「テレビジュアル」すなわち離れた場所に映像を送るという機能あるいは性質が、テレビのメディア特性なのである。他方、殊にアメリカにおいては、幸福もまた「離れた場所」の存在を不可欠の前提とする。エリック・ウィーナーが指摘するように、アメリカにおける幸福の追求はしばしば物理的な移動を伴う――「ピルグリムとは他でもない、幸福を探しにどこかよそに出かけていく快楽主義者の難民たちのことじゃないか。それに僕らがよく熱烈に歓迎する「フロンティア・スピリット」というものも、つまりはよりハッピーになれる場所を探し求めるということだろう」(393)。つまり、リアリティTVにおける「経験」と追求の対象としての幸福はいずれも遠く離れた場所に存在すると見なされる。そしてその距離を埋めようとする行為そのものが、新たな経験を生じさせるのである。

幸福とリアリティTVはまた、消費文化と分かちがたく結びついてもいる。ウィーナーは、「マイアミは楽園そのものではないが、幸福と結びつけて考えられている」として、以下のように述べる。

けれど楽園には楽園なりのプレッシャーがつきものだ。楽園はこんな風に叫ぶんだ。「ハッピーになりやがれ、まったく!」(……)幸福というのは手に取りさえすれば自分のものにできる。ただ幸福を呼び込もうという強い意志と、まずそれを試してみようというガッツ、それからもちろん衛星ラジオと革張りの内装のオプションをつけたコンバーチブルのフォルクスワーゲン・ビートルを買えるだけの金さえあればいいんだ。(389–90)

贅沢品としての幸福のあり方は、拡がり続ける経済的格差を如実に反映しているが、その一方で、商品広告は、その幸福は手を伸ばせば手に入るものであるという幻想を流布し、人々の幸福に対する飢餓感を煽ってやまない。

これに対して、リアリティTVが流布するのは、幸福と強く結びついたイメージとしての「本当の自分」である。ヒルによれば、人は誰しも日常的にペルソナとしての「自分」を演じることで、「本当の自分」を世間の目から隠しているのだが、この演じられた「メタ的な自分」がもっとも極端な形をとるのがリアリティTVである(52)。つまり、どこか他の場所で実現される幸福ではなく、テレビに映る「より幸せな自分」のイメージが、追求の対象となるのであり、また演じられた自己がメディア上で仮想的にではあれ現実のものとなるとすれば、幸福の追求はテレビの内部で完結してしまうとも言うことができる。

以上のように、リアリティTVと幸福には強い親和性が認められる。ではここに小説はどう関わってくるのだろうか。次節からは、具体的な作品を取り上げながら、幸福とリアリティTVについてのクロス・メディア的考察を進めてゆく。

## 『幸福はどこにある』――現代の幸福物語の典型

幸福の追求は、とりわけ現代アメリカにおいて、「幸せになれ」という有無を言わさぬ命令とそれに対する服従という形をとることがあるが、同様の現象は世界の他の場所でも起きている。

パリでは、他の多くの場所と同じく、近所の書店に行けば現代人のオブセッションを目の当たりにすることができた。いくつかの壁面全体に並んだ通俗心理学書やニューエイジの宗教本が、果てしない満足感の方へと私を誘った。(……)「心配しないで、幸せになろう」とポップソング[1]は歌い上げる。かの偉大なる現代のイコン、微笑む黄色のハッピー・フェースについてよく考えれば、悲しいかなこうした誘い文句が、実は命令であるというふうに思えてくるだろう。(McMahon xii)

ことアメリカに限らず、少なくとも西洋諸国においては、幸福の追求は生得の権利でも自由に選択できるものでもなく、具体的に設定された目標であり避けようのない義務であると言える。本節では、アメリカの独自性を明確にするために、まずアメリカにおける幸福の追求のあり方を相対化し客観的に見る視点を導入してみたい。

フランソワ・ルロールの『幸福はどこにある』（原著は二〇〇四年出版）は、二〇一四に映画化もされた小説である。主人公のヘクトール（映画では英国人ヘクターとなっている）は精神科医で、患者を幸せにできないことに無力感を覚えた彼は、旅に出ることを思い立ち、行く先々で幸福についての様々なアイデアをノートに書きつける。例えば、「幸福をだいなしにするよい方法は、比較することである」（三九）という教訓には、それを寓意的に説明するエピソードが付されている。飛行機に乗ったヘクトールは、エコノミークラスが満席だったためビジネスにアップグレードしてもらい幸せに感じるのだが、隣の席の男は、ファーストクラスに較べるとサービスが良くないと不満を述べる。彼は、過去に経験した幸福を現在の自分が置かれた状況と比較することで、不幸になっているのである。あるいは、「幸福を害する最大の毒は、競争心である」（二〇五）とあるように、他者との比較によって幸福の度合いを測ることでも、人は幸福から遠ざかってしまう。

このように、世間知として有用な幸福論が、どこか遠い場所にある幸福の追求としての旅の物語と有機的に結びつく『幸福はどこにある』は、現代の幸福物語の典型として読むことができる。また、科学的手法による幸福の研究が主流となりつつある現状を踏まえ、この小説には、幸福を計測し数値化するエピソードも出てくる。リチャード・レヤードによると、現在の収入に対する満足度は二つの基準値によって計測されるという。つまり「他の人がどれくらい稼いでいるか、そして自分がかつてどれくらい稼いでいたか」という二つの数値である (42)。これらは先ほど引用したヘクトールの教訓と見事に一致する。またジョナサン・ハイトは、「目標を達成するよりも、その目標に向かって前進することによって、より多くの喜びを得ることができる」という「前進の原則」を紹介する (84)。小説ではこれが、「幸福とはもっと金持ちになったり、もっとえらくなったりすることだと考えている人が多い」(四九)と表現される。重要なのは、幸福とはある静的な状態を指すものではなく、ある状態から別の状態への「変化」として捉えられるということである (Haidt 85–6)。幸福は差異を前提とし、比較級でのみ表現され得ると言える。

これらのポイントは、アメリカ特有の文脈では、幸福の持つ二面性として立ち現われる。つまりフォルクスワーゲンのように即物的で物質的な幸福の形があると同時に、決して実現されることも現前することもない観念であるがゆえに、終わりなき追求の対象となりうる幸福のイメージも存在するのである。そしてこの幸福の追求は、しばしば強いオブセッションへと転化する。アメリカ西海岸と思しき場所に立ち寄ったヘクトールは、砂浜を散策しながら次のような感慨をいだく。

この国では、裕福な人たちはアランやアニェスと同じように忙しく働いているから、浜辺に遊びにくる暇がないか、自宅のプールや泡風呂のきれいな水の方がいいと思っているか、あるいは貧しい人たちとはあまりいっしょになりたくないと思っているのだろう。(……)この国では、お金さえあれば、浜辺だって買えるからだ。(一六四)

ヘクトールから見ると、アメリカでは幸福の度合いは他者との比較によって、経済的尺度を用いて測られる。それはつまり、貧しい彼らと裕福な自分という比較であり、両者を隔てる経済的格差は、プールやプライベート・ビーチという形で具体的に表される。作中でも語られるように、プールの数の多さが人々の生活水準の高さを示す一方で、プールの多い場所には精神科医も多く、それは不幸な住民の多さを物語っている。アメリカの場合は特にこの傾向が顕著であり、ヘクトールが看破したように、ある程度達成された幸福によりさらなる幸福への欲望をかき立てられ、また自分が確かに幸福であることを確認するために、自己と他者を隔てる具体的な境界を求めるなど、アメリカにおける幸福の追求は、果てしないオブセッションの様相を呈している。

『幸福はどこにある』の終盤で描かれる幸福の数値化は、幸福の「質」を「量」に置き換え具体的に計測可能なものとするという点で、右に述べたようなオブセッションの一つの極端な形態であると言える。最新科学による幸福の数値化と聞くと異様なことのように思えるが、合田によると、幸福を含む快楽の計算はごく一般的に行われてきたことだという――「社会という制度があるとき、すでに私たちは「虚構物」のなかにいて、常に計算を行っているのだ。（……）「虚構物」の総体、いや、この総体を可能にする超越的原理のようなものと言えるだろう。それが「幸福」なのである」（八四―五）。つまり、社会のなかで幸せになりたいと願いながら生きること自体が既に幸福の計算に他ならないのだ。また、そのようにして算出された幸福度によって、自分の存在価値が決まるというのは誤った思い込み（つまり虚構）であるかもしれないが、そうした「情念＝想像力の奴隷」状態を逃れようとすることで、人は「新たに奴隷となる」とも言える（合田　一四二）。自分の不幸の原因となっている幸福の前提条件を見直すことで、一つの虚構から抜け出したところで、依然幸福という大きな虚構の中にいることには変わりがない。どう転んだところで、社会生活を送る以上、我々はフィクションとしての幸福と契約を結ぶことを余儀なくされており、その意味において幸福の追求は市民的義務に他ならない。

アメリカの特殊性は、「幸福の追求」が、国家の根幹をなす文書に明記されているところにある。映画版『しあわせはどこにある』のクライマックスで印象的に示されるように、電極を頭につないだヘクターは、サイバネティクス的な手段により、科学と経済、さらにはそうした実験を支援する国家とも、文字通り接続されてしまう。電子的メディアとネットワークの発達により、「個々人の神経システムに中央政府の活動が直接接続され」、そのようにして供給される刺激が「直接身体の感応性を活性化する」ような事態（伊藤　一五七―八）を、この映画は一つのイメージとして我々に送り付ける。そのイメージは一つの刺激として、我々の脳内にまた別の幸福の像を浮かび上がらせるのだが、映画というメディアを経由することにより、その幸福のイメージには、それが常に既に様々な利害やイデオロギーにより媒介されたものであるという認識も張り付いている。これはリアリティTVを観る際に生み出される「メタ的な自分」という意識のあり方とも通底するものである。

それと同時に、小説では比較的冷静に描写されていたヘクトールの脳内活動の映像は、映画ではモニター上で爆発的に拡がる色として、またそれに対応する、泣きじゃくるヘクターの顔のクロースアップとして、より直接的に観客に訴えかけ、情動的な身体反応を引き起こすものとなっている。同じ現象を異なる二つのメディアを通して経験することにより、幸福のイメージの伝達が具体的にどのようになされているのかを、より明確に捉えることが可能になる。言い換えれば、これらのケースからは、幸福のイメージに対する我々の反応には、どのようなパターンがあり得るかをうかがい知ることができるのである。伊藤は、「今日生成しているのは、言語、イデオロギー、説得によって人々の行動があるひとつの目標に向かうような集合的行為ではない」（一五七）と述べる。テレビというメディア一つをとっても、それは確かに特定の幸福のモデルを視聴者に向けて提案するが、その提案が視聴者によってそのまま受け入れられるとは限らないし、それに対する反応には多様なバリエーションがあり得る。次節では、テレビが送り出す幸福のイメージに対する反応を方向付ける要因として、家庭生活におけるジェンダーの問題に着目する。

## 『ハッピーじゃない人お断り』――女性とテレビと幸福

アイラ・レヴィンの小説『ステップフォードの妻たち』は、架空の町ステップフォードに暮らす美しく有能で幸福そのものの主婦たちが、実は男たちの欲求を満たすために人工的に作り出された存在であるという事実をサスペンスフルに描く。この小説は過去にも映画化されているが、本節では二〇〇四年の映画版『ステップフォード・ワイフ』を中心に予備的考察を行うこととする。

映画版での主人公ジョアンナは、プロデューサーとしてジェンダーの規範を覆すようなリアリティ番組を多数手がけ成功を収めている。『自分はもっとうまくやれる』という番組では、一組のカップルが孤島に連れてこられ、それぞれ性的魅力あふれる異性のキャストと生活し、最終日には、パートナーとの関係を続けていくのか、あるいは「自分はもっとうまくやれる」と宣言し、関係を解消するのかの選択を迫られる。映画の冒頭、出演者の恨みを買い銃撃事件を引き起こしたせいで、ジョアンナは職を追われ、ステップフォードに移り住むことになる。

映画全体としては、女性嫌悪と男性優位主義による支配を、外部から訪れた過激なフェミニストが転覆するという構図になっている。しかし終盤には、ステップフォードでの実験は、結局ジョアンナが番組で打ち出した女性優位主義と同類であったことが明かされる。また結末でジョアンナは、人生とは「よりよい」かどうかで割り切れるものではないと語るが、現に彼女はリアリティTV的な経験を経てよりよい人生を手に入れたのであり、言動が首尾一貫していない。これら原作の改悪の結果として、本作は「変わらない」ことを全面的に肯定し、現状維持が幸福につながると訴える映画になってしまっている。

これとは対照的に、変わりたい、もっと幸せになりたいと願う人々がリアリティTVの世界に身を投じる様を描くのが、エリザベス・クレインである。彼女の短編集『ハッピーじゃない人お断り』には、タイトル通り、幸せにならなければという強迫観念にとり憑かれた人々の物語が収められている。巻頭の短編「私の人生最高！そして素敵！」("My Life Is Awesome! And Great!") では、ほぼすべてのセンテンスが感嘆符で終わっており、いかに自分の人生が素晴らしいかということを叫び続ける語り手の必死さが、かえってその不幸を物語っている。例えば、冒頭の箇所はこうである。

私は！　自分の人生が！　大好き！　私の人生は最高で素敵！　みんなが欲しがるようなものは全部持ってる！（……）あなたがもし私だったら私の人生を気に入るはずだけど、それは無理、だって私の人生だから！(5)

彼女は自分の人生を一種の所有物であるかのように描写している。深読みすれば、彼女は自分の人生を幸福で他人がうらやむようなものであるかのように見せかけ、その価値を上げることで、幸福をめぐるゼロサムゲームで優位に立とうと画策しているともとれる。何よりもこれは、テレビ向きの「キャラ作り」である可能性が高い。

ただ彼女は自分の人生が幸福であるということに疑問を抱いてもいて、それを解消するためにリアリティ番組へ出演し自分を変えたいと考えるのである。

だけどいちばん大切なことは、私は困った時こそチャンスだと思える人間だってことで、今こそリアリティTVに出る夢を追いかける時だって宇宙が教えてくれてるに違いないと思うの！（……）私みたいにリアリティTVに出たいっていう夢があるなら、チャンスを逃さず捕まえなきゃ！　私みたいに！　(Crane 7)

ピンチをチャンスに変えるという前向きな発想は、より幸せになるための具体的な方法を模索しそれを実践した、グレッチェン・ルービンのハピネス・プロジェクトにも通じる。「逆境に備える」ことがプロジェクトの目的の一つであったとルービンは言い、「危機が生じてそれで自分の人生が作り変えられるのは嫌だった」と説明する (15)。

自分の人生を自分でコントロールしようとする意図は立派だが、小説の語り手のテレビ出演の動機については、かなり疑わしいところがある。例えば彼女は、キャスティング担当者から、「君は実生活から逃げているようだね」と指摘され、突如自分が実生活から逃げていたことに気付く (10)。あるいは、「感情は事実ではない」という、どこかで聞きかじった言い回しを思い出し、「これこそが真実！　信じなさい！」と読者に無理やり意見を押し付けようとする (13)。明らかに彼女は、通俗心理学の一種であるポジティブ・サイコロジーの言説に毒されている。それは例えば「いったんポジティブな心を取り入れれば、いつもポジティブなことが起きる」といった言説であり、クリス・ヘッジスによれば、こうした考え方は「現実が恐ろしくて気の滅入るものである場合に、その現実から逃げ出すよう勧める」ものである (119)。この場合もやはり、幸福をめぐるイデオロギーは、現状肯定を促すものとして作用する。語り手は、一見自発的に変化を求めて自分をリメイクしようとしているようだが、実際にはただ通俗心理学やテレビによって流布される言説に絡め取られているに過ぎない。つまり彼女は、リアリティ番組の視聴者であり、テレビから流れる幸福のイメージの消費者なのである。

クレインの別の短編「ゾンビのベティ」("Betty the Zombie") では、ある日突然ゾンビになってしまった平凡な主婦のベティが、問題を抱えた女性たちが共同生活しリハビリを行うという番組に出演し、一躍スターとなる。「ゾンビのベティは変わりたいと思う」(15) という一文で始まるこの短編は、生きているのか死んでいるのか判然としない彼女の「ライフ」が、リアリティ番組を通して「リアル」なものに変ってゆく様をユーモラスに描く。ゾンビになることがそもそも重大な変化であるわけだが、番組の制作サイドにとっては、それは視聴率を稼ぐための新奇な要素の一つに過ぎない。

ベティは番組の中で常に「生産的 (productive)」[2]であることを求められる (22)。これは彼女が子供を産むことができず、言わば女性としての「生殖 (reproduction)」の幸せを得られなかったこととも関係している。その埋め合わせとして、彼女は一生かかっても使い切れないほど大量の日用品をディスカウントで買い漁り、コストコという自分より大きな存在との一体感を味わおうとする。また、一般的にリアリティTVに出演し名声と富を得る代償として、出演者は自分のプライバシーをカメラの前に晒すことに同意するのだが、マーク・アンドレイエヴィッチによる研究書のタイトルが示す通り、これは「見られるという労働」であり、一種の経済活動なのである。したがって、リアリティTVにおいて「生産的」であるということは、労働力としてのパフォーマンスが優れていることを意味する。かつての自分や他の人々よりも良い人生を送ること。そのためには生産的になり、視聴者と利益を生み出す必要があるのだ。

身体的には健康でも幸福でもないベティは、明白な差異をはらむその身体性ゆえに周りの人間の幸福(あるいは少なくとも快適な生活環境)を損なう一方で、その差異を問題として捉えないことによって生まれる優越感交じりの共感によって、むしろ彼らに幸福感を与えもする。言い換えれば、ゾンビとして周囲の人々を「食う (consume)」

存在であるベティは、テレビの中で生産的になることで、逆に他者により「消費(consume)」される商品と化すのだ。

ダニエル・ドレズナーによれば、ゾンビの侵略に対抗する一つの手段は、ゾンビを社会の一部として取り込むというものである(72–3)。人を見た目で判断せず、環境に優しいゾンビは、魅力的なソフト・パワーでもあって(Drezner 75–6)、それゆえ視聴率を稼ぐコンテンツとなり得るし、現にそうなっている。ゾンビがリアリティTVに登場することのリアリティは限りなく希薄であるにしても、これを一種のアレゴリーと捉えるならば、実際に多くのリアリティ番組が行っていることと大差はないとも言える。自分たちより幸福な人々が不幸になる、または自分たちより不幸な人たちが幸福になる。そうした変化のプロセスを説得力を持って伝えることさえできれば、リアリティTVのコンテンツは何であっても構わないのである。

## 『ワースト．パーソン．エバー．』――楽園の舞台裏

ある意味でゾンビは、現代文明が失ってしまったもの、それゆえに我々が取り戻したいと願うものを象徴してもいる。フレドリック・ジェイムソンは、ある種の映画作品は、捏造され理想化された過去のイメージをノスタルジックに振り返ることで現在を肯定しようとすると述べ、それを「現在に対するノスタルジア」[3]と呼ぶ。テレビもまた、存在しない理想郷をリアルに捏造するという点では同じであるが、テレビが決して映し出そうとしないもの、言うなれば楽園の舞台裏にこそ生々しい現実が潜んでいる。

ダグラス・コープランドの小説『ワースト．パーソン．エバー．』の主人公レイモンドはテレビ番組のカメラマ

ンで、『サバイバル』という名のリアリティ番組のクルーとして、南太平洋の島へ向かう。この番組は、有名な『サバイバー』(*Survivor*)という実在の番組のパロディである。そこでは、孤島に集められた一般人の参加者が、自給自足の生活を送りながら、様々なゲームやタスクに挑戦する。各エピソードの終わりに参加者の誰かが島から、そして番組から追放され、最後に残った一人が巨額の賞金を手にする。これは競争の上に成り立つ番組であり、他の人々を巧みに出し抜くことがサバイバルの秘訣となっている。

残り少ない食糧をめぐって人々が争い、ついにはカニバリズムに訴えるという展開が期待されている『サバイバル』だが(Coupland 20)、地上の楽園としての理想像同様に、カニバリズムや野蛮さもまた、既に繰り返しメディアを経由した紋切り型のイメージに過ぎないことをまず押さえておくべきだろう。入念にコントロールされたテレビ番組撮影現場では、本当の意味でのサバイバル状況は生じないのである。小説では、むしろ撮影を遂行するためにレイモンドたちがとる行動が核戦争という世界的な危機を招き寄せ、それによって彼らは期せずして本物のサバイバル状況に追い込まれる。そして皮肉なことに、それは撮影されることのない舞台裏でのサバイバルとなっている。

レイモンドのアシスタントであるニールは、移動中の飛行機から太平洋上の巨大なゴミ溜めを見ていると「人間であることに誇りを感じるし、同時に嫌気がさす」と語る(108)。ベティにとってのコストコと同じく、必要以上にモノの生産と消費を繰り返してきた文明のつけが、人間をはるかに凌駕する規模の人工物となって現れ、我々に畏敬の念と嫌悪感を同時にもよおさせるのである。小説では、生態系の保護という名目で、このゴミ溜めに核弾頭が撃ち込まれる。おそらくそれが引き金となって核戦争の危機が生じるのだが、撮影隊は島の住民に先んじてこの情報を入手し、とにかく撮影を続行するために、ありったけの食料品と日用品を買い占める。

楽園としてイメージされている島にしても、健康そのものに見えるサンゴは、「空のペプシの缶、水のペットボトル、そしてスワンソンのTVディナーの空き箱。さらに多くの、動脈を詰まらせるクソみたいなアメリカン・フード」といったゴミにまみれている(178)。イギリス人であり、アメリカ人の食べるものを見下しているレイモンドには、それらを自分の体に摂り込むことなど考えられないのだが、彼が置かれたサバイバル状況ではそれも避けられない。「史上最悪の人間」であるレイモンドは、追い詰められ次のような祈りを捧げる。

> 他の人たちが苦しめばいいとは思いません。むしろ、私自身が少しばかり快適に暮らせればいいのです。もしそれで周りの人たちが不便な暮らしを強いられるとしたら、仕方ありません。ご覧の通り、私は理性的な人間なのです。(238)

グローバル化がもたらす幸福な者とそうでない者の間の不均衡な関係は、快適さと幸福のためにゴミを出す者と、そのゴミを食って命をつながなければならない者との格差でもある。そうした不均衡を虚構として再現するのが『サバイバル』という番組であり、カメラの陰に隠れて他人の苦しみを眺めるだけのレイモンドは、そのことに何ら良心の呵責を覚えない。

「カロリー源は限られ、水もほぼなくなり、人があまりに多すぎる。私はそんなシナリオの一部になりたくない」(298)と言うレイモンドは確かに理性的である。しかしながら、期せずしてサバイバル状況に巻き込まれたレイモンドとその一行は、そのシナリオから抜け出そうと悪戦苦闘することになる。アンドレイエヴィッチが『サバイバル』の舞台である島について述べるように、テレビはこれらの場所を楽園として描き出すというよりは、それらがいかに人工的であるかを映し出すのであり、リアリティTVには、それ自体の舞台裏やメイキングすらも番組のコンテンツに盛り込んでしまうような「自己参照性」があると言える(209–10)。映画『トゥルーマン・ショー』(*The Truman Show*)のように、隠しカメラやウェブキャストの技術が二四時間の監視と放送を可能にし、テレビの内と外の境界が曖昧になった現在、誰もが潜在的に「テレビジュアル」なシステムの中に生きる存在となった。カメラの背後からカメラの前へと引きずり出されるレイモンドの姿は、こうした事態を外から眺める特権的な視点を想像することが難しくなった現在の状況を象徴的に表している。

## 『ホーンテッド』——書物が作り出す「距離」

最後に、チャック・パラニュークの小説『ホーンテッド』を手掛かりに、前節終わりで論じた外部からの視点について考えてみたい。『ホーンテッド』では、様々な事情を抱えた男女が「作家の隠れ家」という名のプロジェクトに参加し、外界から隔離された状態で三カ月間の共同生活を営み、その間に小説や詩の傑作を書きあげようと奮闘する。参加者たちは、監禁状態から救出された暁には、その体験をテレビドラマや映画の原案として売り込み、富と名声を得ようと目論む。そのためこのプロジェクトは『サバイバー』風の生き残りゲームと化し、参加者は食糧をわざと破棄したり、自傷行為に及んだり、ついには他の参加者を殺害しその肉を食らったりするなど、競って他よりも壮絶な体験をすることで優位に立とうとする。これは一種のリハーサルであり、テレビの中で将来現実のものとなる経験のひな型を作り出す行為となっている。

テレビ映りのことを考えれば、彼らは「清潔で身なりの整った、魅力的なコンテンツ」あるいは「ハッピーでエネルギー溢れるコンテンツ」でなければならない(Palahniuk 53)。その一方で、雑誌の読者やテレビの視聴者はハッピーな人のハッピーな体験になど興味を示さず、もっぱら他人の不幸に喜びを感じる(Palahniuk 94)。そして魅力的なコンテンツを提供し続けるためには、次に「もっと悪い何かが起こらなければならない」(Palahniuk 174)のであり、必然的に競争はエスカレートし、より悪いものほどより良いという価値の転倒が起こるのである。

『ホーンテッド』では、このようにより悪い方向へと無限退行する動きが、「カメラの背後にあるカメラの背後にあるカメラが映し出す最後の真実」(51)という印象的なフレーズで表現される。一番後ろのカメラはテレビの撮影の舞台裏を含む出来事の全体を捉えており、本当は何が起こっているのかを正しく把握することができる。「作家の隠れ家」の参加者は競争を勝ち抜くことでこの一番後ろのカメラ越しの景色を眺められると考えるのだが、物語が進むにつれ、実際には誰もが別のカメラの被写体に過ぎないことが明らかになってゆく。

最終章に掲載されたあとがきで、作者は、本書の第一章に収められた短編をブック・ツアーで読み聞かせたところ、聴衆が次々に気絶したという話を紹介する。この箇所は明らかに小説の続きであって、ここで作者として登場するパラニュークもまた、一番後ろのカメラの位置にはいないのである。しかし小説の中の次のような記述は、その特権的な位置に限りなく近づいていると言える。

これはベッド脇に置いておきたい本ではないだろう。どこか暗い場所に通じる隠し扉のような本だ。表紙をめくると、君は一人でその場所に向かうことになる。

なぜなら、書物だけがその力を持っているからだ。

映画や音楽やテレビは、巨大なオーディエンスに向けて発信されるのにふさわしい作法を身に着けていなければならない。(……) 書物は安価に印刷し製本できる。セックスと同じくらい個人的で合意を必要とする。消費するのに時間と手間がかかる――だから読者は立ち去ってしまうんだ。実のところ、読む努力を惜しまない人は少ないので、書物を「マスメディア」と呼ぶのは難しい。(410)

つまり書物はテレビジュアルなものに対抗するメディアであるということだが、作中に登場する「悪夢の箱」という装置は、ある点では書物のようであり、またある点ではテレビのようでもある。悪夢の箱の覗き窓は一人用で、書物と似たきわめて個人的なメディアである。しかしその箱を覗き込んだ者は、「この世界は夢。どこまでもまがい物。悪夢」であることを知り、「リアルなリアリティ」を垣間見ることになる(222)のであり、こうした性質はリアリティTVを特徴づけるものでもあるのだ。

このことは、リアリティTVと小説にはどこか似通ったところがあるという可能性を示唆する。両者はともに自身が虚構に過ぎないことを公然と示しつつ、その虚構が構築されるプロセスをも虚構の一部として提示する。視聴者や読者は、どこかの段階で全体を見渡すことができたという感覚を抱くのだが、その感覚でさえも虚構に過ぎないという可能性は払拭できないのである。リアリティTVはつまるところリアリティTVについてのテレビであると言われるが、自己参照的に自らの虚構性を開陳してしまうリアリティTVは、結局のところその虚構以外にリアルなものは存在しないことを我々に訴えかける。

小説についても同じことが言えるが、一つ違う点があるとすれば、それは小説というメディアの持つ回りくどさ、あるいは面倒臭さであろう。本論のはじめに述べたように、リアリティTVは現代において幸福のイメージを流布する主要なメディアの一つであり、また両者は「わからないもの」という点で共通している。それらの対象に、あえて小説という回りくどいメディア経由でアプローチすることで、一番後ろのカメラとまでは言えないにしても、全体の動きをよりよく観察し理解するために必要な距離が確保される。また幸福とリアリティTVは直接的な刺激として我々の情動に作用するのだが、小説は、そこにあらためて知性を働かせるための距離をも作り出すのである。

## 註

1 引用中の「ポップソング」の一例として、REMの一九九一年の楽曲「シャイニー・ハッピー・ピープル」を見ておきたい。

それをつかんで、手に入れろ、手に入れろ／泣いている暇はない、ハッピーに、ハッピーに／明日が光り輝く胸にそれをしまいこんで／金銀の輝き／キラキラ幸せな人たちが手をつないでる／キラキラ幸せな人たちが手をつないでる／キラキラ幸せな人たちが笑ってる

ここで皮肉たっぷりに描かれているのは、我先に幸福を奪いあう競争社会の姿であり、幸福の追求が義務として強制されている状況である。さらに、金銀に光り輝く明日という描写は、金銭の輝きを連想させる。

2 レディオヘッドの楽曲「フィッター・ハッピアー」では、合成音声による生き方のアドバイスが流れる。冒頭部分の歌詞は、「より元気な、より幸せな、より生産的な／快適な／酒を飲み過ぎず／定期的にジムで運動し（週三日）」、そして最後の部分は、「落ち着いて／より元気な、より健康な、より生産的な／抗生物質漬けの檻の中の豚」となっている。心身の健全さが幸福の秘訣であるとしても、それが強制され、また人工的な手段によって保護された健全さであるならば、この状態を果たして幸福と呼べるであろうか。

3 ジェイムソンの第九章を参照のこと。アメリカ映画の場合ノスタルジアの対象となるのは、戦後の繁栄を享受する黄金時代としての一九五〇年代である。『バック・トゥ・ザ・フューチャー』(*Back to the Future*) や『カラー・オブ・ハート』

(*Pleasantville*) などの例を見ても、程度の差はあれ、映画においては、ノスタルジアと現状肯定の結びつきが殊の外強いようである。

## 参考文献


Andrejevic, Mark. *Reality TV: The Work of Being Watched*. Lanham, MD: Rowman & Littlefield, 2004.
Auslander, Philip. *Liveness: Performance in a Mediatized Culture*. London: Routledge, 1999.
Coupland, Douglas. *Worst. Person. Ever*. London: Windmill Books, 2014.
Crane, Elizabeth. *You Must Be This Happy to Enter*. Chicago: Punk Planet Books, 2008.
Drezner, Daniel W. *Theories of International Politics and Zombies*. Princeton: Princeton UP, 2011.
Haidt, Jonathan. *The Happiness Hypothesis: Putting Ancient Wisdom and Philosophy to the Test of Modern Science*. London: Arrow Books, 2006.
Hedges, Chris. *Empire of Illusion: The End of Literacy and the Triumph of Spectacle*. New York: Nation Books, 2009.
Hill, Annette. *Reality TV*. London: Routledge, 2015.
Jameson, Fredric. *Postmodernism, or, the Cultural Logic of Late Capitalism*. Durham: Duke UP, 1991.
Layard, Richard. *Happiness: Lessons from a New Science*. New York: Penguin, 2005.
Levin, Ira. *The Stepford Wives*. 1972. London: Corsair, 2011.
McMahon, Darrin M. *Happiness: A History*. New York: Grove Press, 2006.
Palahniuk, Chuck. *Haunted*. New York: Anchor Books, 2006.
Radiohead. "Fitter Happier." *OK Computer*. Parlophone, 1997. CD.
R.E.M. "Shiny Happy People." *Out of Time*. Warner Bros., 1991. CD.
Rubin, Gretchen. *The Happiness Project: Or, Why I Spent a Year Trying to Sing in the Morning, Clean My Closets, Fight Right, Read

*Aristotle, and Generally Have More Fun*. New York: Harper, 2009.
Weiner, Eric. *The Geography of Bliss: The Grumpiest Man on the Planet Goes in Search of the Happiest Place in the World*. London: Black Swan, 2008.
伊藤守『情動の権力――メディアと共振する身体』せりか書房、二〇一三年。
合田正人『幸福の文法――幸福論の系譜、わからないものの思想史』河出書房新社、二〇一三年。
DVD
『しあわせはどこにある』(*Hector and the Search for Happiness*) ピーター・チェルソム監督、KADOKAWA、二〇一五年。
『ステップフォード・ワイフ』(*The Stepford Wives*) フランク・オズ監督、パラマウントジャパン、二〇〇九年。DVD
ルロール、フランソワ『幸福はどこにある――LE VOYAGE D'HECTOR』高橋啓訳、伽鹿舎、二〇一五年。

# 第十八章
# 「幸福」のこちら側
## ——リチャード・パワーズの『幸福の遺伝子《ジェネロシティ》』に見る横溢と復元力

渡邉　克昭

## はじめに

近年、とりわけ生命倫理の領域において、再生医療、遺伝子治療、バイオテクノロジー、脳神経科学などの先端科学技術の利用をめぐって、喫緊の問題系としてエンハンスメント論争が浮上してきたことは注目に値する。建国以来セルフメイド・マンの理想によって幸福を追求してきた合衆国ではこうした志向が強いだけに、強烈な期待と不安が交錯する。生殖、教育、医療、身体を巻き込んだ人類史上類を見ないパラダイム転換点に、アメリカ文学はいかに向き合おうとしているのか。歴史的に見ても、徹底した個人主義を通じて「幸福の追求」を掲げてきた合衆国では、「より強く、より美しく、より若く、より賢く、より気分よく」という志向はことのほか強い。だがその一方で、遺伝子改良の設計的生命観と、それが後世に及ぼす深刻な影響に対する懸念も根強く残る。生命操作時代の人間増強は、機会均等と自助努力を掲げる美徳の共和国の終焉を意味するのか。プロメテウス的願望によって理想的なデザイナー・ベビーを育み、リベラル優生学的アメリカン・ドリームを実現することは、「明白なる運命」

としてのネオ・アメリカン・アダムの誕生を意味するのか、議論の種は尽きない。

そうした文脈を踏まえ、リチャード・パワーズとドン・デリーロの最近の作品を比較してみると、ある種の共通意識を探り出すことができる。奇しくもその接点をなすのが、地質学、古生物学に通じたティヤール・ド・シャルダンの進化論、オメガ・ポイント理論である。デリーロの『ポイント・オメガ』(2010)は、表題通り、ティヤールの唱える進化した人類の叡知の究極的な到達点、オメガ・ポイントを反転し、それを終末論的な惑星規模のマクロ的時間相において捉え直した問題作である。[1] その前年に発表されたパワーズの『幸福の遺伝子《ジェネロシティ》』(2009)の副題はまさに「遺伝子強化《エンハンスメント》」だが、幸福の遺伝子をもつとされる留学生の卵子をめぐる騒動をメタフィクショナルに描き出したこの小説においても、ティヤールやオメガ・ポイントへの言及が見られる。[2] 本稿では、この作品に焦点を絞り、ポストゲノム時代に「幸福の追求」の神話がいかに追求され、また脱構築されていくのか、惑星思考の枠組みも視野に入れ、考察を進めていく。その過程で、なぜこの小説がメタフィクション仕立でなければならないのか、その必然性を解き明かしてみたい。

## 幸せの難民——「感情高揚性気質《ハイパーサイミア》」という名の病

本作『幸福の遺伝子《ジェネロシティ》』のタイトルの由来となった女性の名はタッサディット・アムズワール。主人公ラッセル・ストーンが、幸運にもメスカーキ大学の創作学科の非常勤講師の職を得て、教室で出会うことになるこの留学生は、まさに幸せの権化というべき存在で、「彼女に会った人間は一人残らず、昔馴染みの友達同然」(73)になってしまう。彼女の全身から滲み出る幸福のアウラはたちどころにクラスに「感染」(85) し、ミス・ジェネロシティと渾名されるこの学生の快活さにラッセルまでもが魅了されていく。だが、彼が日記に記した「彼女はこの世で最も幸せな難民だ」(12) という言葉が如実に示すように、タッサが醸し出す類稀な生の横溢感は、植民地支配ののち半世紀にも及ぶ内戦によって人口の三分の一を失い、暗黒の歴史に呪われた故郷アルジェリアを抜きにしては語れない。母語を奪われ、暴力に彩られたポストコロニアル的試練は、家族にも及び、彼女の作文によれば、大学で教鞭をとっていたリベラルな父は暗殺され、母も失意のうちに亡くなったという。「気前よく」殺人が繰り返される祖国での体験が、逆に現在の彼女の幸福感を裏打ちしているとも言えるわけだが、「幸福な少女が世界中の不幸を潜り抜け、いつまでも幸せでいる」(37) という、安易なプロットには収まらない包容力が彼女には備わっている。

　タッサは、そのような故国に背を向けることなく、生命の息吹が溢れるアルジェリアを「私たちの家《シェ・ヌー》」と呼び、帰郷を果たした暁には、故郷のこの上なく美しい山並みを映画撮影することを何よりも望んでいる。であればこそ彼女は、「あなたの故郷で生まれ育つのは絶対に嫌だと人に思わせる文章を書きなさい」(27) という課題において、彼女はそこでの陰惨な家族史を語り終えたのち、「とは言いながら、あそこはとても美しい。できれば皆さんに真近に港から見てもらいたい。きっと誰もが心を満たされるだろう。生命が漲る町。私たちの家《シェ・ヌー》」(30) という、懐の深い言葉で作文を締め括っている。

　内戦で両親を失い、一家離散の憂き目を見たにも関わらず、彼女が朗読する作文には不思議な躍動感と詩情が溢れ、アルジェリアは再び、地中海にそびえる角砂糖の山となる」(32)。ラッセルが感じ取ったように、確かにそこからは、あの国で「青春期を生き延びたことへの驚異の念が漲り」(32)、「今後人生がどんなシナリオをもたらそうともそれを受け止める覚悟ができている」(32) ことが窺える。こうした彼女の心情は、のちにマスコミの寵児となった彼女が語った次の言葉、「生きている者は誰しも、生まれていない者より百万倍運がよく、断トツに有利なのだから大いに満足すべきじゃないでしょうか」(204) という、小気味のいい言葉にも繋がっていく。

ところがラッセルにとって、「恍惚として神秘家さながら光り輝いて姿を現し」(35)、周囲を和ませるタッサは永遠の謎である。幸福論など読む必要もない彼女は、ラッセルにとって「完全に思いもよらない存在であり、何であれ興味の的にして格好の餌食」(46) であるように思えたのである。彼女が「いかなる慢性的なウイルス性多幸症」(36) に陥っているにせよ、興味をそそられた彼は、タッサの祖国についてにわか勉強を始めるとともに、あまたの幸福論を紐解く。「幸福な人々は他の人が知らないことを何か知っているに違いない。簡単には手に入らず、ほとんど手の届かない、不可解な生きる秘訣」(75) のようなもの。これこそラッセルが彼女から引き出そうと試みたものであり、そのアウラの正体を彼はなんとしても突き止め、言説化しようとする。

彼女から、「先生は私が幸せ過ぎると思っているじゃないですか？　みんな、私があまりにも幸せそうだと思ってるみたいなんです。ここってアメリカですよね。何々過ぎるってことがない国じゃありません？」(78) と、冗談めかして言われても、彼は、合衆国が追求すべき幸福が、常に既に眼前の難民の中に現前していることをどう受けて止めてよいのか途方に暮れる。そこで彼は、「ＰＴＳＤのせいで彼女は広範な間隔麻痺を引き起こしているのか」、はたまた、「あの漠然とした恍惚は来るべき崩壊の予兆なのかもしれない」(66) と訝り始める。このように、過剰な彼女の高揚感の向こうには必ず精神的な崩壊が待ち構えていると危惧するラッセルは、とある幸福マニュアル本の補足欄から、「感情高揚性気質《ハイパーサイミア》」という用語をついに探り当てる。

彼が貼ったこのレッテルにより、タッサの運命はのちに大きな変転を遂げるが、ラッセルはさらなる確証を求めて、大学の女性カウンセラー、キャンダス・ウェルドのもとを訪れ、自分の学生が「常軌を逸しているほど過度に幸福なのではないか心配だ」(72) と打ち明ける。最初は、「アルジェリア難民が幸福だといけませんか」(72) と軽くいなされるものの、二人はやがて留学生のことを愛《いと》おしく思い、気に掛けるようになる。こうして徐々にタッサの信頼を得た彼らもまた、さながら彼女の愛のキューピッドの矢に射られたかのように、次第に親密な間柄になっていく。

## 標的としてのタッサ——メタフィクションの申し子

そこで浮上してくるのが、この小説のメタフィクショナルな構造である。作者がプロットに周到に書き込んだはずの作中人物によって出し抜かれ、プロットが制御不能になるといったお馴染みの仕掛けがこの小説にも見られる。ここで注目したいのは、そうした「書き込み」を脱構築するこの物語の構造自体が、人間に予め「書き込み」を施す遺伝子が主体と織りなす危うい関係の隠喩として機能していることである。その背景には、人類が長い進化の時間相における一つの位相に過ぎず、ジョルジョ・アガンベンの言う「剝き出しの生」としてのゾーエでありながら、自らに神のごとく介入するビオスでもあるという厳然たる事実がある。メタフィクショナルなテクストは、このように遺伝子を操作する者/される者の間に生じる摩擦を、作者の意図と作中人物の意思の間に生じる軋轢として描出するのにまさに適している。

『幸福の遺伝子』においてそのようなメタフィクショナルなデザインは、次のような二つの次元で設定されている。まずは、三文文士のラッセルが、自らの作中人物であるかのようにタッサを措定し、彼女を操作したり保護したりしようとする次元。彼にとってタッサはまさに、「自分がかつて書くのを夢見た物語から飛び出してきたような女性」(33) に他ならない。「幸福をめぐる遺伝のルーレットで大勝した」(67) 彼女の幸せの淵源を探求しようとする彼は、それを脅かすプロットを図らずも作動させてしまう一方で、そうした脅威から彼女を護ろうと奮闘する。もう一つの次元は、幸福の遺伝子の保持者と噂されることによって騒動に巻き込まれるタッサと、それを不安そうに見守るラッセルやキャンダスをさらに外縁から見守り、論評を施すべく時折テクストの顔を覗かせる「私」が語る次元である。

前者の次元においてラッセルは、あたかも物語作者のように、タッサに身に降りかかる災厄を察知し、彼女がクラスメートのジョンによるレイプ未遂事件の標的となることを見越している。と言うのも「タッサの喜びに何かの意味があると考え、そんなプロットには何らかの結末があり、何らかの事件が起こらないといけないと考えたのは彼自身の責任なのだ」(87) から。メタフィクショナルなこの述懐に対して、「私」は、それに続く一文で「彼の気持ちが手に取るようにわかる」(87) と、それにお墨付きを与えている。このように起こるべくして起こったレイプ未遂事件で、タッサは持ち前の包容力を発揮して逆にジョンを諭す。

だが、タッサがこの事件で一躍有名になったのは、そのような彼女の稀有な資質について、ラッセルが「感情《ハイ》高揚性気質《パーサイミア》」の可能性があると、事情聴取にやってきた警官に漏らしたからである。この情報はたちどころにマスコミを通じて増幅され、この類稀な幸福の遺伝子の持ち主は、「創作ノンフィクションの商品へと変貌する」(110)。これまで型通りのハーモンの教本に依拠して作文の指導してきたラッセルは、この時点で、自らの発言が引き起こした意外な事態の進展に当惑し、作中人物を制御する術を失ったに等しい。「第一章に遡った時点で、本の結末までに彼女が最終的に科学の手によって捕まることを予測していた」(166) ラッセルではあるが、その悲劇のプロットの詳細については未だ知る由もない。

## 幸福／ゲノムの追求――博士の愛した遺伝子

かくして彼女はラッセルの手を離れ、人類の未来にパラダイム転換をもたらす貴重なゲノム情報の保有者として、「ジェン」というコード・ネームをもつメシア的セレブへと一夜にして祭り上げられる。今や、彼女の居所を突き止め、そのゲノムを解析することに[3]人類の幸福が懸っているのである。そのような彼女にこの上なく熱い眼差しを注ぐのは、ゲノム学者にして遺伝子関連ベンチャー企業、トゥルーサイト社を率いるトーマス・カートンである。「差し迫った絶滅か、大躍進の萌芽のいずれか」(201) を人類に迫る「もう一つの特異点《シンギュラリティ》」は、彼にとっては千載一遇のビジネス・チャンスだったのである。「この世の始まりがどのようなものであろうと、その終わりは栄光と至福に満ちたものとなるだろう」(136)。かく予言する彼は、まさに「ミスター・オメガ・ポイント」(135) として、「想像を絶する未来」(165) がほどなく訪れることを待ちわびている。

このようにオメガ・ポイントを意識しつつ、カートンは、「私たちは六百年前には洞窟の壁を引っ掻いていた。今ではゲノムの配列を変えている。三十億年の偶然が今や本当に有意義なものになろうとしている」(252), (257) と、確信に満ちた声で語る。この言葉は、科学娯楽番組『限界を超えて《オーバー・ザ・リミット》』の特集「魔神《ジーニー》とゲノム」において彼を取り上げた女性司会者、トニア・シフとのインタビューにおいて繰り返し引用されることになる。彼の認識するところでは、「人類の終着点」(165) においてホモ・サピエンスは、「半神半人《デミゴッド》と持たざる者たちに二分されている」

(165)という。彼によれば、「生物学的な読み書き能力《リテラシー》」(175)を駆使して、人類は偶然与えられた限界を超えて、「まだ自分の人生の作者になれる」(60)のである。

このことについてカートンは、東大で開催された会議「老化の未来」において、次のように説明している。「私たちは欠陥のある設計に囚われ、下手な筋書きに付き合わされています。私たちは何か違うものになりたい。物語が始まってからというもの、人類はずっとそう思い続けています。そして今やそれが手に入るようになったのです」(60)。だとすれば、人類は「服用者のゲノムに合せて作られた注文仕立ての医薬品、遺伝的に個人向けに処方された高性能弾丸」(178)によって、病や老いや障害を克服できるのみならず、幸福感を常に覚えることによって有意義な人生が送れることになる。カートンは、「包容力の遺伝子型が人類に広まり、われわれに驚くべき技能を与えてくれるのにどれほど時間がかかるか」(197)と、一刻も早いその実現を願うとともに、「幸福の遺伝子は今後何世代にもわたって共同市場に出回ることになるだろう」(194)と予測する。

こうした「遺伝子仕掛けの幸福」をめぐる世間の熱い眼差しに対して、タッサが臆することなく、協力的な態度を取るところにも、彼女の包容力が遺憾なく発揮されている。まさに博士の愛した遺伝子をもつミス・ジェネロシティは、求められるまま、カートンに卵子を提供する。その結果、彼女は自らを図らずも神話化し、さらなる窮地に自分を追い込んでいく。では、この「欠陥とも言えるほどの包容力」(79)は何に由来するのだろうか。彼女によれば、「タッサディット」という名は「肝」という意味であり、母語タマジグ語の「肝」は「心臓」に相当すると いう(78)。このように生命の根幹をなす彼女が体現する「歓び、拡がり、おおらかな気持ち」(78)に関して、「私」は、“Generosity”という語の系譜をたどり、壮大なラテン語“gens”に由来するこの言葉がいかに旺盛な生命力を宿しているかを語ってみせる。それによると、生成、生殖、連繋、血統、種、土着、気質、才能など、多様な要素と融通無碍に繋がるこの言葉には、「欠陥とも言えるほどの包容力があり、親子鑑定をするには子孫が拡がりすぎている」(79) という。

こうした言葉の系譜から窺えるのは、一つの要素に還元できない“gens”の複雑な意味の拡がりこそが、遺伝子のネットワークにも似た小宇宙を作っているということである。それを踏まえつつ、今度は遺伝子“gene”の方から、このラテン語“gens”を逆照射すると、別のラテン語“Ex uberare”が浮上する。「私」の説くところによれば、「この遺伝子のネットワークの様々な組み合わせが相互に関連して、満足や、歓喜や――よりましな表現がないのでこう呼ぶより他ないのだが――横溢《エグジュベランス》と結びつく。ラテン語でいうところの Ex uberare、果実が溢れだすこと」(122)。このような視座からカートンの営みを位置づけてみると、彼の使命は、溢れんばかりのタッサの遺伝子を通して「自然を自らの手中に収め、より素晴らしい天使を彫り出してみせる」(164) ことにあったのである。

## 「限界を超えて《オーヴァー・ザ・リミット》」――天使「ジェン」の悲劇

ここで注目したいのは、このように標的にされたタッサの包容力が無尽蔵であればこそ、幸福の遺伝子の商品化のために、市場によって搾取されてしまうという逆説である。彼女の卵子をめぐる一連の騒動は、まさに「ジェン」の悲劇というべきものだが、それが限界を超えて制御不可能になるのは、彼女がカルト的にカリスマ化され、メディア・サーカスに翻弄されるようになってからである。『限界を超えて《オーバー・ザ・リミット》』の司会者、トニア・シフは、ゲノムをめぐるメディアの熱い眼差しを誰よりも巧みに操作する現代の巫女と言ってもよいだろう。「アメリカで最も場違いな科学テレビジャーナリスト」(98) として視聴者に愛されるシフは、視聴率のためには派手な演出を行い、大衆に迎合することも厭わない。「誰にも劣らぬイスラム嫌い」(81) であり、「番組の視聴者の七八パーセントと同じく、自ら遺伝子強化を図る覚悟ができている」(99) 彼女に微かな揺らぎと変化が生じるのは、「ジェン」にインタビューを行うべく、北西アフリカ《マグレブ》へと向かったときのことである。機上でシフは、過去の自分の映像を見直し、生命の未来について当時の自分がどのように感じていたかを振り返る。

アルジェリアで自前の映画製作を夢見るタッサにとって、映像制作の現場に身を置くシフは憧れの存在でもあり(223)、彼らの間には女性同士の絆のようなものが確かに存在する。だがそこで影響を受けるのは、むしろシフの方である。編集された自らのインタビュー映像に嫌悪を覚えた彼女には、「遺伝子に合わせて作られた幸福の薬についての様々な予想は、撮影中も今も、何の根拠もないように思われた」(256)。都合よく物語化され、消費されてきた『限界を超えて《オーバー・ザ・リミット》』という番組自体が、まさに「受容可能な科学娯楽の限界を超えている《オーバー・ザ・リミット》」ことに、ようやく彼女も気づいたわけである。

このことは、制作現場におけるシフの「反乱」(258) へと繋がるが、タッサのメディアとの関わりを示すもう一つの挿話として、『オーナ・ショー』への出演に言及しておく必要があろう。というのも、『オプラ・ウィンフリー・ショー』を彷彿とさせるこのトークショーにおいて、タッサはおよそ幸福の遺伝子の持ち主らしからぬ応対をした挙句、「生放送でジャンヌ・ダルクへと変貌」(231) するからである。誰でも意思の力で運命から逃れられると固く信じる人気ホスト、オーナにしてみれば、タッサはまさに鼻もちならない存在だったのである。事の発端は、「ご両親は幸せでしたかという」という質問に対して、母国での不幸な出来事に触れたのち、「アメリカ人の皆さんはどれだけ幸せなのですか」(221) とタッサが反問したことから始まる。この発言によって場の雰囲気が一気に刺々しくなり、「じゃあ、もしあなたが他の皆さんと同じように不幸せなら、どうしてこの番組に出演するのですか」(221) という、オーナの辛辣な反撃を招いてしまう。

この一撃によって、タッサはカメラの前で誰かに魂を捩じられたかのように悲痛に暮れるが、それも束の間、「何か大きなものが苛立ちを乗っ取り、二十三の染色体から育まれるすべてのものに対する抑えきれない感情」(222) が彼女から一気に噴出する。この緊迫感溢れるシーンは、ネットに流出するやいなや、「爆発的感染」(222) を引き起こし、世界中で消費されることになる。「そこかしこで十代の女の子たちが模倣しようとしたそのオーラ」(222) は、動画投稿サイトで反復的に再演されるが、彼女の「この世のものとは思えない独白の輝きは、タッサ・アムズワールの言葉から生まれ出たるというよりもむしろ、彼女の気構えから、本人の思いとは裏腹に自然に溢れ出す静かな知識から生じていた」(222)。

そこでタッサの口をついて出てきた含蓄のある言葉、すなわち「皆、本当は死んでいるのが当たり前」、「一分でも［生きているのは］、身に余る光栄」、「無から生じる奇跡」(222) といった言葉は、皮肉にも動画サイトの軽薄な物真似を通じて、ギリシア悲劇のコーラスのように世界中に広がっていく。「世界中のタッサディット・アムズワールが、耳を傾けてくれる人に声を揃えて請け合う。『もっと良くなる必要などありません。私たちは既に私たちなんです。そして既にあるものは全部、私たちのものなんです』」(222)。アルジェリア体験に裏打ちされたこうしたタッサの言辞は、幸福の追求に取り憑かれたアメリカ的価値観と対極をなすがゆえに、「人間どもの市場を振り切ろうとする天使の苛立ち」(335) として、たちどころにグローバルに消費されたのである。

さらに彼女の運命が暗転するのは、彼女の遺伝子が競売に賭けられ、「幸福の女が卵子を三二、〇〇〇ドルで売る契約に同意した」(249) という噂がネット上に広まったときである。カートンの意向を受けてトゥルーサイト社は、すぐさまゲノム情報の特許侵害で買い手の不妊治療クリニックに訴訟を起こす。タッサはと言えば、あまりにも法外な対価を得たという理由で、一斉にバッシングを受け始め、姿を隠さざるを得なくなる。こうして一転して「不吉な存在」、「除け者《パーリア》」(250) として蔑まれた彼女は、再び時の人として魔女狩りの対象となる。

やがて、「にこにこアラブ娘を殺せドットコム」(251) なるサイトやその模倣サイトが次々に立ち上がるに及んで、身の危険を感じた彼女は、隠れ家にてお気に入りの詩集を詠唱して日々を過ごすことになる。ハーモンの教本を寝物語に読み返すタッサは、「創造的な語り手がどんなふうにして彼女をノンフィクションから救い出してくれるのか」(254) と思いを巡らし日々眠りに就く。そうこうするうちに、彼女が情緒不安に陥っているという噂がラッセルたちの耳に入り始める。それを裏付けるかのように、タッサから彼に「私をうちに連れて帰ってもらえませんか」(266) と救援を求める電話が入る。「この国で暮らす生まれつき幸福な人は、初めて天然痘に罹った新大陸の先住民みたいに抗体がない」(265) と、彼女のことを不憫に思ったラッセルは、「創造的な語り手」よろしく救援に向かう。さして珍しくもない陳腐な恋愛物語をまさに地で行く、お忍びのカナダへの逃避行の始まりである。

## 黄昏のアトラス山脈――帰郷の神話学

三文文士として、この旅で初めてエピファニーを感じた彼は、これまで自分が「プロットの重圧に押しつぶされていた」(273) ことに気付く。その重圧を今回ばかりは跳ね除け、身を賭してタッサの逃走を幇助しようとする彼は、この逃避行で等身大の彼女の姿に触れ、「ひょっとすると彼女は感情高揚性気質《ハイパーサイミア》では全くないのではないか」

(284) と思案する。この疑念はさらに、彼女は「本当は、どれほど幸せなのか」、「彼女の幸福の大半は偽りだったかもしれない」(282) というさらなる疑念を呼び起こす。そして結局のところ、虚脱状態に陥った彼女は、「未来と卵胞刺激ホルモン注射によって打ち負かされた」(284) ごく普通の女性に過ぎなかったのではないかとさえ、彼には思えてくる。

そのような思いが脳裏を過ったときに、「何かが、彼の体を内側から持ち上げる。至福感が」(284) 思いもかけず彼に到来する。モーテルで過呼吸に陥り、倒れ込んだ彼女を抱き抱えるラッセルは、「彼女を抱き締めるのは帰郷に似ている。魂の生まれ故郷に戻る感覚」(284) に似ていると、奈落に突き落とされたタッサとの束の間の幸福感に浸る。ここで初めて彼は、「科学者たちの手で還元され、マスコミによって解剖され、宗教じみた連中に石もて追われ、起業家どもに値札を付けられ、失望した者どもによって糾弾されたあの輝き」(279) が、「魂の生まれ故郷に戻る感覚」とどこか通じるものがあることを実感する。

だが、その直後にキャンダスと連絡を取った彼は、「リンドバーグの愛児誘拐事件以来の有名な誘拐犯」(286) に仕立て上げられ、「指名手配よろしく、『ヘッドライン・ニュース』でこれが本当の「幸福の追求」、なんて具合に茶化されている」(287) と聞かされる。ラッセルは今や彼女と一蓮托生であり、メディアの次なる格好の標的になったのである。彼は、その見出しをテレビで目にしたタッサが、精神安定剤や鎮静剤を大量服用し、意識不明の重体に陥っていることを発見する。穏やかに至福の表情を浮かべてベッドに横たわる彼女の姿になすすべもなく、進退窮まった彼は、救急隊の出動を要請する。

かくしてこのメタフィクションにおいてラッセルは役目を終えて舞台の袖へと退き、物語の結末は、タッサの故郷アルジェリアを望む国境の町での彼女とシフの再会の場面へと持ち越される。タッサの素顔を何としても撮りたいシフは、歓心を買おうと、彼女の卵子の人工授精によって生まれた子供たちのビデオ映像と、彼女が愛読する母国語の詩集と、彼女の書き込みが施されたハーモンの教本をもって取材を試みる。この場面において「芸術のみが発する類の光」(292) に包まれたタッサは、まさに彼女の故郷、「私たちの家《シェ・ヌー》」(291) にて、遠来の客を歓待する。そこでシフは、意気軒昂な「タッサの中で、後半生か来世の前半生で、またいつか以前のような横溢が顔を覗かせようと待ち構えているのを感じる」(291)。来るべき「『選ばれた子供』の時代」(292) に照準を合わせた映画製作の話をもちかける彼女に対して、タッサは申し出を寛大に受け入れ、次のように述懐する。「映画を作ってすべてを伝えてくださいな。この場所にまさる治癒力は私の遺伝子にはなかったと」(294)。この言葉が示すようにまさに北西アフリカ《マグレブ》の地霊と化した彼女は、故郷にて幸福の遺伝子の神話を脱構築し、豊饒にして復元力のある「亡霊《アパリッション》」(294) へと変貌を遂げたのである。

　この場面からフェイドアウトしたシフと入れ替わりに姿を現し、初めて彼女と向き合うのは、他ならぬ「私」である。作中人物たちを操作してきたこの「機械仕掛けの神《デウス・エクス・マキナ》」は、この娘が「私が思い描いたままの姿で、もっと幸福な結末を求める集団的な欲望に潰されることなく、まだ生きている」(295) ことに感嘆する。タッサは彼の脚本の枠組みに押し込むにはあまりにも生命力が漲り、復元力があったのである。「初めから結末がこうなることを知っていた。私が彼女の後を追い、次なる新しい場所に導かれることを」(295)。その予感通り「私」は、物語内世界において自らがその遺伝子を創造した「幸福の娘」の微笑に導かれ、彼女の故郷へと誘われる。そこで歓待された「私」は、「神より出しゃばった判断を下さないように」(294)、物語を司る権威を放棄し、次のように言い放つ。「私たちが今まで何であったかはどうでもよい。これからどうなるかもわからない。では私たちはどんな物語で終わるのか？　結論を出すのは死んでからの話」(295–96)。明らかにこの言葉には、あのアルジェリア娘が発した次のメッセージと共鳴するものがある。「まずは生きるのです。判断は後回し。このうえなく疑わしく思えるジャンルを愛しなさい。好判断をしてもどうってことはないし、まして命が助かることなどない。流れよ、言葉。物語は一つしかなく、そこには無数の分身《ダブル》が取り憑いている。物語がどれだけお気に召すか、判断するのは死んだ後の話」(70)。

かくしてタッサと「私」が、互いに呼び交わすとき、「歓びが私から溢れ出す」(296)。まさに「幸福は美徳の報酬ではない。幸福が美徳なのだ」(295)という言説を実践するかのように、「私」は彼女とともに今の幸せを噛みしめ、「調子はどう?」と問いかける彼に、タッサもまた、「ありとあらゆる寛大《ジェネラス》な言葉で応答する」(296)。そして、黄昏のアトラス山脈に見守られるようにして、彼らのささやかな「共有された歓び」(296)が、山のこなたの空近くに溢れ出すところでこの小説はクライマックスを迎え、アルジェリアへの帰郷が実現する。

だが、この結末を予定調和的なハッピー・エンディングと解釈することは、彼らが忌避する死後の「判断」を先取りし、「神より出しゃばった判断を下す」ことに他ならない。このテクストには、そのような判断を下すことに読者が躊躇いを覚えるよう、周到な仕掛けがなされている。一言でいえばそれは、地球という惑星における進化の歴史をすべて射程に入れる、途方もなく巨視的な視点である。無機物から有機体を経て、人類の誕生、ポストヒューマンの出現までをも見通した巨視的な視座と言ってもよいだろう。これまでタッサが愛着をもってしばしば口にしてきた「私たちの家《シェ・ヌー》」は、彼女の故郷を指示するのみならず、かくも豊饒にして多様な生成の時空相をなす「私たちの惑星」の謂いでもあったのである。

## 「書くことは常に書き直すこと」

結末において、タッサと「私」が視線を投げかけるアトラス山脈は、語源を遡れば、両腕と頭で天の蒼穹を支えるギリシア神話の巨人アトラスの石化した姿である。「私たちの家《シエ・ヌー》」は、万物の生まれ故郷にして回帰の場でもある地球という母胎の別名でもあるのだ。さらに言えば、ラッセルの姓が「石《ラッセル》」であり、タッサが彼をアラビア語で石を意味する"Hajari"と呼んだことを考えると、人事不省に陥った彼女が目で「Hajari、お願いだから一緒に来て」(290)と訴えかけたことは、彼がタッサの「魂の生まれ故郷」(284)に連れて帰るのに相応しい存在であったことを暗示している。彼はタッサの真価を推し量る試金石《タッチ・ストーン》でもあったのである。だが、そのような眼差しを投げかけられたラッセルは、救護のヘリコプターが、明滅する光となって闇に消えるのを見て、あたかも「われわれの後を継ぐ恐ろしい種の瞬き」(290)のように思う。逃避行の間、「人類に絶滅の危機が忍び寄る可能性」(277)について語り合ったラッセルは、窮地に追い込まれた無力なタッサの中に「進化の究極のトリック」(277)を見出すとともに、「もしかすると愛さえも、想像を絶する新しい営みへと突き進む巨大なネットワークにおいて卑小な結節点に過ぎないのかもしれない……」(278)と訝る。

このようにラッセルは、タッサと一緒に帰郷することも叶わず、想像もつかない進化の行く末をめぐる不安の痕跡をテクストにとどめて姿を消してしまう。その一方で、「人類が進化の後継者によってアップグレードされると予言し」(272)たカートンもまた、時代の先を進み過ぎたことにより、テクストから退場を余儀なくされる。彼は、ゲノムの特許をめぐる裁判で敗訴したことが原因でトゥルーサイト社を追われ、「良き超人主義者がいかに穏やかな死を迎えられるかを示すこと」(272)こそが、彼に専ら課せられた課題となったのである。タッサに対する眼差しにおいて鮮やかな対照をなすこの二人の退場により、読者はこの惑星における人類の営みをめぐるさらなる思索へと誘われることになる。

金森修が『遺伝子改造』において論じたように、人類が「技術衝迫の遺伝子」をもち、「その技術衝迫が自分のゲノムさえ特別扱いしない」（七一）なら、人類が住まうこの地球は、決して所与のものとしての自然が保持されるエデン的無垢の永遠の棲家では有り得ない。カートンの企てが頓挫しようとも、彼が先鞭を付けた遺伝子操作技術はいずれまた誰かによって追求されることは否定し難い。そしてまた、現にタッサの卵子から現に生まれた子供たちが存在するという事実は、この惑星に住まう人類の「設計的な本能が、自分の遺伝資源を対象に」（金森　一〇三）拡張し続けることを暗示している。

テッド・ピーターズによれば、神の創造は決して終わったわけではなくまだ続いており、「創造された共・創造者」"created co-creator"としての人間の創造性は、神の創造性と共進するという考え方がもし成り立つなら、「いま存在するすべてのものは、〈決定稿〉ではなく、いわば仕上げ段階の過渡的な存在であるにすぎない」（金森　九八）ということになる。まさにこの文脈において、「書くことは常に書き直すこと」(34, 295) という、ラッセルと「私」が好んで口にするメタフィクショナルな言説が、ゲノム編集との関係において神学的意味を帯びてくる。だとするとタッサは、「私たちの家《シェ・ヌー》」におけるそうした創造行為としての遺伝子の「書く」と「書き直し」の狭間に立ち現れるメタフィクショナルな「亡霊《アパリッション》」(294) だったと言っても過言ではないだろう。そのような意味において、アトラス山脈を背景に、「幸福の追求」というオブセッションから解き放たれたタッサは、まさに人類の岐路を占う試金石《タッチストーン》として、横溢と復元力を惜しげもなく包摂する詩神《ミューズ》だったのである。

＊本稿は、科研基盤研究（C）「アメリカ文学におけるヒューマン・エンハンスメントの進化と『幸福の追求』の未来学」による研究成果の一端として、平成二六年度日本アメリカ文学会中・四国支部冬季大会シンポジウム（於：広島県立大学、二〇一四年一二月一三日）「アメリカ文学における幸せの追求」において、講師として発表した論考（大阪大学『英米研究』三九号、三一―五五頁）に加筆したものである。なお、引用文の訳出にあたっては、木原善彦氏の訳（新潮社）を参考にさせていただいた。

## 注

1　この点については、拙論「時の砂漠――惑星思考の『ポイント・オメガ』」を参照されたい。主人公エルスターが「自己破壊の遺伝子」及び、「石」への回帰について言及していることは、本論の議論との関連において注目に値する。

2　カートンがマントラのごとく信奉し、携行する手帳に書かれた言葉をトニア・シフが読み上げる映像シーンでは、ティヤール・ド・シャルダンへの言及が見られる (24)。「ミスター・オメガ・ポイント」と呼ばれる彼は、タッサとの関係においてもティヤールへの傾倒ぶりが暗示されている (135)。

3　アルターとのインタビューによれば、パワーズは自分自身のゲノム配列に関する調査を依頼し、遺伝的に自分がいかなる病気に罹るリスクが高いか、正確に把握しているようである。彼は、ハーヴァード大医学部のジョージ・チャーチ教授の研究室を訪れ、そのときに得た知見が本作の執筆にも活かされているという。

## 引用・参照文献

Agamben, Giorgio. *Homo Sacer: Sovereign Power and Bare Life*. Trans. Daniel Heller-Roazen. Stanford: Stanford UP, 1998.

Alter, Alexandra. "A Dip in the Gene Pool: Richard Powers on His New Novel *Generosity* and His Own Genetic Code." *The Wall Street Journal*. 9 Oct. 2009.

Buchanan, Allen. *Beyond Humanity?: The Ethics of Biomedical Enhancement*. Oxford: Oxford UP, 2011.

DeLillo, Don. *Point Omega*. New York: Scribner, 2010.

Dewey, Joseph. *Understanding Richard Powers*. Columbia: U of South Carolina P, 2002.

Kass, Leon R. *Beyond Therapy: Biotechnology and the Pursuit of Happiness: A Report by The President's Council on Bioethics*. New York: Harper Perennial, 2003.

Kincaid, Paul. "Generosity by Richard Powers." *Strange Horizons Reviews*. 22 Nov. 2010.

Kurzweil, Ray. *The Singularity is Near: When Humans Transcend Biology*. New York: Penguin Books, 2005.

Lake, Christina Bieber. *Prophets of the Posthuman*. Notre Dame: U of Notre Dame P, 2013.

Peters, Ted. "Genes, Theology, and Social Ethics: Are We Playing God?" Ed. Ted Peters. *Genetics: Issues of Social Ethics*. Cleveland: The Pilgrim Press, 1998. 1–45.

——. *Playing God?: Genetic Determinism and Human Freedom*. New York: Routledge, 2002.

Powers, Richard. *Generosity: An Enhancement*. New York: Farrar, Straus and Giroux, 2009.

——. *Three Farmers on Their Way to a Dance*. New York: HarperPerennial, 2001.

Sandel, Michael J. *The Case against Perfection: Ethics in the Age of Genetic Engineering*. Cambridge: Harvard UP, 2007.

White, Patty. "The Rhetoric of the Genetic Post Card: Writing and Reading in *The Gold Bug Variations*." *Intersections: Essays on Richard Powers*. Eds. Stephen J. Burn and Peter Dempsy. Champaign and London: Dalkey Archive Press, 2008.

Wood, James."Brain Drain: The Scientific Fictions of Richard Powers." *The New Yorker*. 5 Oct. 2009.

上田昌文・渡部麻衣子編『エンハンスメント論争——身体・精神の増強と先端科学技術』社会評論社、二〇〇八年。

金森修『遺伝子改造』勁草書房、二〇〇五年。

渡邉克昭「時の砂漠——惑星思考の『ポイント・オメガ』」、『異相の時空間——アメリカ文学とユートピア』英宝社、二〇一一年、三一〇—三三三頁。

# あとがき

アメリカ文学は、読者あるいは観客の「幸福の追求とその行方」にどのような影響を与えてきたのか。今の段階で「序」で提起したこの問いの答えは出ない。ハラリが語ったように、「異なる探求方法をできるだけ多く見出し、適切な問いを投げかけることが重要」なのだろう。ただ、一つ言えることがあるとすれば、アメリカ文学の読者、アメリカ演劇の観客は、国籍と人種、ジェンダー、セクシュアリティ、階級にかかわりなく、作品に刻まれた「幸福の追求とその行方」から自らを振り返る、自らの「幸福」と「幸福への道」を歩む自分の姿を投影し、何らかのフィードバックを受けるということである。

アメリカというコンテクストは無論大きく影響する。「幸福の追求」を独立宣言で掲げる国家が、かつて奴隷制を敷き、独立宣言草案執筆者ジェファソン自身が混血の奴隷サリー・ヘミングスとの間に六人の子をもうけ、三桁の数の奴隷を所有していた。奴隷解放後も、人種差別は根強く、KKKの脅威に黒人は晒され続け、公民権運動を経たのちも人種差別は二一世紀の今なお残る。人種だけでなく、宗教、ジェンダーを含む領域横断的差別の構造は、イスラム教徒が多数を占める国々の市民を対象にした入国禁止の大統領令に署名したトランプ大統領の多岐にわたる差別的言動に顕著に現れている。さらに、エルサレムをイスラエルの首都に認定したトランプ大統領の決定が世界から反対と非難を招き、国連総会で無効との決議が賛成多数で採択された事実は、世界的孤立を深めるアメリカの一国主義の問題を露呈する結果となっている。国家が対外的に帝国主義・植民地主義の触手を伸ばし、国内的に赤狩り、クイア狩りによって、「自由」ではなく異分子とみなす人々を“pursue”＝狩る。そのとき、統治するものの頭にあるのは国民の「幸福の追求」の意識ではなく、支配への飽くなき欲望のように思われる。

それでもなお、それゆえにこそ、国家、社会、コミュニティという共同体との、人との繋がりなくして「幸福の追求」はありえないことを改めて実感する。そんな思いを抱かせるのが、文学の力、魅力ではないだろうか。拡大と多様化を続けるアメリカ文学・演劇が拓く「幸福の追求とその行方」をめぐる物語は、今後さらに多くの課題と可能性を示してくれるだろう。そして私たちは、その姿を読み解いていく努力をしていくべきだろう。

本書は、二〇一五年一〇月一一日に京都大学で行われた第五四回日本アメリカ文学会全国大会のシンポジウム「アメリカ文学における幸福の追求とその行方」（司会・講師：貴志雅之、講師：白川恵子、新田玲子、竹本憲昭）が契機となって生まれた。独立宣言に生命、自由とともに、すべての人間が生まれながらに与えられた不可侵の権利として刻まれた「幸福の追求」は、「アメリカン・ドリーム」と並んで、アメリカの理想とアメリカ人の精神性を最もよく表象する、誰もが知る言葉である。アメリカ文学、演劇、映画に「幸福の追求」のモチーフは数多く現れるのも不思議ではない。にもかかわらず、このテーマを中核に据えたアメリカ文学・演劇研究書は数少なく、日本国内では皆無と言っていい。本書は、「幸福の追求」と、さらにその行方をアメリカ文学に探ることで、再びハラリの言葉を借りれば、アメリカ文学理解にとっての最大の欠落を埋める努力を形にしたものである。

本書は、シンポジウムのパネリスト四人に加え、本企画に賛同いただいた小説と演劇の研究者一四人の方々（西谷拓哉、西山けい子、中良子、古木圭子、常山菜穂子、黒田絵美子、後藤篤、原恵理子、堀内正規、山本裕子、森瑞樹、中村善雄、岡本太助、渡邉克昭の各氏）からご寄稿をいただき、執筆者全一八人による研究書となった。小説と演劇、両ジャンルの論考が東西から多数揃うことで、本書テーマの追求がさらに深みと奥行きを増すものになった。執筆者の方々には厚く御礼申し上げる。

最後に、本書の趣旨に賛同していただき、出版を快く引き受けてくださった金星堂代表取締役社長の福岡正人氏、編集の労をとってくださった金星堂出版部の倉林勇雄氏に、心より御礼を申し上げたい。

貴志　雅之

二〇一七年一二月

*General from Big Sur*) 98
ヒップホップ 15, 289–90, 292, 299–302, 304
『ファーノース』(*Far North*) 117
ファンタズマゴリア (phantasmagoria) 315, 320, 323, 327, 330
『フール・フォア・ラブ』(*Fool for Love*) 123
『プニン』(*Pnin*) 13, 177–92
「付録──コンプソン一族」(“Appendix: The Compsons”) 271–72, 276
プロメテウス (Prometheus) 352
フロンティア精神 274–75
ベトナム戦争 99
『ポイント・オメガ』(*Point Omega*) 353, 369–70
包容力 354, 357, 359–60
『ホーンテッド』(*Haunted*) 346–47
「ポスト真実」228–30, 232
ポストモダン 94–95, 102, 111, 300
ホレホレ節 137, 139, 152, 155
ホロコースト 13, 189, 191

## マ行

『町』(*The Town*) 14, 271–72, 277–80, 282, 286
マッカーシズム 182, 188
身代わりの山羊（スケープゴート）200–01
『ミストレス・ナンシー』(*Mistress Nancy*) 249
見果てぬ夢 89, 94–95
ミュージカル 15, 289–90, 292–93, 296, 299–300, 302, 305
『村』(*The Hamlet*) 14, 271–75, 277–78, 280
メタフィクション (Metafiction) 16, 356, 364
メメント・モリ (memento mori) 325
『喪服の似合うエレクトラ』(*Mourning Becomes Electra*) 11, 23, 31, 34, 36–38
モンティチェロ (Monticello) 235, 238, 248–49
『館』(*The Mansion*) 271, 276–77, 280–81

## ヤ行

『山羊──シルヴィアってだれ?』(『山羊』) (*The Goat, or Who Is Sylvia?*) 13, 193, 201–03, 206–09
ユートピア／『ユートピア』4, 26–27, 31–34, 36–39, 49, 194–96, 305, 370
誘惑小説 (Seduction Novel / Seduction Narrative) 14, 236, 241, 244
ユニテリアニズム 263
余暇 42
『夜への長い旅路』(*Long Day's Journey into Night*) 23–24, 37
『ライ麦畑の捕手』(*The Catcher in the Rye*) 89
リアリティTV（リアリティ番組）15, 331–34, 338–45, 348–49
立身出世 99, 271–74, 276–77, 283
リベラリズム 7, 232
労働 11, 13, 41–46, 49, 54–55, 64, 72, 137–47, 149, 151, 161, 220, 225, 241, 274–75, 278, 282, 342
『ロリータ』(*Lolita*) 177–78, 188, 190, 192
『ワースト. パーソン. エバー.』(*Worst. Person. Ever.*) 343
惑星思考 16, 353, 369–70

and the pursuit of Happiness) 3, -4, 21, 40, 167, 214, 225, 230, 235, 240, 273, 275, 372
セクシュアリティ 76, 122, 132, 220, 225–27
ゼンガー裁判 (the Zenger case) 242
一九五〇年代 13, 89, 179, 189, 349
一九七〇年代 91, 145, 185, 300
一九六〇年代 14, 91–92, 145, 150, 217, 219181,
『全体主義の起源』(*The Origins of Totalitarianism*) 189
贈与 11, 40–41, 43, 45, 47, 49, 51, 53–55, 57–59
存在の瞬間 (moments of being) 12, 67, 69–71, 73, 75–77

### タ行

大統領 164, 167–69, 171–72, 174, 179, 202–03, 215–16, 228, 236, 249, 272–73, 284–85, 289–293, 295
大統領令 371
第二ヴァチカン公会議（世界教会会議）(Second Vatican Council) 219–20, 231
第二次世界大戦 (World War II) 12–13, 77–78, 90–92, 126, 157, -58, 161, 174, 179, 186
『タイピー』(*Typee: A Peep at Polynesian Life*) 23, 32–34, 38
タブー（禁忌）193, 195, 197, 199, 201, 203–05, 207–11
帝国主義 1
『ティファニーで朝食を』(*Breakfast at Tiffany's*) 88, 90, 93
デモクラシー／民主主義 22, 40–41, 114, 116, 273, 275, 280, 284
『デルタの結婚式』(*Delta Wedding*) 12, 61, 63–64, 71, 74, 76–79
テレビジュアル 332, 346, 348
同性愛 76–77, 89, 91, 186, 199, 205, 207
『灯台へ』(*To the Lighthouse*) 12, 61–64, 67, 70, 74–75, 77, 79
『統治二論』後篇 (*Second Treatise of Government*) 4–5, 16
『トゥルーマン・ショー』(*The Truman Show*) 346
奴隷（奴隷制）46, 140, 235, 238–39, 241, 243, 249–50, 273–76, 282, 284, 299, 337
奴隷解放 241, 249

### ナ行

『尼僧への鎮魂歌』(*Requiem for a Nun*) 15, 271–72, 277, 282, 285
入国禁止 371
『楡の木陰の欲望』(*Desire under the Elms*) 22–24, 26, 37
『人間知性論』(*An Essay Concerning Human Understanding*) 5, 7, 17
『ネイチャー』(*Nature*) 253–54, 258–59, 269

### ハ行

『ハートレス』(*Heartless*) 123, 128
『二十日鼠と人間』(*Of Mice and Men*) 11, 40, 42–46, 50–51, 55, 57–58, 60
『ハッピーじゃない人お断り』(*You Must Be This Happy to Enter*) 339–40
『ハミルトン』(*Hamilton*) 15, 289–97, 299–300, 302–06
ハワイ・ローカル劇（ローカル劇）13, 140, 145–46, 150–52, 155
万国博覧会（万博）(international exhibition) 313–14, 316, 327
『ピエール』(*Pierre; or, The Ambiguities*) 11, 23, 35, 37–38
悲劇 11–13, 21–23, 34, 37–38, 4243, 143, 155, 186–87, 193–94, 198, 200–01, 206–09, 211–12, 216, 244–45, 249, 357, 360, 362
『ビッグ・サーの南軍将軍』(*A Confederate*

『活動的生』(『人間の条件』) 260
感傷小説 (Sentimental Novel) 14, 236, 239, 244–45
『奇妙な幕間狂言』(*Strange Interlude*) 11, 23, 26, 36–37
キャラクター 14, 64, 111–12, 161, 260, 263–68, 295, 297, 300, 303, 306
共産主義 109, 18081, 189
ギリシア悲劇 22–23, 38, 198, 201, 362
キリスト教 7–9, 14, 160, 170, 237, 248, 262
近親相姦 11, 23–25, 33–37, 126, 132, 199, 205, 207, 236, 239
クイア 371
KKK (クー・クラックス・クラン) (Ku Klux Klan) 371
『草の竪琴』(*The Grass Harp*) 12, 8081, 86, 88, 90, 93, 95
原子爆弾、原爆 172, 188
『幸福の遺伝子』(*Generosity*) 15–16, 356
『幸福の追求——古代ギリシアから現代にいたる歴史』(*The Pursuit of Happiness: A History from the Greeks to the Present*) 5
幸福の館〈ボードゲーム〉(Mansion of Happiness) 235, 237, 246, 248, 250
『幸福はどこにある』 334–35, 337
公民権運動 (Civil Rights Movement) 215
ゴースティング 202, 303, 306
『コケット』(*The Coquette*) 239
『心の嘘』(*A Lie of the Mind*) 12, 116, 121, 126–30, 132
古典的共和主義 7–9, 247
固有権 (プロパティ) (property) 5–7, 17

**サ行**

財産 (fortunes) 4, 17, 26, 40, 42, 165, 245–50, 25354, 280
『サピエンス全史——文明の構造と人類の幸福』(*Sapiens: A Brief History of Humankind*) 1, 3, 18
差別 77, 78, 99, 171, 181, 285, 318
『しあわせはどこにある』(*Hector and the Search for Happiness*) 351
ジェンダー 3, 64, 120–21, 123–24, 128, 132, 196, 220, 241, 300, 338–39
『詩学』(*Poetics*) 208, 211–22
「自己信頼」("Self-Reliance") 255, 257, 259, 262–63, 269
自己性 50–52, 60
「使者たち」(絵画) (The Ambassadors) 312, 324
『使者たち』(小説) (*The Ambassadors*) 15, 311–12, 314, 323–27, 329–30
自然権 4, 6, 8, 40
資本主義 1, 14, 40–42, 44–45, 56, 163, 196–97, 253, 276, 281, 321
『シャーロット・テンプル』(*Charlotte Temple*) 239
社会ダーウィニズム 50
獣姦 13, 193, 195–99, 202–03, 205–07, 209–10
宗教 1–3, 7, 10, 21, 168, 171, 223, 225, 231, 261, 319, 334, 364
植民地主義 13, 147–49, 151–53
女性解放運動 (Women's Liberation Movement) 216
人種 3, 76–78, 91, 140, 150, 171, 205, 224–26, 275, 278, 281, 284, 299–303
人類 1–2, 18, 94, 202, 352–53, 356, 358–59, 366–68
『親和力』(*The Power of Sympathy*) 239
スコットランド啓蒙主義 (者) 8–9
『ステップフォードの妻たち』(*The Stepford Wives*) 339
『ステップフォード・ワイフ』(*The Stepford Wives*) 339, 351
スペクタクル (spectacle) 316–38, 322–24, 330
生命、自由及び幸福追求 (Life, Liberty

# 事項索引

**ア行**

アイルランド (Ireland) 12, 131, 161, 173, 216, 224–25
『青白い炎』(*Pale Fire*) 188
赤狩り 181, 189
『アナザー・ヘヴン』(*Another Heaven*) 13, 139, 146, 148, 151–52
アナモルフォーシス (anamorphosis) 312, 325
アフリカ系アメリカ人 300–02, 304
『アメリカの鱒釣り』(*Trout Fishing in America*) 12, 97–101, 103–04, 108–11, 113–14
『アメリカの夢』(*An American Dream*) 108, 271, 285
アメリカの夢 13–14, 43, 49, 56, 112, 114, 177–79, 189, 271, 274, 280–81, 283–85
アメリカン・ドリーム 3, 10, 15, 40, 57, 108–09, 193–95, 210, 216, 271–73, 275, 277, 279–81, 283–85, 287, 352
アメリカン・マインド 5
アメリカ独立宣言（独立宣言、独立宣言書）(Declaration of Independence) 3–7, 9, 21–22, 40, 137, 166, 195, 225, 230, 242, 246, 252, 254, 284, 291
アルジェリア (Algeria) 354, 356, 361–62, 364–66
異化効果 302–03
『怒りの葡萄』(*The Grapes of Wrath*) 43–45
『イギリス植民地の権利の主張と証明』(*Rights of the British Colonies Asserted and Proved*) 6
移住者植民地主義 13, 147–49, 152
イスラム教徒（ムスリム）371
遺伝子 15–16, 352–53, 356–62, 365, 368–70
イノセンス 11–12, 40, 43, 4748, 50–51, 55, 57, 96
『イン・ザ・ハイツ』(*In the Heights*) 290
『インデペンデンス・デイ』(*Independence Day*) 202–03
ヴァージニア州対ランドルフ事件裁判 (Commonwealth v. Randolph) 239
ウィンドウ・ショッピング (window shopping) 316, 323, 327–28
『飢えた階級の呪い』(*Curse of the Starving Class*) 131
『ヴェローナの二紳士』(*The Two Gentlemen of Verona*) 196, 206–07
『鬱蒼たる学府』(*The Groves of Academe*) 180, 182, 190
『埋められた子供』(*Buried Child*) 116–17, 119, 126–28, 132

エウダイモーン 260–61, 263, 266
『エッセイ第二集』(*Essays: Second Series*) 264
エンハンスメント (Enhancement) 352–53, 369–70
『オイディプス王』(*Oedipus the King; Oedipus Rex*) 201, 212
『オズの魔法使い』(*The Wizard of Oz*) 164

**カ行**

階級 78, 131, 151, 161, 166, 220, 225, 238, 250, 275, 278–81, 284
カウンターカルチャー 92
『革命について』(*On Revolution*) 254, 269

(Halberstam, David) 89
パワーズ、リチャード (Powers, Richard) 15–16, 352–53, 369
ピーターズ、テッド (Peters, Ted) 368
ヒューム、デヴィッド (Hume, David) 8, 17
ファーガソン、アダム (Ferguson, Adam) 8
フォークナー、ウィリアム (Faulkner, William) 12, 14, 61–62, 64, 271–74, 276–77, 283–86
フォルネス、マリア・アイリーン (Fornes, Maria Irene) 120
フライ、ノースロップ (Frye, Northrop) 196
ブラウン、ウェンディ (Brown, Wendy) 227, 232
ブレヒト、ベルトルト (Brecht, Bertolt) 302
ブローティガン、リチャード (Brautigan, Richard) 12, 9799, 101–05, 107–15
フロム、エーリッヒ (Fromm, Erich) 58, 92, 96
ヘミングス、サリー (Hemings, Sally) 235–36, 249, 371
ベントレー、バーバラ (Bentley, Barbara) 249–50
ヘンリー、パトリック (Henry, Patrick) 239–40
ボードリヤール、ジャン (Baudrillard, Jean) 320
ホジソン、テリー (Hodgson, Terry) 200
ホルバイン、ハンス（子）(Holbein, Hans the Younger) 312, 324–25, 327

## マ行

マーシャル、ジョン (Marshall, John) 240, 242
マクマーン、ダリン・M (McMahon, Darrin M) 5–10, 17, 246–47
マッカーシー、メアリー (McCarthy, Mary) 180–81, 190
ミランダ、リン=マニュエル (Miranda, Lin-Manuel) 15, 289–92
メイラー、ノーマン (Mailer, Norman) 108
メルヴィル、ハーマン (Melville, Herman) 11, 21, 23, 32–35, 3738
モア、トマス (Moore, Thomas) 27, 39,
モリス、ガバヌーア (Morris, Gouverneur) 241–43, 245–48, 250–51

## ラ行

ラトリフ、V・K (Ratliff, V. K.) 276–80, 286
ランドルフ、アン・ケアリー［・ナンシー］(Randloph, Ann Cary [Nancy]) 14, 235–41, 243, 245, 247–51
ランドルフ、リチャード (Randolph, Richard) 237–41, 243–44, 249–51
リンカーン、アブラハム (Lincoln, Abraham) 272
リンドバーグ、チャールズ (Lindbergh, Charles) 364
ルイス、R・W・B (Lewis, R. W. B.) 91–92
ルーズベルト、テオドア (Theodore, Roosevelt) 168–69, 174
ルーズベルト、フランクリン（ローズヴェルト）(Franklin, Roosevelt) 169, 172
ルービン、グレッチェン (Rubin, Gretchen) 341
ルロール、フランソワ 335, 351
レイド、トマス (Reid, Thomas) 8
レヴィン、アイラ (Levin, Ira) 339
ロック、ジョン (Locke, John) 4–9, 1718, 40, 246–47, 253
ロッジ、デイヴィッド (Lodge, David) 180, 190, 292
ロビンソン、デイヴィッド・M (Robinson, David M.) 263

## ワ行

ワシントン、ジョージ (Washington, George) 289, 292, 294, 298, 300

## サ行

シェイクスピア、ウィリアム (Shakespeare, William) 196, 206
ジェイムズ、ヘンリー (James, Henry) 15, 57, 311–15, 323–30
シェパード、サム (Shepard, Sam) 12, 116–17, 119, 121, 123, 125, 127–19, 131–34, 204
ジェファソン、トマス (Jefferson, Thomas) 4–10, 14, 40, 56, 166–67, 175, 235–38, 240, 242, 246–47, 249–50, 254, 284–85, 291, 295, 299–300, 303
シドニー、アルジャーノン (Sidney, Algernon) 7
ジャクソン、アンドリュー (Jackson, Andrew) 284–85
ジャンケレヴィッチ、ウラジーミル (Jankélévitch, Vladimir) 50–52, 54, 57, 59–60
ジャンヌ・ダルク (Jeanne d'Arc) 361
シャンリィ、ジョン・パトリック (Shanley, John Patrick) 14, 213–20, 223–31
ショーペンハウアー、アルトゥル (Schopenhauer, Arthur) 291, 307
スタインベック、ジョン (Steinbeck, John) 11, 42, 46, 49, 57–60
スティーヴンズ、ギャヴィン (Stevens, Gavin) 276, 282
スノープス、フレム (Snopes, Flem) 14–15, 271–83, 285–86
スミス、アダム (Smith, Adam) 8, 17
ゼーバルト、W・G (Sebald, W. G) 178, 189
ソポクレス (Sophocles) 201, 212
ソロー、ヘンリー・デイヴィッド (Thoreau, Henry David) 101, 114

## タ行

チェイス=リボウ、バーバラ (Chase-Riboud, Barbara) 235, 249
チャニング、ウィリアム・エラリー (Channing, William Ellery) 263
チョドロウ、ナンシー (Chodorow, Nancy) 129
ティヤール・ド・シャルダン (Teilhard de Chardin) 353, 369
ディリンジャー、ジョン (Dillinger, John) 106–07, 113
ティントナー、アデライン・R (Tintner, Adeline R.) 312, 329
デリーロ、ドン (DeLillo, Don) 353
トクヴィル、アレクシ・ド (Tocqueville, Alexis de) 38, 41, 60
トランプ、ドナルド (Trump, Donald) 167–68, 228, 290–91, 371

## ナ行

ナボコフ、ウラジーミル (Nabokov, Vladimir) 13, 177–79, 181–84, 186–92

## ハ行

バー、アーロン (Burr, Aaron) 294–95, 297–99, 303–04
ハーヴェイ、メアリー (Harvey, Mary) 324
バーセルミ、ドナルド (Barthelme, Donald) 111
バーナム、フィニアス・T (Barnum, Phineas T.) 319, 328
ハッサン、イーハブ (Hassan, Ihab) 86
ハッチソン、フランシス (Hutcheson, Francis) 8–9
バトラー、ジュディス (Butler, Judith) 228–29
ハミルトン、アレクサンダー (Hamilton, Alexander) 15, 289–300, 302–06
パラニューク、チャック (Palahniuk, Chuck) 15, 346–47
ハラリ、ユヴァル・ノア (Harari, Yuval Noah) 1–3, 18
ハルバーシュタム、ディヴィッド

# 人名索引

ア行

アーシッチ、ブランカ (Arsić, Branka) 257
アーレント、ハンナ (Arendt, Hannah) 10, 14, 189–90, 247–48, 252, 254–55, 260–61, 263, 266, 269
アインシュタイン、アルバート (Einstein, Albert) 168–69, 172
アウスランダー、フィリップ (Auslander, Phillip) 332
アガンベン、ジョルジョ (Agamben, Giorgio) 356
アリストテレス（アリストテレース）(Aristotle) 7, 208–09, 212, 302
アンダーソン、シャーウッド (Anderson, Sherwood) 272
アンドレイエヴィッチ、マーク (Andrejevic, Mark) 342, 345
伊藤守 332, 351
イリガライ、リュス (Irigaray, Luce) 122, 132
ウィンフリー、オプラ (Winfrey, Oprah) 361
ヴェーバー、マックス (Weber, Max) 42
ウェルティ、ユードラ (Welty, Eudora) 12, 61–64, 66, 70, 72, 75–79
ヴォネガット、カート (Vonnegut, Kurt) 94
ウルフ、ヴァージニア (Woolf, Virginia) 12, 61–64, 69–70, 75–77, 193
エイミス、キングズリー (Amis, Kingsley) 179–80
エウリピデス (Euripides) 198
エデル、レオン (Edel, Leon) 315
エマソン、ラルフ・ウォルドー (Emerson, Ralph Waldo) 14, 252–70
オイディプス (Oedipus) 201, 203, 208, 211–12
オーティス、ジェイムズ (Otis, James) 6
オールビー、エドワード (Albee, Edward) 13, 193–95, 202, 205–10
オスマン、ジョルジュ・ウジェーヌ (Haussmann, Georges-Eugène) 316
オニール、ユージーン (O'Neill, Eugene) 11, 21–223, 32–39, 57

カ行

カールソン、マーヴィン (Carlson, Marvin) 202, 303, 306
金森修 368, 370
カポーティ、トルーマン (Capote, Truman) 12, 80–81, 83, 85–95
川本三郎 89, 96
キケロ (Cicero, Marcus Tullius) 7
ギトリン、トッド (Gitlin, Todd) 221, 227, 232
キャロル、ピーター・N (Carroll, Peter N.) 91, 96
切り裂きジャック (Jack the Ripper) 106–07
グラスペル、スーザン (Glaspell, Susan) 120
クレイン、エリザベス (Crane, Elizabeth) 15, 340, 342
グローベル、ローレンス (Grobel, Lawrence) 80, 91
ケアリー、ヴァージニア・ランドルフ (Cary, Virginia Randolph) 236, 238, 245, 249
ケイテブ、ジョージ (Kateb, George) 256–57
ケネディ、ジョン・F (Kennedy, John F.) 171, 215–16
合田正人 59–60, 80, 96, 331, 351
コープランド、ダグラス (Coupland, Douglas) 15, 343

『身体と情動――アフェクトで読むアメリカン・ルネサンス』(共著, 彩流社, 2016 年)
『越境する女――19 世紀アメリカ女性作家たちの挑戦』(共著, 開文社, 2014 年)
『笑いとユーモアのユダヤ文学』(共著, 南雲堂, 2012 年)

岡本　太助 (おかもと　たすけ)　九州大学大学院言語文化研究院准教授

『アメリカン・ロードの物語学』(共著, 金星堂, 2015 年)
『あめりか　いきものがたり』(共著, 臨川書店, 2013 年)
『二〇世紀アメリカ文学のポリティクス』(共著, 世界思想社, 2010 年)
「「理論以後」のパラダイム――ラジーヴ・ジョゼフ劇における否定の存在論」『アメリカ演劇』第 27 号 (日本アメリカ演劇学会, 2016 年 3 月)
"What to Narrate, How to Narrate: A Formal Analysis of Suzan-Lori Parks's *The America Play*." *The Journal of the American Literature Society of Japan*. No. 10 (日本アメリカ文学会, 2012 年 3 月)

渡邉　克昭 (わたなべ　かつあき)　大阪大学大学院言語文化研究科教授

『楽園に死す――アメリカ的想像力と〈死〉のアポリア』(単著, 大阪大学出版会, 2016 年)
『災害の物語学』(共著, 世界思想社, 2014 年)
『異相の時空間――アメリカ文学とユートピア』(共著, 英宝社, 2011 年)
『アメリカ文学研究のニュー・フロンティア』(共著, 南雲堂, 2009 年)
"Welcome to the Imploded Future: Don DeLillo's *Mao II* Reconsidered in the Light of September 11." *The Japanese Journal of American Studies* 第 14 号 (アメリカ学会, 2003 年)

『エスニック研究のフロンティア』(共著, 金星堂, 2014 年)
『アメリカ文学における「老い」の政治学』(共著, 松籟社, 2012 年)

堀内　正規 (ほりうち　まさき)　早稲田大学文学学術院教授

『エマソン　自己から世界へ』(単著, 南雲堂, 2017 年)
『シリーズもっと知りたい名作の世界⑪　白鯨』(共著, ミネルヴァ書房, 2014 年)
『震災後に読む文学』(共著, 早稲田大学出版部, 2013 年)
『ソローとアメリカ文学――米文学の源流を求めて』(共著, 金星堂, 2012 年)
*Melville and the Wall of the Modern Age* (共著, 南雲堂, 2010 年)

山本　裕子 (やまもと　ゆうこ)　千葉大学大学院人文科学研究院准教授

『ウィリアム・フォークナーと老いの表象』(共著, 松籟社, 2016 年)
『アメリカ文学における「老い」の政治学』(共著, 松籟社, 2012 年)
「移動性の法則――スノープス三部作と地理的想像力」『フォークナー』19 号 (日本ウィリアム・フォークナー協会, 2017 年 4 月)
「『失われた世代』の戦争神話――Faulkner, *Soldiers' Pay*, 戦後印刷文化」『アメリカ文学研究』53 号 (日本アメリカ文学会, 2017 年 3 月)
「戦争と記憶のアメリカン・シアター――兵士の帰還と『兵士の報酬』」『人文研究』45 号 (千葉大学文学部, 2016 年 3 月)

森　瑞樹 (もり　みずき)　広島経済大学経済学部教養教育部助教

「遥かなる月の住人――『青春の甘き小鳥』が描く芸術家ウィリアムズの修訂」『アメリカ演劇』第 24 号 (日本アメリカ演劇学会, 2013 年 3 月)
「未だ見ぬ風光へ――アメリカ的原風景と文学的想像力の躍動」『アメリカ演劇』第 23 号 (日本アメリカ演劇学会, 2012 年 3 月)
「黒い創世記の語り部――オーガスト・ウィルソンの芸術と創造性」『アメリカ演劇』第 22 号 (全国アメリカ演劇研究者会議, 2011 年 3 月)
「今／生を求め続ける探偵――『シンパティコ』が描くアメリカを生きる者たち」『アメリカ演劇』第 21 号 (全国アメリカ演劇研究者会議, 2010 年 4 月)
「アメリカという地軸の死と再生の行方――『完全なガネーシャ』を中心に」『アメリカ演劇』第 21 号 (全国アメリカ演劇研究者会議, 2008 年 3 月)

中村　善雄 (なかむら　よしお)　ノートルダム清心女子大学文学部准教授

『エコクリティシズムの波を越えて――人新世を生きる』(共著, 音羽書房鶴見書店, 2017 年)
『ホーソーンの文学的遺産――ロマンスと歴史の変貌』(共著, 開文社, 2016 年)

『アメリカン・シェイクスピア――初期アメリカ演劇の文化史』(単著, 国書刊行会, 2003年)

黒田　絵美子(くろだ　えみこ)　中央大学教授・英米演劇翻訳家

テレンス・マクナリー『マスタークラス』(単訳, 劇書房, 1999年)
レイモンド・カーヴァー詩集『海の向こうから』(単訳, 論創社, 1990年)
レイモンド・カーヴァー詩集『水の出会うところ』(単訳, 論創社, 1989年)
ピーター・シャファー『レティスとラベッジ』(単訳, 論創社, 1989年)
ジョーゼフ・ケッセルリング『毒薬と老嬢』(単訳, 新水社, 1987年)

後藤　篤(ごとう　あつし)　京都府立大学文学部講師

『読者ネットワークの拡大と文学環境の変化――19世紀以降にみる英米出版事情』(共著, 音羽書房鶴見書店, 2016年)
『アメリカン・ロードの物語学』(共著, 金星堂, 2015年)
「翻訳のポリティクス――ウラジーミル・ナボコフのジョージ・スタイナー批判をめぐって」『Ex Oriente』第23号 (大阪大学言語社会学会, 2016年3月)
「奇術師の「ダブル・トーク」―ポー、ロシア・モダニズム、ナボコフ」『ポー研究』第5・6号 (日本ポー学会, 2014年3月)
「誤表象の悪夢――*Look at the Harlequins!* における (偽) 自伝テクストの綻び」『KRUG』新版第5号 (日本ナボコフ協会, 2013年2月)

原　恵理子(はら　えりこ)　東京家政大学人文学部教授

*Women Writing Across Cultures: Present, Past, Future* (joint authorship, Routledge, 2017)
『憑依する過去――アジア系アメリカ文学におけるトラウマ・記憶・再生』(編著, 金星堂, 2014年)
『アジア系アメリカ文学を学ぶ人のために』(共著, 世界思想社, 2011年)
*Crucible of Cultures: Anglophone Drama at the Dawn of a New Millennium* (joint authorship, P.I.E-Peter Lang, 2002)
『ジェンダーとアメリカ文学』(編著, 勁草書房, 2002年)

白川　恵子(しらかわ　けいこ)　同志社大学文学部教授

*Ways of Being in Literary and Cultural Spaces* (joint authorship, Cambridge Scholars P, 2016)
『幻想と怪奇の英文学 II ――増殖進化編』(共著, 春風社, 2016年)
『アメリカン・ロードの物語学』(共著, 金星堂, 2015年)

新田　玲子（にった　れいこ）　広島大学大学大学院文学研究科教授

*PsyArt: Analyses of Cultural Productions* (joint authorship, U of Port, 2014)
『カウンターナラティブから語るアメリカ文学』（編著, 音羽書房鶴見書店, 2012 年）
『サリンジャーなんかこわくない』（単著, 大阪教育図書, 2004 年）
"Stratégies de l'absence chez Raymond Federman: *La Fourrure de ma tante Rachel et Retour au fumier*, romans post-modernes de la Shoah" (*Gradiva—Revue Européenne d'Anthropologie Littéraire*, Vol. XII, no 2. [May 2012])
"Walter Abish's Deconstruction of the Holocaust in *How German Is It*" (*Studies in American Jewish Literature*, Vol. 30. [2011])

竹本　憲昭（たけもと　のりあき）　奈良女子大学文学部教授

『現代アメリカ小説研究』（単著, 大学教育出版, 2011 年）
『英語文学とフォークロア――歌、祭り、語り――』（共著, 南雲堂, 2008 年）
『二〇世紀アメリカ文学を学ぶ人のために』（共著, 世界思想社, 2006 年）
『交差するメディア――アメリカ文学・映像・音楽』（共著, 大阪教育図書, 2003 年）
『冷戦とアメリカ文学――21 世紀からの再検証』（共著, 世界思想社, 2001 年）

古木　圭子（ふるき　けいこ）　京都学園大学経済経営学部教授

『水と光――アメリカの文学の原点を探る』（共著, 開文社出版, 2013 年）
*Tennessee Williams: Victimization, Sexuality, and Artistic Vision*（単著, 大阪教育図書, 2007 年）
「翻案からみる Chiori Miyagawa の戯曲」*AALA Journal* No. 21（アジア系アメリカ文学研究会, 2016 年 3 月）
「チオリ・ミヤガワの『千年待ち』にみる劇的要素としての物語と記憶」『近現代演劇研究』第 5 号（日本演劇学会　近現代演劇研究会, 2015 年 4 月）
"'Masking' and 'Unmasking' Korean Adoptees: On Rick Shiomi's *Mask Dance*." *EurAmerica* Vol. 41（Institute of European and American Studies, Academia Sinica, Taiwan, 2011 年 12 月）

常山　菜穂子（つねやま　なほこ）　慶應義塾大学法学部教授

『モンロー・ドクトリンの半球分割――トランスナショナル時代の地政学』（共著, 彩流社, 2016 年）
『水と光――アメリカの文学の原点を探る』（共著, 開文社出版, 2013 年）
『エドガー・アラン・ポーの世紀』（共著, 研究社, 2009 年）
『アンクル・トムとメロドラマ――19 世紀アメリカの演劇・人種・社会』（単著, 慶應義塾大学出版会, 2007 年）

## 編著者紹介

貴志　雅之（きし　まさゆき）大阪大学大学院言語文化研究科教授

『災害の物語学』（共著, 世界思想社, 2014年）
『アメリカン・ロード――光と影のネットワーク』（共著, 英宝社, 2013年）
『二〇世紀アメリカ文学のポリティクス』（編著, 英宝社, 2010年）
『神話のスパイラル――アメリカ文学と銃』（共編著, 英宝社, 2007年）
『二〇世紀アメリカ文学を学ぶ人のために』（共著, 世界思想社, 2006年）

## 執筆者紹介（執筆順）

貴志　雅之（きし　まさゆき）編著者欄に記す

西谷　拓哉（にしたに　たくや）神戸大学大学院国際文化学研究科教授

『ホーソーンの文学的遺産――ロマンスと歴史の変貌』（共編著, 開文社出版, 2016年）
『シリーズもっと知りたい名作の世界⑪　白鯨』（共著, ミネルヴァ書房, 2014年）
『アメリカン・ルネサンス――批評の新生』（共編著, 開文社出版, 2013年）
『環大西洋の想像力――越境するアメリカン・ルネサンス文学』（共著, 彩流社, 2013年）
『アメリカン・ルネサンスの現在形』（共著, 松柏社, 2007年）

西山　けい子（にしやま　けいこ）関西学院大学文学部教授

『記憶とリアルのゆくえ――文学社会学の試み』（共著, 新曜社, 2016年）
『災害の物語学』（共著, 世界思想社, 2014年）
『アメリカン・ロード――光と影のネットワーク』（共著, 英宝社, 2013年）
『メディアと文学が表象するアメリカ』（共著, 英宝社, 2009年）
『アメリカン・ルネサンスの現在形』（共著, 松柏社, 2007年）

中　良子（なか　りょうこ）京都産業大学文化学部教授

『災害の物語学』（編著, 世界思想社, 2014年）
『神話のスパイラル――アメリカ文学と銃』（共著, 英宝社, 2007年）
『表象と生のはざまで――葛藤する米英文学』（共著, 南雲堂, 2004年）
「ユードーラ・ウェルティの明るい南部――現代南部小説としての『楽観主義者の娘』」『フォークナー』第15号（松柏社, 2013年4月）
「ユードラ・ウェルティの「プランテーション」小説」『同志社アメリカ研究』第46号（同志社大学アメリカ研究所, 2010年3月）

アメリカ文学における
幸福の追求とその行方

2018年2月28日　初版発行

編著者　貴志　雅之

発行者　福岡　正人

発行所　株式会社 金星堂
（〒101-0051）東京都千代田区神田神保町 3-21
Tel. (03)3263-3828（営業部）
(03)3263-3997（編集部）
Fax (03)3263-0716
http://www.kinsei-do.co.jp
編集協力／ほんのしろ
装丁デザイン／森　瑞樹
印刷所／モリモト印刷　製本所／牧製本
Printed in Japan

ISBN978-4-7647-1176-1 C1098